だるまんの陰陽五行

「土」の章　社会の不思議を測るの巻

まえがき に代えて

『緊急提言！なぜ起きたのか？』

東日本 巨大地震

M8.8国内最大

人が家が流された

東日本巨大地震

超高濃度放射能が拡散

（読売新聞　平成23年3月12日、3月15日　より）

平成23年3月11日、東北関東地方をマグニチュード9.0という前代未聞の大地震が襲いました。

それに伴い、津波による大洪水で多くの犠牲者が出、さらには福島県第1原発の事故で放射線漏れという大災害となったのです。

これはちょうど本書の校正中の出来事だったのですが、私たちはこの大災害をどうとらえるべきか、まえがきに代えてここで触れさせてもらうことにしました。

そもそも地震は五行では何に相当するでしょうか？「地の揺れ」だから「土」とも言えるのですが答は「木」です。

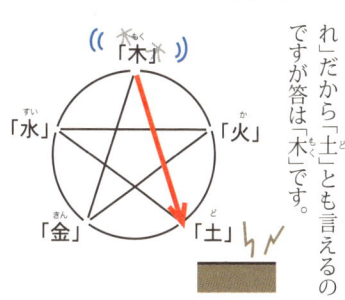

「木」とは大きなエネルギーを指します。地を揺るがすほどのエネルギーは「木」そのものなのです。

そしてその後の津波は「水」、原発は「火」に象徴されます。

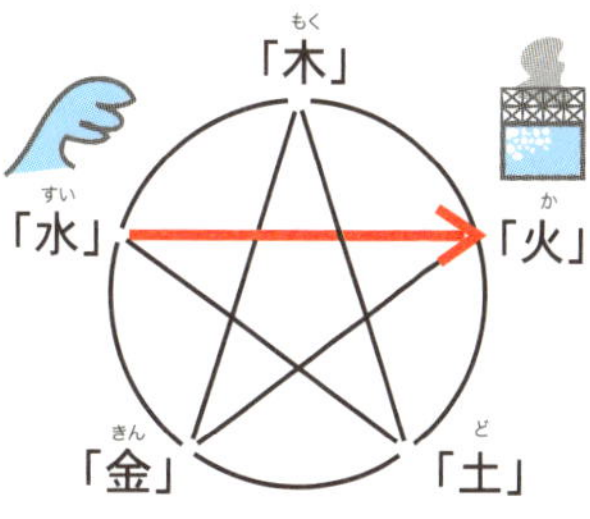

この三者の関係は「水」から「火」の相剋ルートと、その触媒である「木」となります。

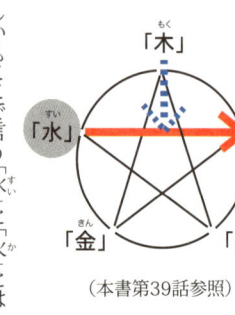

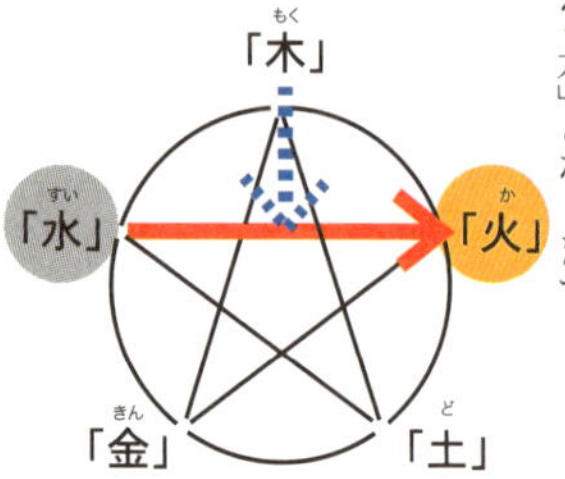

（本書第39話参照）

しかもここで言う「水」と「火」とは

低我（「私」と言える「私」）を表す「木」「土」「水」の最後の「水」と

（本書第59話参照）

高我（「私」を超えた私）を表す「火」「金」「木」の最初の「火」

ということになります。

このことは

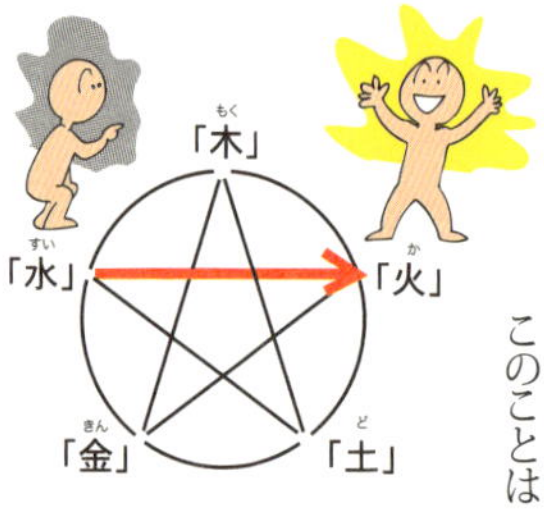

言うなればエゴに凝り固まった自我を卒業していく精神的な進化を表しているのです。

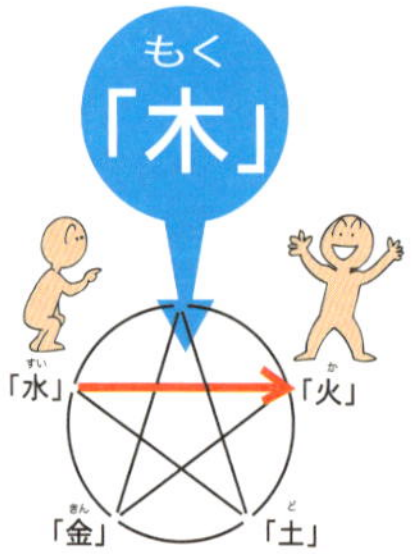

そしてその触媒としての地震（「木」）であったとも言えるのです。

この災害を乗り越えて生きていかねばならない人々は

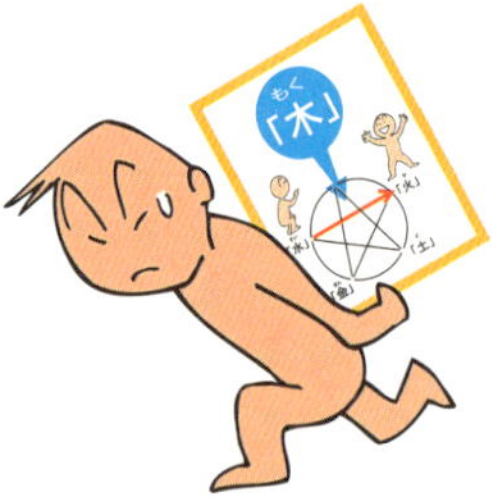

まさにこういった人間としての変化を担う立場にあるということなのです。

しかしまだ現段階での人類は

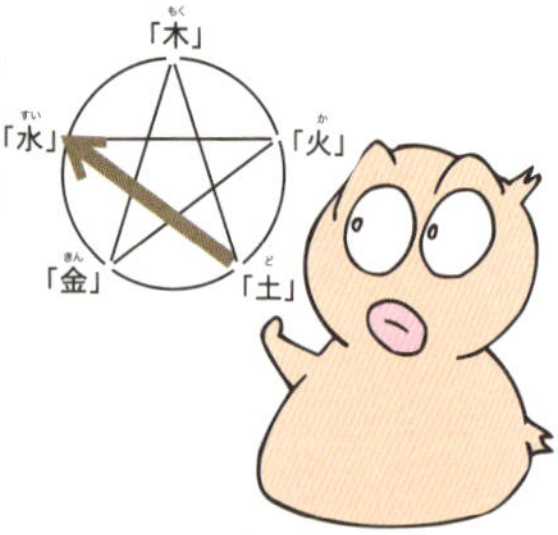

（本書第41話参照）

「土」と「水」の間の段階にあるのですが

このことを理解し、「土」という今までの常識的な考え方を塗り替え、それを超えて行かねばならないことを意味しているのです。

亡くなられた方々、被害にあわれた方々、さらには我が身を顧みず援助にいそしむ方々に心から敬意を表しつつ本書を世に送り出したいと思います。

人類の未来に光あらんことを。

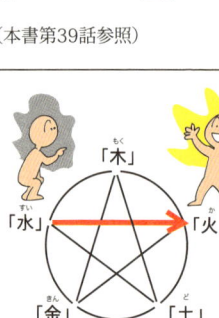

プロローグ

「木（もく）」から「土（ど）」へ

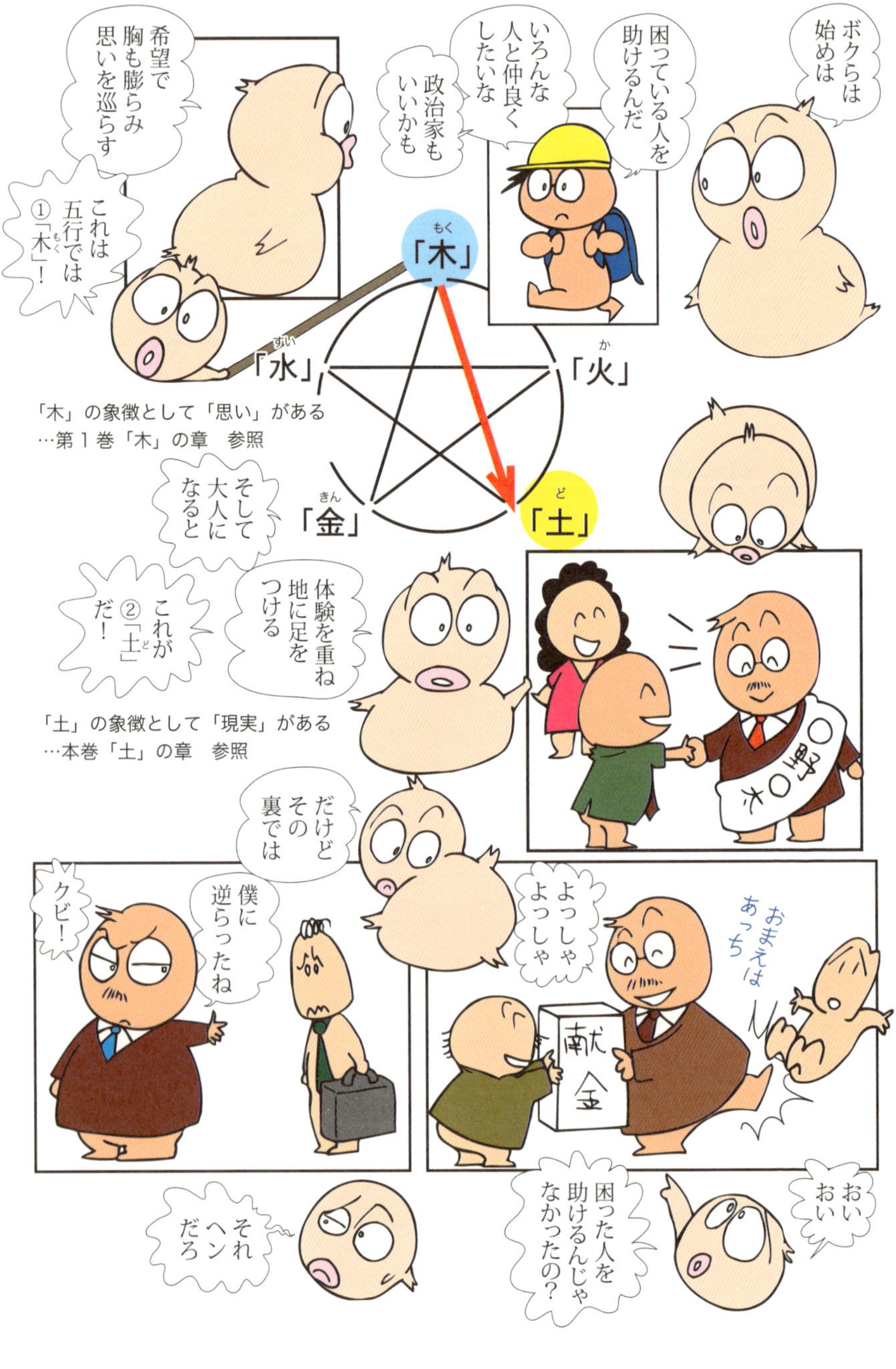
ボクらは始めは
困っている人を助けるんだ
いろんな人と仲良くしたいな
政治家もいいかも
希望で胸も膨らみ思いを巡らす
これは五行では①「木」!
「木」
「火」
「土」
「金」
「水」
「木」の象徴として「思い」がある
…第１巻「木」の章　参照
そして大人になると
体験を重ね地に足をつける
これが②「土」だ!
「土」の象徴として「現実」がある
…本巻「土」の章　参照
だけどその裏では
よっしゃよっしゃ
おまえはあっち
献金
僕に逆らったね
クビ!
おいおい
困った人を助けるんじゃなかったの?
それヘンだろ

他にもこんなケース…
白馬の王子様が迎えに来て…
夢は消え
ちょっと！10円負けなさいよ！
友情は永遠だ
お金がすべてとなり
オレ勝ち組
オマエ負け組
かわいいっ
私の赤ちゃん！
他人との比較が始まる
あの子には負けないざます！
「土」という現実の枠組みはボクらを変な常識やプライドに縛りつける
でもね逆もある
育み育てることだ
これは「土」の美点だ
つまり「土」というのは

陰陽の両面を持った五行の「中心」だ
つまりココね
すい
「水」
きん
「金」
ど
「土」
もく
「木」
か
「火」
結婚してくれ
悪いのは全部嫁の方だよ
他の奴のを削れ
オレの給料は増やす
あの空のように大きくなれよ
キミ三流大学だよね
ヤーイ
ガンですな
明日が不安だ〜
オレをバカにした奴は
みんな殺してやるっ
部屋に入んなよ！
浮浪者はいらない！
いいも悪いもあるけれど
結局ボクらは五行で言う「土(ど)」のさなかに居る！
これをどうすればいいのか！
これから話そう

「土(ど)」の章　目次

まえがき

プロローグ　「木(もく)」から「土(ど)」へ

登場人物紹介　6

1節　「土(ど)」とは何か　9

31　二面性の世界　11

32　すべてはつながっている　17

33　知識の責任　23

34　影に気づく　29

35　霧のるつぼ　35

36　偉大なる母(グレートマザー)　41

37　「土(ど)」の象徴するもの　47

38　考えるとは関連を見いだすこと　53

39　だるまんの正体　59

40　鏡の前後　65

2節　お金とカルマ　71

コラム　大切なもの　72

41 お金について 1 73
42 お金について 2 79
43 お金について 3 85
44 お金について 4 91
45 カルマについて 1 97
46 カルマについて 2 103
47 カルマについて 3 109

3節 私たちは何処から来て何処へ行くのか 115

コラム 五行による日本史時代区分 116

48 偽だるまん現る！ 117
49 エーテルの反乱 123
50 インスピレーションはどこから来るか？ 129
51 ジェニーの悩み 135
52 月と「金（きん）」 141
53 マイナスゴールドの恐怖 147

4節 「土（ど）」と地母神 153

コラム　忘れられた大いなる「土」　154
54　新しき旅路　155
55　死にゆく神　161
56　イナンナ女神の冥界下り　167
57　「卑」なる称号　173
58　黒い聖母（ブラックマドンナ）の系譜　179
59　神とヒト　185
60　助っ人の登場　191
61　聖なる婚姻（ヒエロスガモス）　197
62　墜ちて昇る　203
63　欲張りの報酬　209
64　「水（すい）」の門前にて　215
65　自分に抱かれる（セルフ・ハグ）　221
あとがき　227
参考文献　229

登場人物紹介

だるまん

次元を超えた所からやってきた謎の存在。「陰陽五行」を使って森羅万象の謎を解明していく。本当は名前も姿も持たない存在なので変幻自在である。

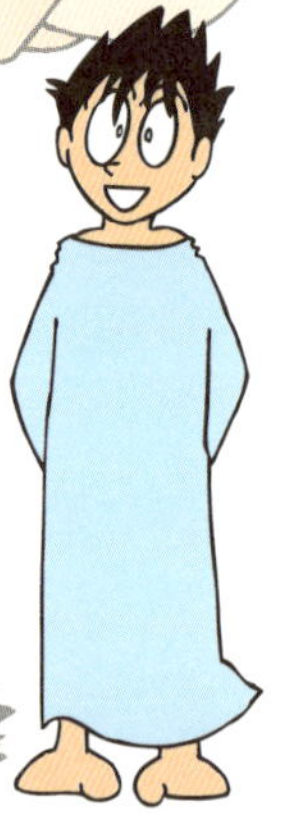

歯科医師だがひょんなことから毎晩の夢でだるまんに出会い、その講義を受け続けることになる（第１巻「木（もく）」の章に詳しい）。本巻では、現実世界とその裏に存在する霊的世界を行き来しつつ、陰陽五行について学んでゆく。

皆本真大（みなもと まさひろ）

姿をもたない地母神のひとつの形態としての女神。シュメールやバビロニア神話で有名。本編では他に老婆、マタラ神、アマノウズメ、サルタヒコ、マグダラのマリアなどの形を取る。

イナンナ

人と同じことをしていないと不安になるという「土（ど）」的な世界観に閉じ込められた存在。

おじさん

だるまんの解説を非現実的であると攻撃する大学教授。権威や常識にこだわりすぎる存在。

大土（おおつち）教授

だるまんと同じく変幻自在の存在でオカマの鬼の姿をとる。人間の心の奥に巣くう保存欲を大好物とする。良い意味に働くと肉体の自然治癒力をカバーするが（第６巻「東洋医学」の章を参考）、悪い意味に働くと自己保全や権威を好む世界観に人間を閉じ込めることになる。

ジェニー

冥界の悪霊。もとはシュメール神話に登場する。

ガルラ

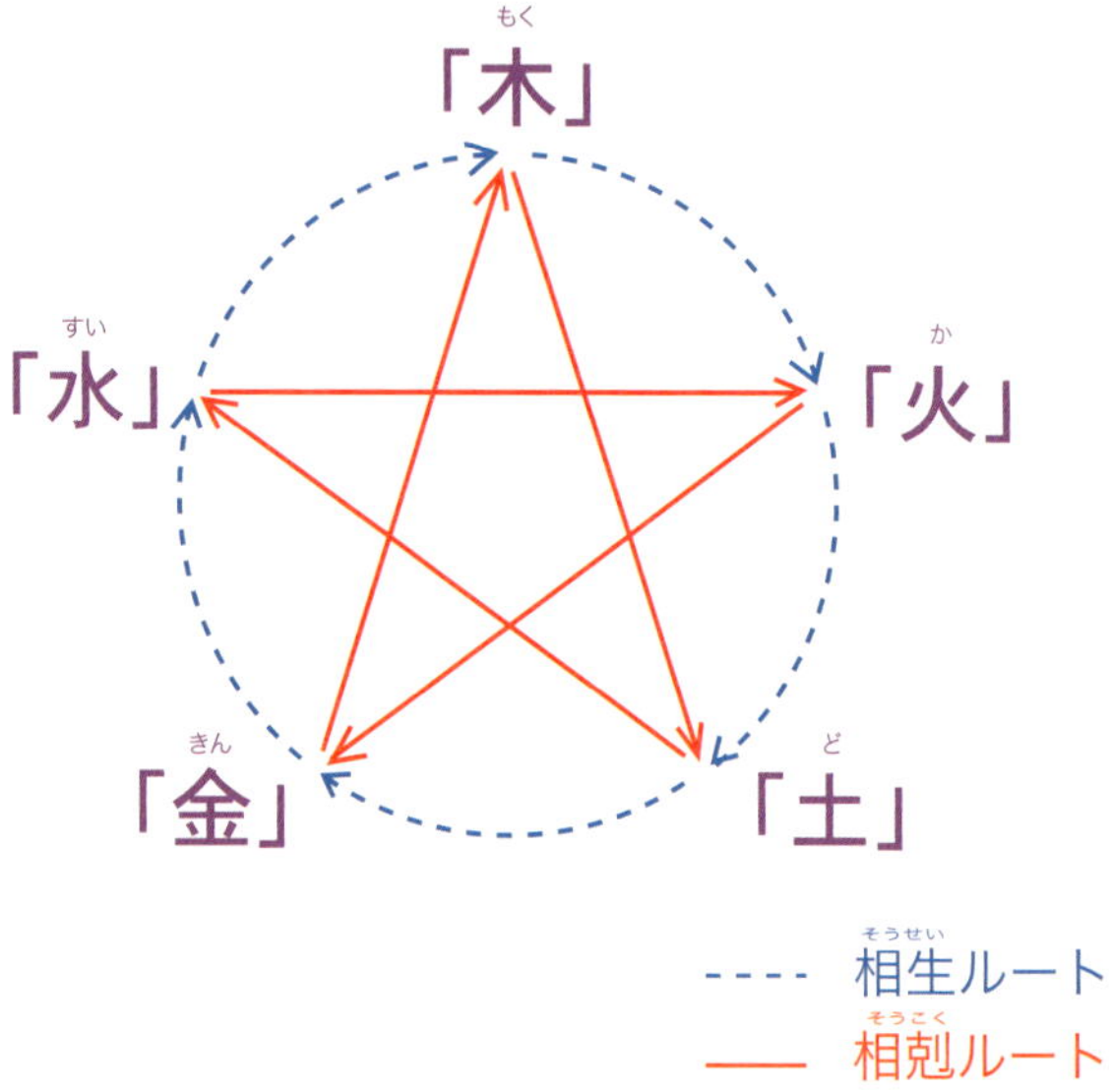

もく
「木」
か
「火」
ど
「土」
きん
「金」
すい
「水」
そうせい
相生ルート
そうこく
相剋ルート

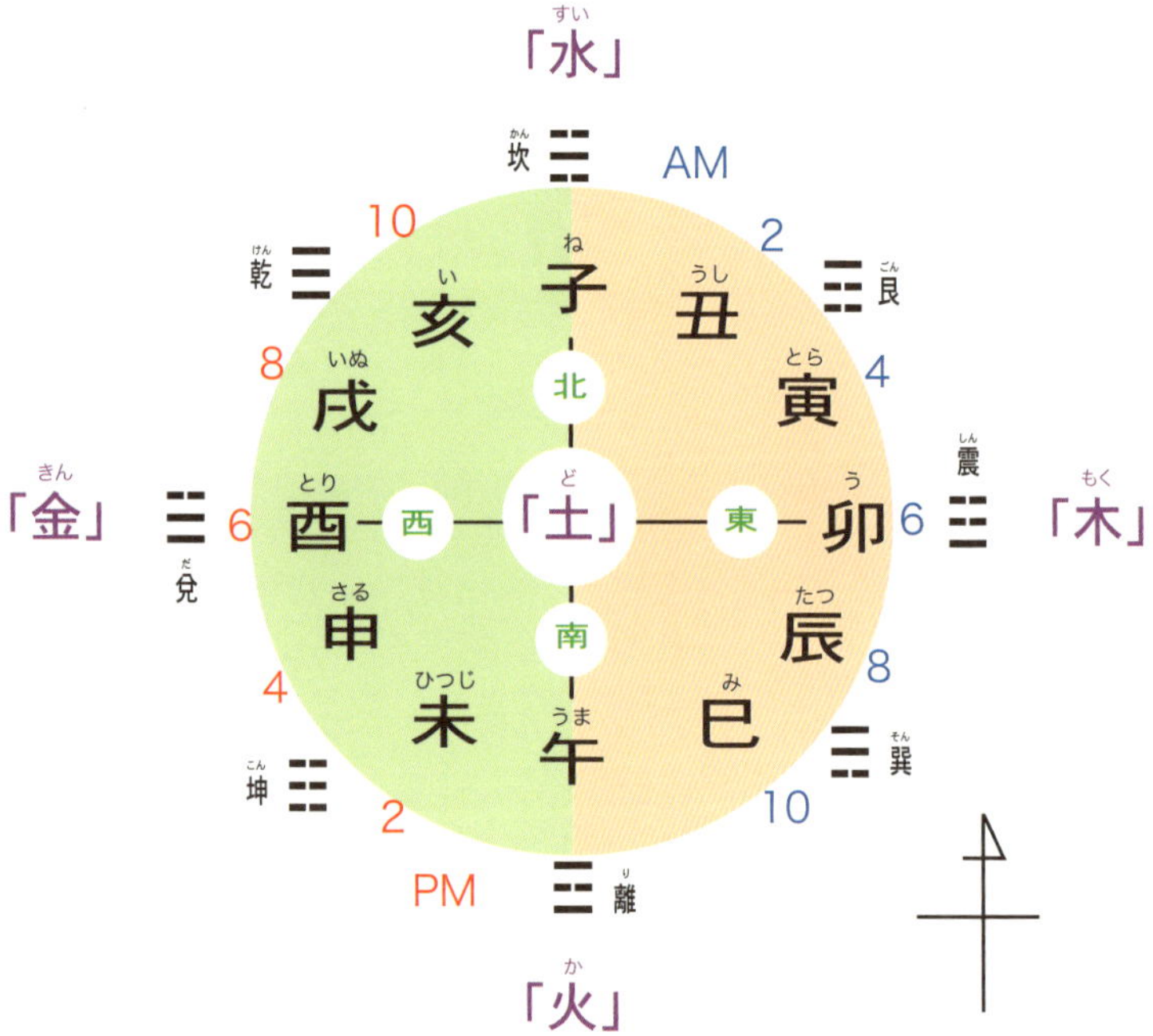

すい
「水」
かん
坎
AM
けん
乾
ごん
艮
10
2
ね
子
い
亥
うし
丑
8
4
いぬ
戌
北
とら
寅
しん
震
きん
「金」
6
とり
酉
西
ど
「土」
東
う
卯
6
もく
「木」
だ
兌
さる
申
南
たつ
辰
4
8
ひつじ
未
うま
午
み
巳
こん
坤
そん
巽
2
10
PM
り
離
か
「火」

1節

「土(ど)」とは何か

ボク（皆本真大）がだるまんと夢の中で出会ってからもうどの位になるだろうか？

「陰陽五行」という森羅万象を測る「ものさし」を教わりはじめ、ボクの考え方もずいぶん変わってきたように思える。

初めは「木」つまりヒトの持つ「思い」というものがどれだけ大切かを教わった。

次には、その「思い」を「現実」につなげていくことが大切だとだるまんは言う。そしてそれが五行で言う「土」のことらしい。

そんなわけで、これからボクの「土」的な世界観が広がっていくのだ。とっても楽しみだ！

31.　二面性の世界

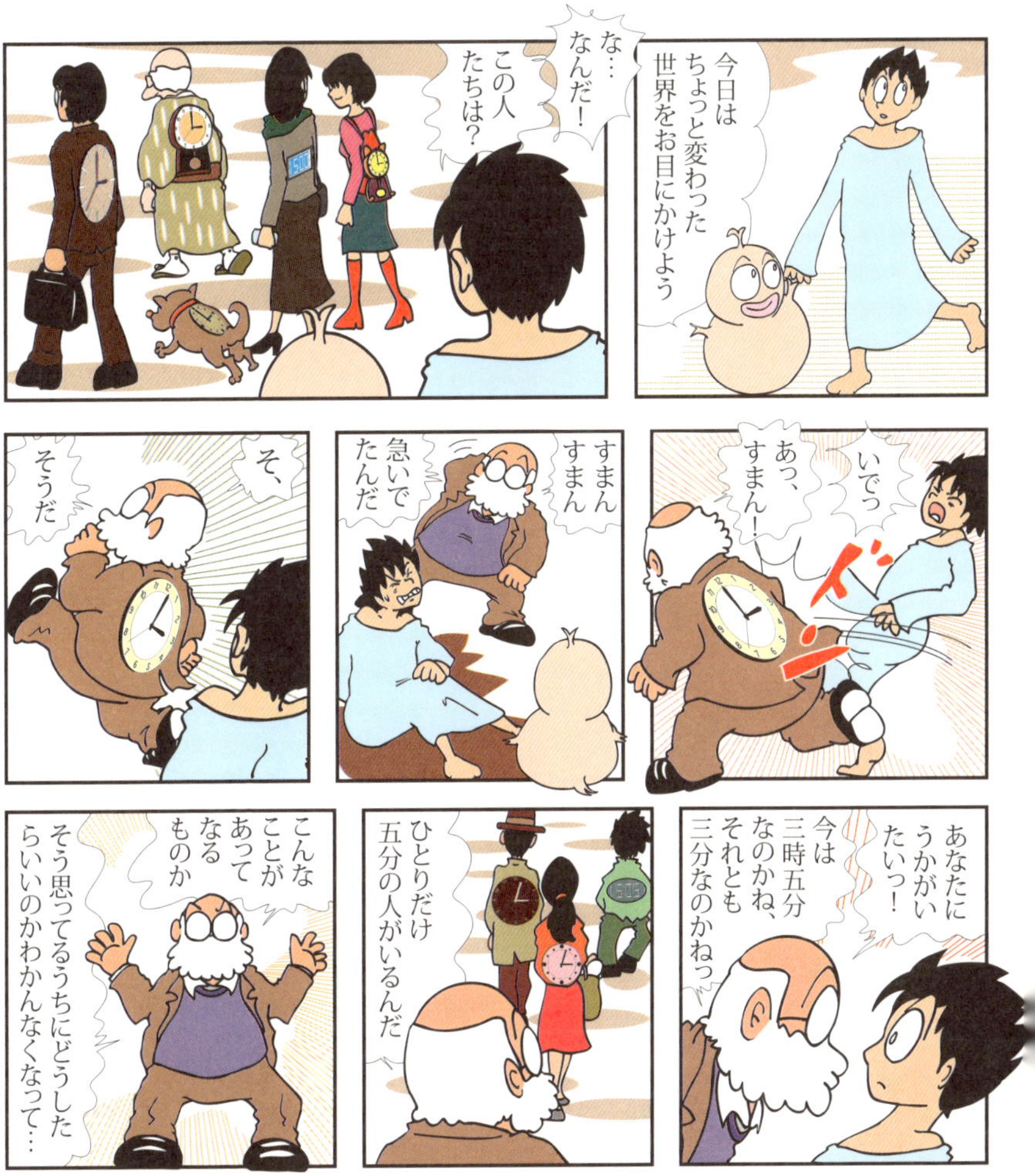

今日はちょっと変わった世界をお目にかけよう
な…なんだ！
この人たちは？
いでっ
あっ、すまん！
すまんすまん
急いでたんだ
そ、
そうだ
あなたにうかがいたいっ！
今は三時五分なのかね、それとも三分なのかねっ
ひとりだけ五分の人がいるんだ
こんなことがあってなるものか
そう思ってるうちにどうしたらいいのかわかんなくなって…

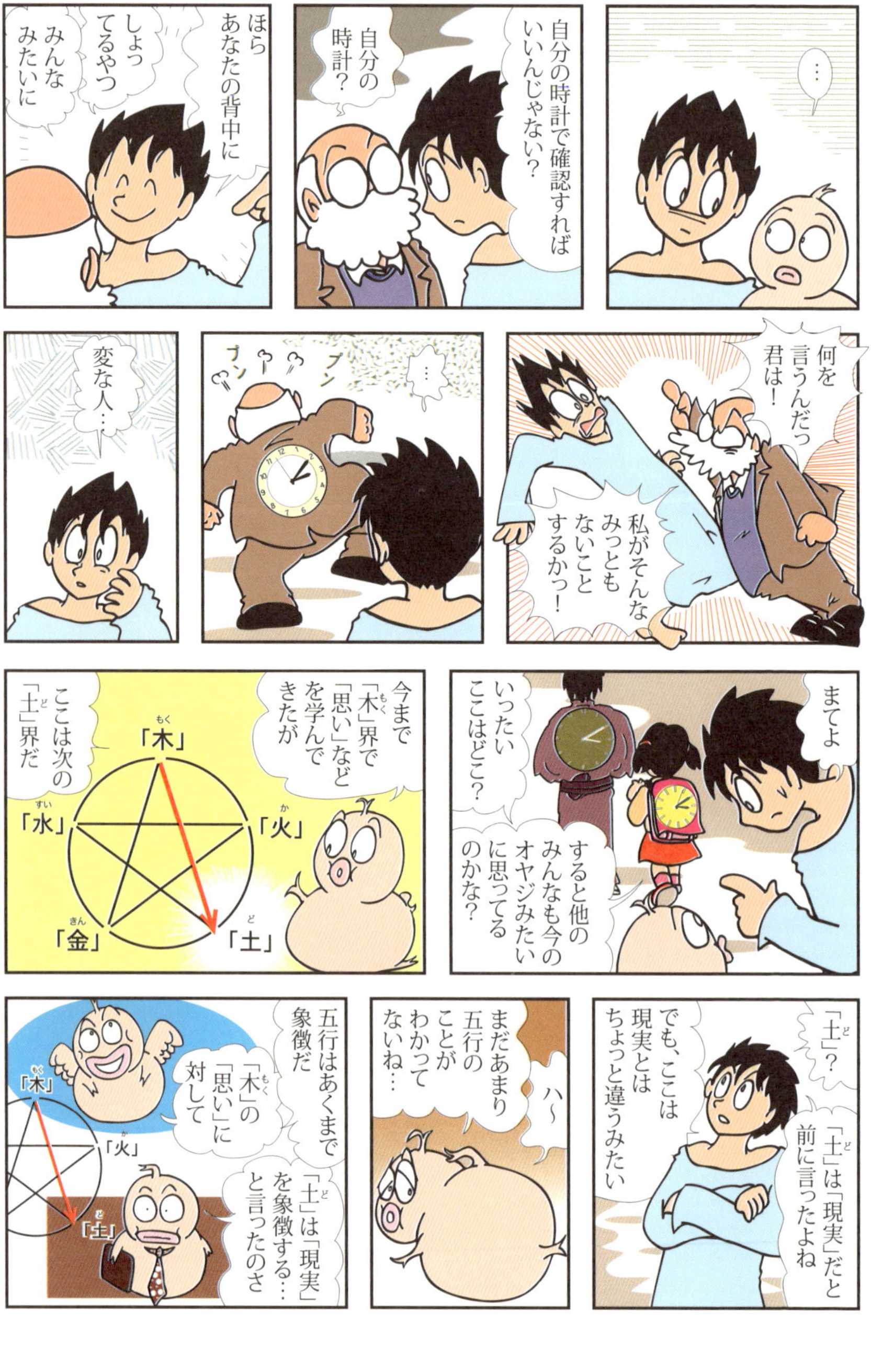
…
自分の時計で確認すればいいんじゃない？
自分の時計？
ほら あなたの背中に
しょってるやつ
みんなみたいに
何を言うんだっ君は！
私がそんなみっともないことするかっ！
プン
プン
…
変な人…
まてよ
いったいここはどこ？
すると他のみんなも今のオヤジみたいに思ってるのかな？
今まで「木」界で「思い」などを学んできたが
ここは次の「土」界だ
「木」
「火」
「土」
「金」
「水」
「土」？
「土」は「現実」だと前に言ったよね
でも、ここは現実とはちょっと違うみたい
ハ～
まだあまり五行のことがわかってないね…
五行はあくまで象徴だ
「木」の「思い」に対して
「土」は「現実」を象徴する…と言ったのさ
「木」
「火」
「土」

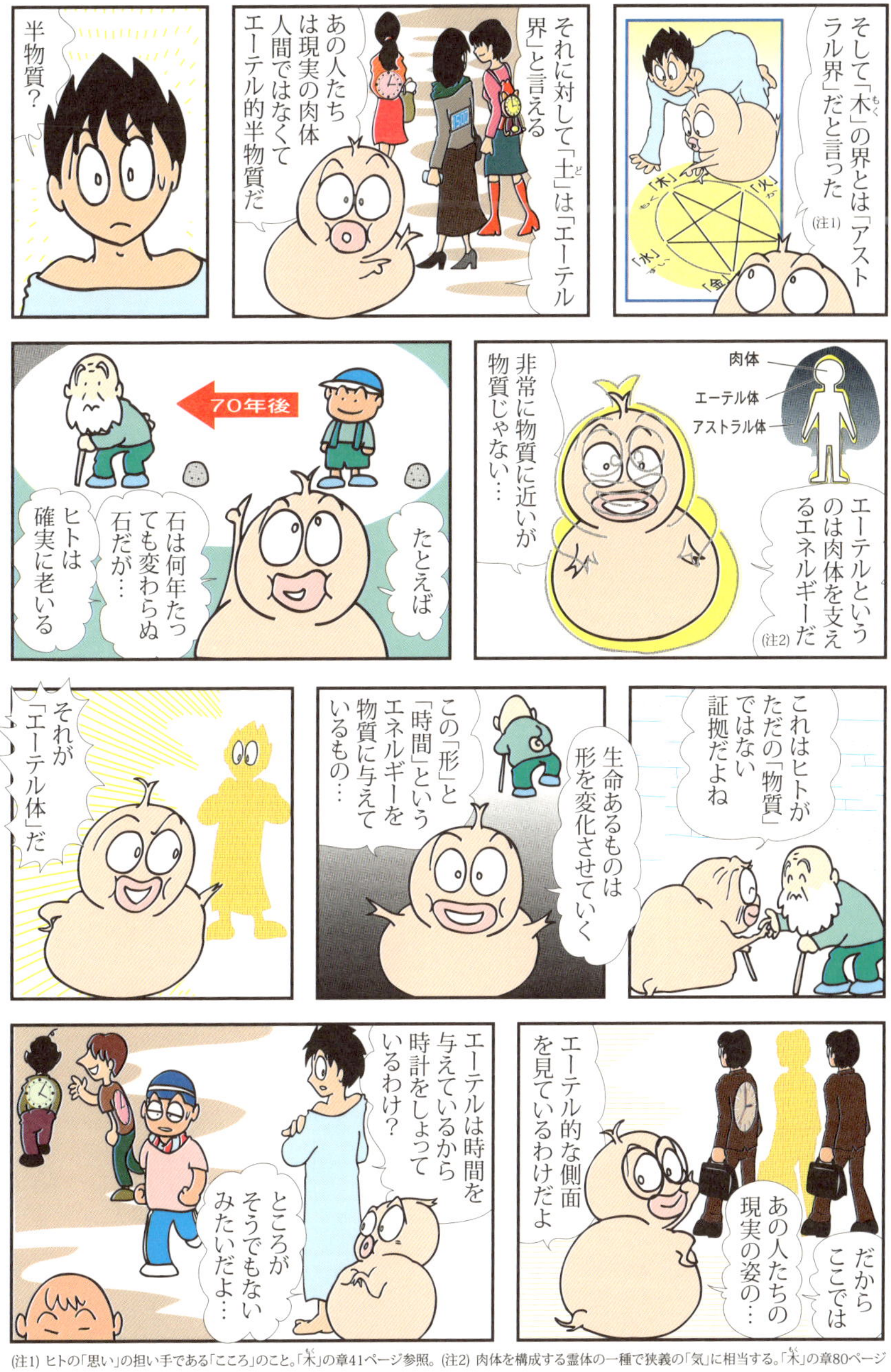

(注1) ヒトの「思い」の担い手である「こころ」のこと。「木」の章41ページ参照。(注2) 肉体を構成する霊体の一種で狭義の「気」に相当する。「木」の章80ページ参照。

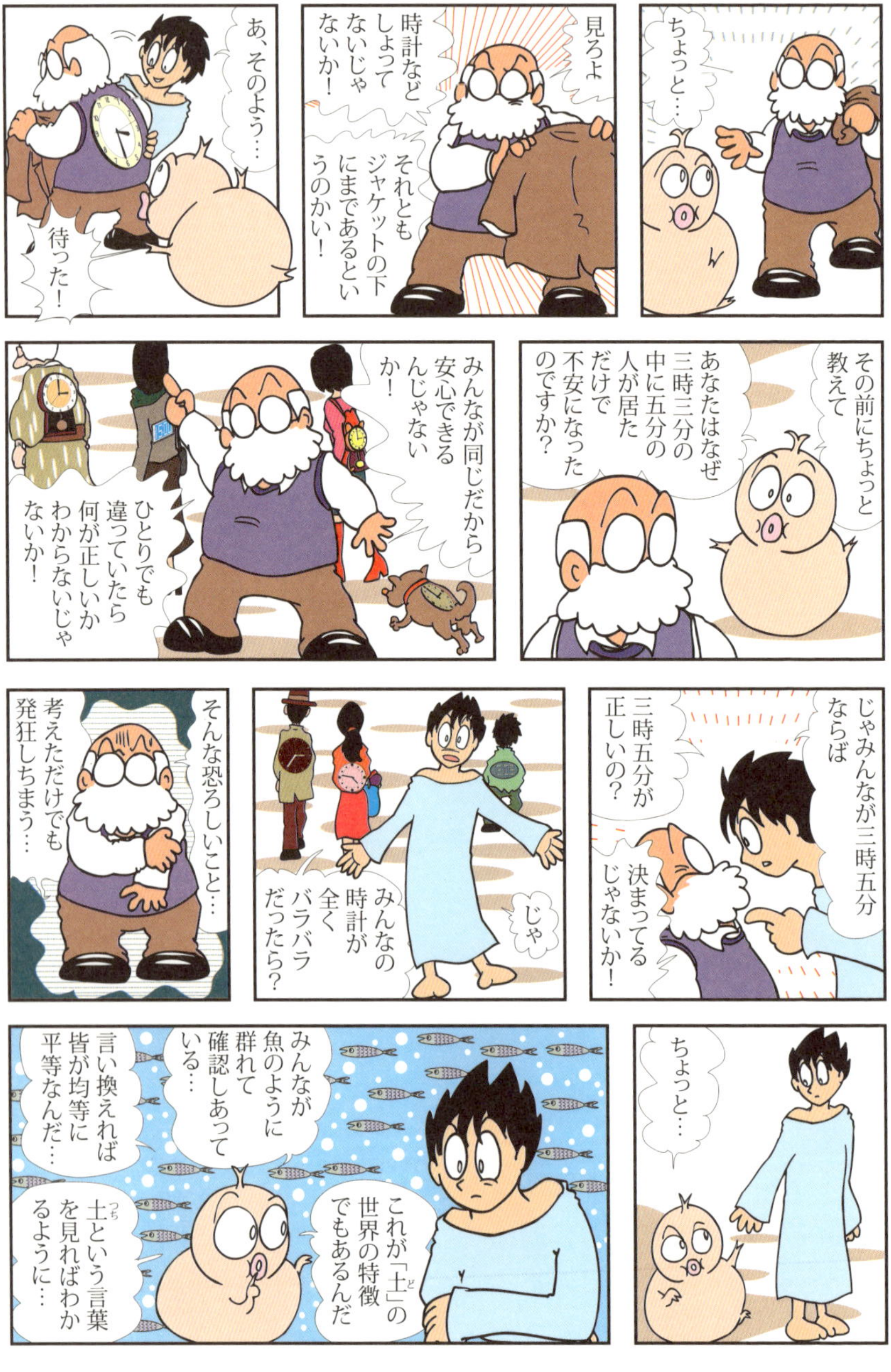
ちょっと…
見ろよ
時計などしょってないじゃないか！
それともジャケットの下にまであるというのかい！
あ、そのよう…
待った！
その前にちょっと教えて
あなたはなぜ三時三分の中に五分の人が居ただけで不安になったのですか？
みんなが同じだから安心できるんじゃないか！
ひとりでも違っていたら何が正しいかわからないじゃないか！
じゃみんなが三時五分ならば
三時五分が正しいの？
決まってるじゃないか！
じゃ
みんなの時計が全くバラバラだったら？
そんな恐ろしいこと…
考えただけでも発狂しちまう…
ちょっと…
みんなが魚のように群れて確認しあっている…
言い換えれば皆が均等に平等なんだ…
これが「土(ど)」の世界の特徴でもあるんだ
土(つち)という言葉を見ればわかるように…

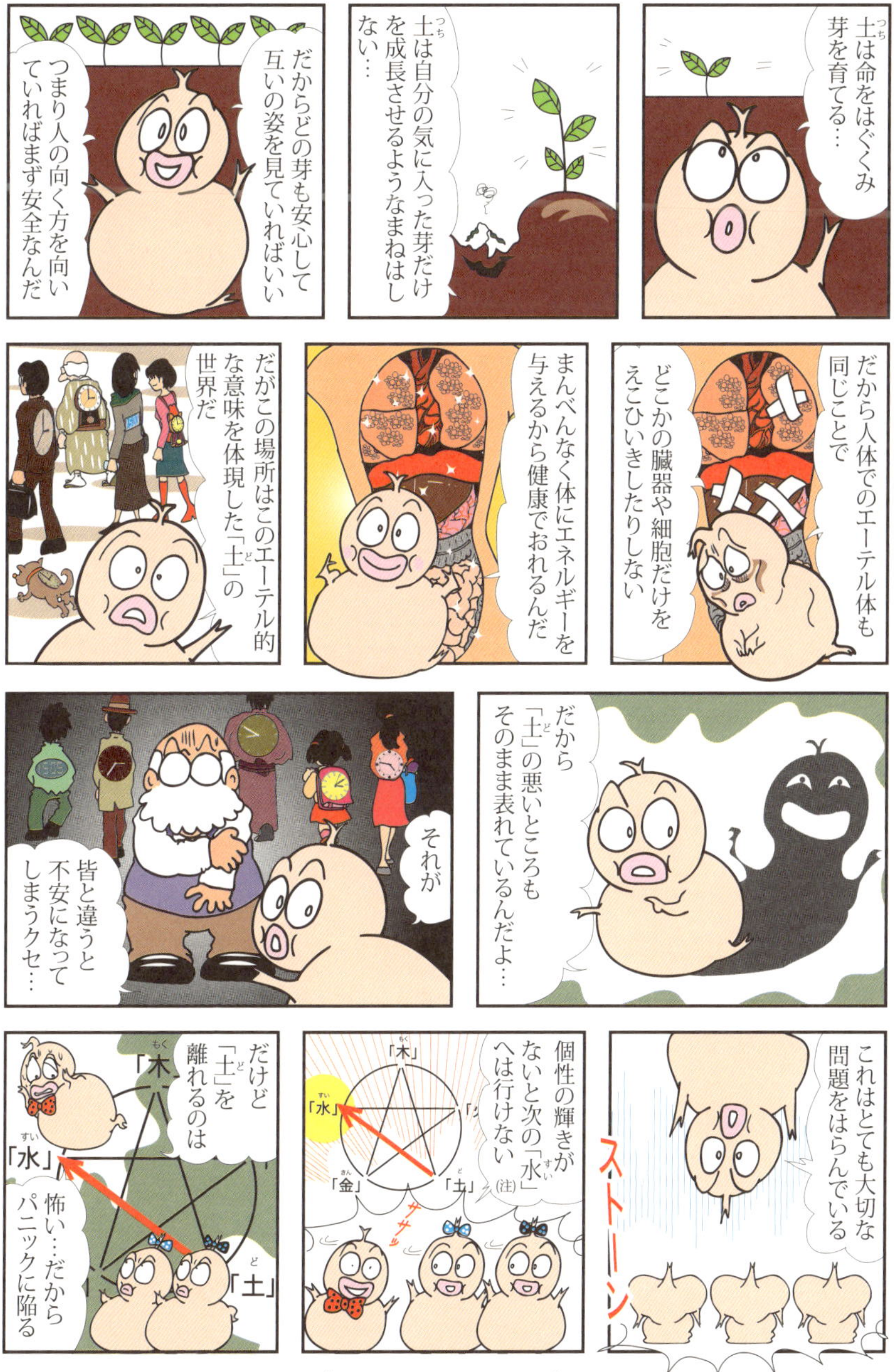

(注)五行の相剋ルートは魂の進化の階梯を示している(「木」の章第17話ならびに第29話参照)。「土」で育まれた次は「水」で個性や才能を生かす段階に行く。

だから皆と同じで安心できるくせに
自分は特別というプライドを保とうとするんだ
つまり「土」にとどまれば安心…
しかし「土」にとどまれば進歩はない…
結局
このジレンマを抜け出す方法はただひとつ!
「自分は特別」という考えを捨てることだ!
サッ
ササッ
せ…背中に時計があるっ!
このおかしなプライドを打ち砕かない限り「土」から先の進歩はない…
次の「水」界こそ、ひとりひとりの個性が生きる皆がそれぞれ本当に「特別」の世界なんだよ
皮肉なもんだな…
自分は特別という考えを捨てないと本当に特別にはなれないなんて…
あの…
さっきの鏡もういちど見せていただけないでしょうか…
しかしプライドをくずすのはとても難しい
自分の見たくない所を見る勇気が必要なんだ
このように「土」は「命を育む」くせに「進歩を止める」という二面性をもった不思議な所だ
ま、行こうか
「土」かあ…

32. すべてはつながっている

実はね、だるまん
もう今から二十年も前のことだけど
印象的な体験があるんだ
僕は軽井沢の残雪の林道を歩いていたんだ
ひとっこひとりいない静寂の中に僕の雪を踏む音だけが聞こえる
それに橋のたもとには文豪、室生犀星の石碑などがあったりして
僕はとても満たされた気持ちで
そのひとときを楽しんでいたんだ
そして何気なく振り返ってみると
…

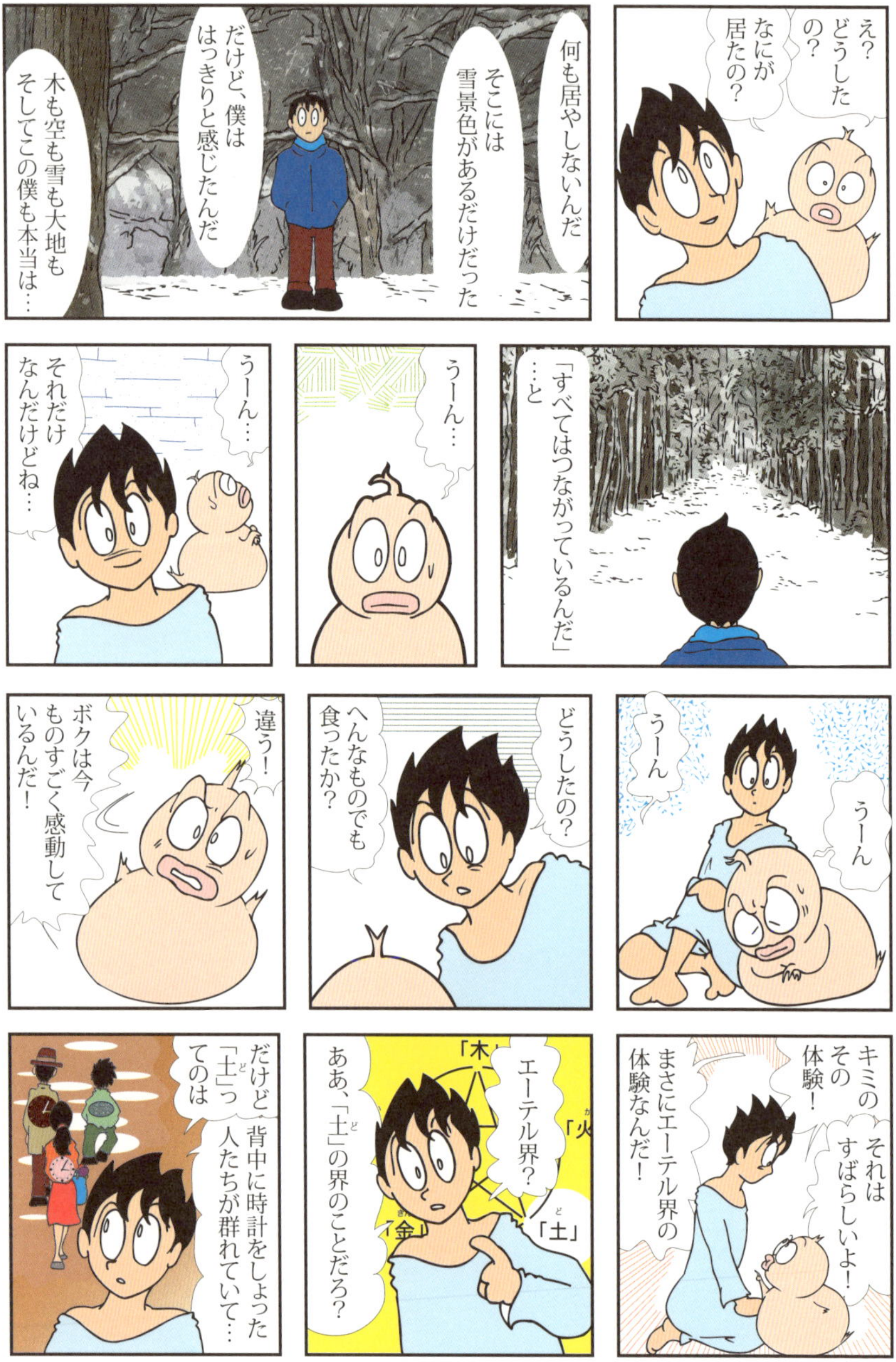
え？どうしたの？
なにが居たの？
何も居やしないんだ
そこには雪景色があるだけだった
だけど、僕ははっきりと感じたんだ
木も空も雪も大地もそしてこの僕も本当は…
「すべてはつながっているんだ」…と
うーん…
うーん…
それだけなんだけどね…
うーん
うーん
どうしたの？
へんなものでも食ったか？
違う！
ボクは今ものすごく感動しているんだ！
キミのその体験！
それはすばらしいよ！
まさにエーテル界の体験なんだ！
エーテル界？
「木」
「火」
「土」
「金」
ああ、「土」の界のことだろ？
だけど「土」ってのは
背中に時計をしょった人たちが群れていて…

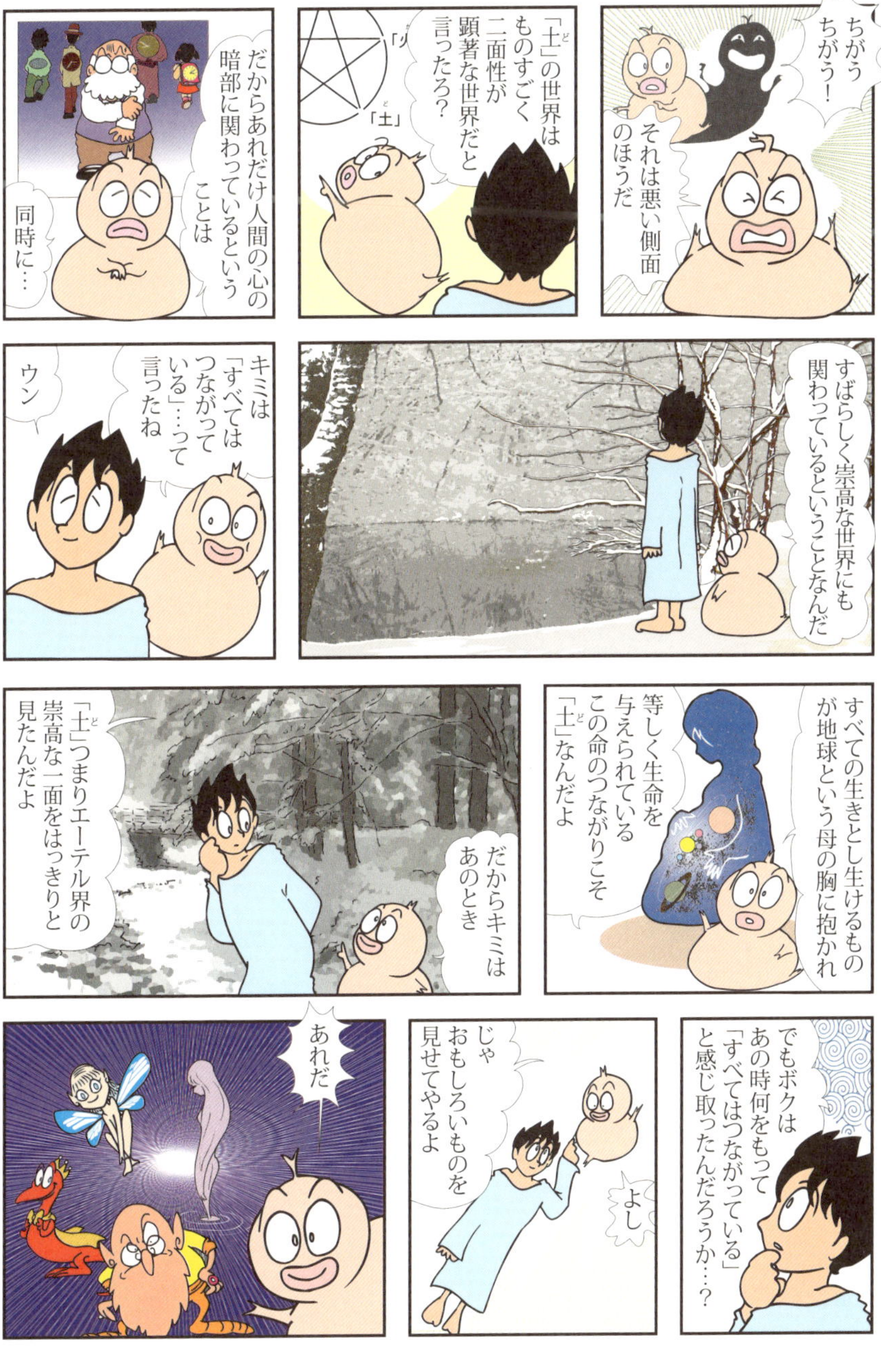
ちがうちがう!
それは悪い側面のほうだ
「土」のものすごく二面性が顕著な世界だと言ったろ?
「土」
だからあれだけ人間の心の暗部に関わっているということは
同時に…
すばらしく崇高な世界にも関わっているということなんだ
キミは「すべてはつながっている」…って言ったね
ウン
すべての生きとし生けるものが地球という母の胸に抱かれ
等しく生命を与えられているこの命のつながりこそ「土」なんだよ
だからキミはあのとき
「土」つまりエーテル界の崇高な一面をはっきりと見たんだよ
でもボクはあの時何をもって「すべてはつながっている」と感じ取ったんだろうか…?
よし
じゃおもしろいものを見せてやるよ
あれだ

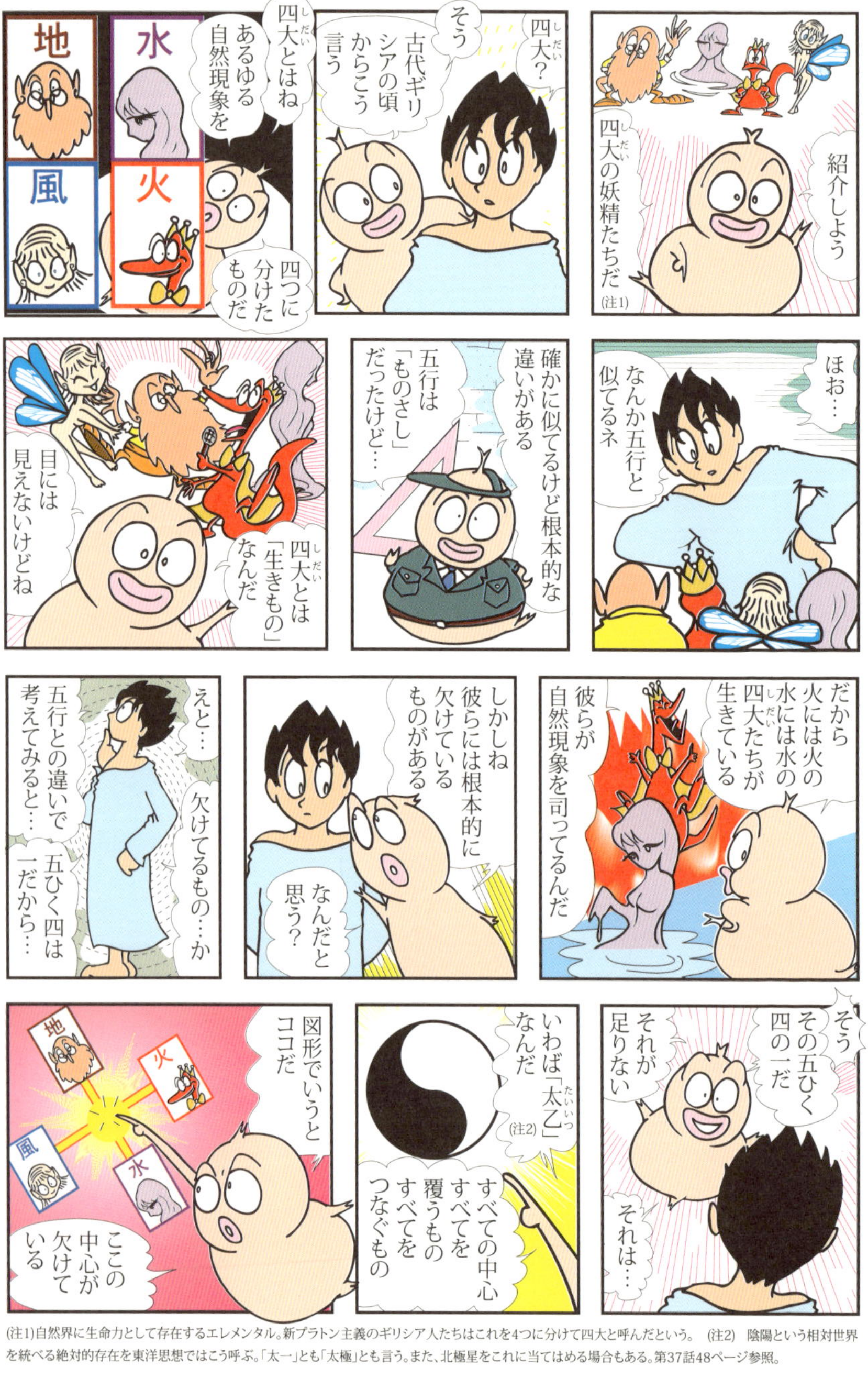

(注1)自然界に生命力として存在するエレメンタル。新プラトン主義のギリシア人たちはこれを4つに分けて四大と呼んだという。 (注2) 陰陽という相対世界を統べる絶対的存在を東洋思想ではこう呼ぶ。「太一」とも「太極」とも言う。また、北極星をこれに当てはめる場合もある。第37話48ページ参照。

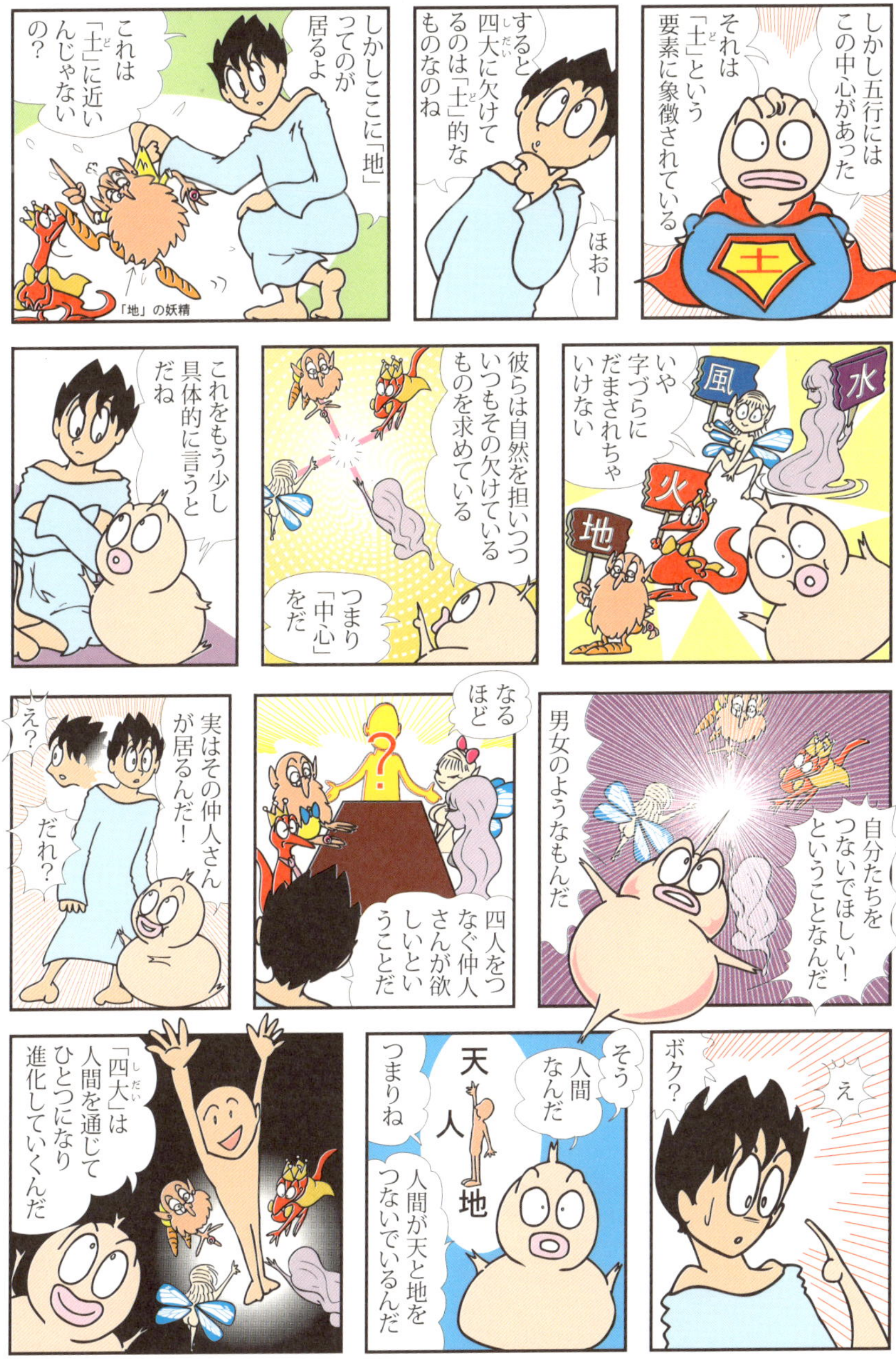

しかし五行にはこの中心があった
それは「土」という要素に象徴されている
土
すると四大に欠けてるのは「土」的なものなのね
ほおー
しかしここに「地」ってのが居るよ
これは「土」に近いんじゃないの？
「地」の妖精
いや字づらにだまされちゃいけない
風
水
火
地
彼らは自然を担いつついつもその欠けているものを求めている
つまり「中心」をだ
これをもう少し具体的に言うとだね
自分たちをつないでほしい！ということなんだ
男女のようなもんだ
なるほど
四人をつなぐ仲人さんが欲しいということだ
実はその仲人さんが居るんだ！
え？
だれ？
ボク？
え
そう人間なんだ
天
人
地
つまりね
人間が天と地をつないでいるんだ
「四大」は人間を通じてひとつになり進化していくんだ

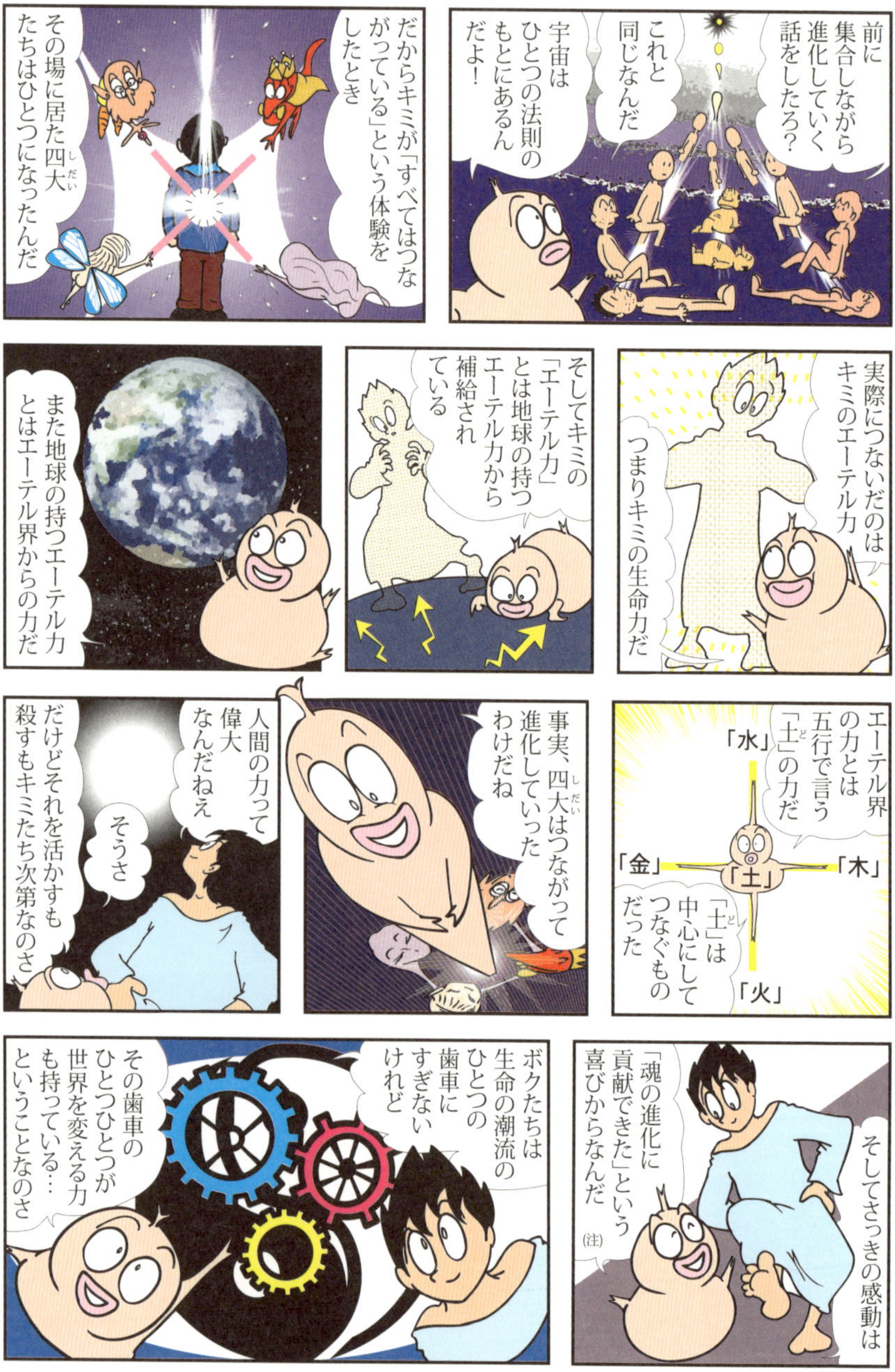

(注)人間にとっての真の喜びとは「他者への貢献」にある。お金や食事や異性に恵まれても、それが自我欲を満たすことに終始している限り、その人生とはむなしいものである。

33.　知識の責任

あ～っ
ああーっ!
おまえが悪いっ
お前だろっ!
ボクも前に大失敗したことがあるよ
出合いがしらでさ…
ごめんなさい大丈夫でした?
…って、言っちゃったんだ
でもね、ああいう時はあやまっちゃダメなんだよね
常識なんだって
後になって
こいつの方からあやまったんだから自分が悪いと認めたことになる
…ってことになっちゃって…
結局弁償さ
いやーっ失敗失敗
ん
どーしたの?

ハラがたつ!
くそ〜っ!
ボクはそーゆう話、一番腹が立つんだよっ
どこにあやまった方が負けなんて社会があるんだっ
こんなヒドい常識なんてあるかよっ
そうなんだけど…
どーにもならないよ
いやなる!
その証拠にみんな…
「おかしい」と思いつつもその常識に従ってるんだろ
ではなぜそんな常識を変えることができないのか?
無知だからだ!
無知?
そーかなあ…?
ちょっと来てごらん
そーだともさ
もし、彼らが真の知識を知ってたらどうなるか?
あっ
ああーっ!
ごめんなさい大丈夫?
いやそちらこそ大丈夫ですか?
なぜ今日に限ってこんなことが起きたのか…
私もなぜこの場に居合わせたんだろう?

(注1) 第41話参照。　(注2)「木（もく）」の章 第28話参照。

だから同じ出来事に対しても
ゴメンね
こちらこそ
知識によって「どう思うか」がまるで違ってくるんだよ
ゴメンね
そうだお前が悪い
だけどもし一方だけに知識があったらどうなるの?
いつもその人だけが損することになる
そう、だから腹が立つんだ
あげくのはてには…
こんなの損だから
今度からあやまるのはやめよ
訴訟社会
…てなことになるし
弁護士だけがもうかる社会になっちまう!
だいたい、裁判だっておかしいとは思わないか?
彼は罪にならない
なぜなら責任能力がないからだ
弁護士と検事の言い負かせ合いで罪が決まるんだから
そして、いわば真実とは別の所で罪が決まる
無罪!
え?
言ったもん勝ちだ!
人間には真実が見えないから
証拠とか言葉で言いくるめられてこうなってしまうんだね…
だからこそ!
真の知識が必要だ
「見えない真実」が見えるようになってくるまで
しかしなあ…
そうはいってもなあ…
知らない人だらけだもんねえ
こんなこと教えている場所はそうはないし…

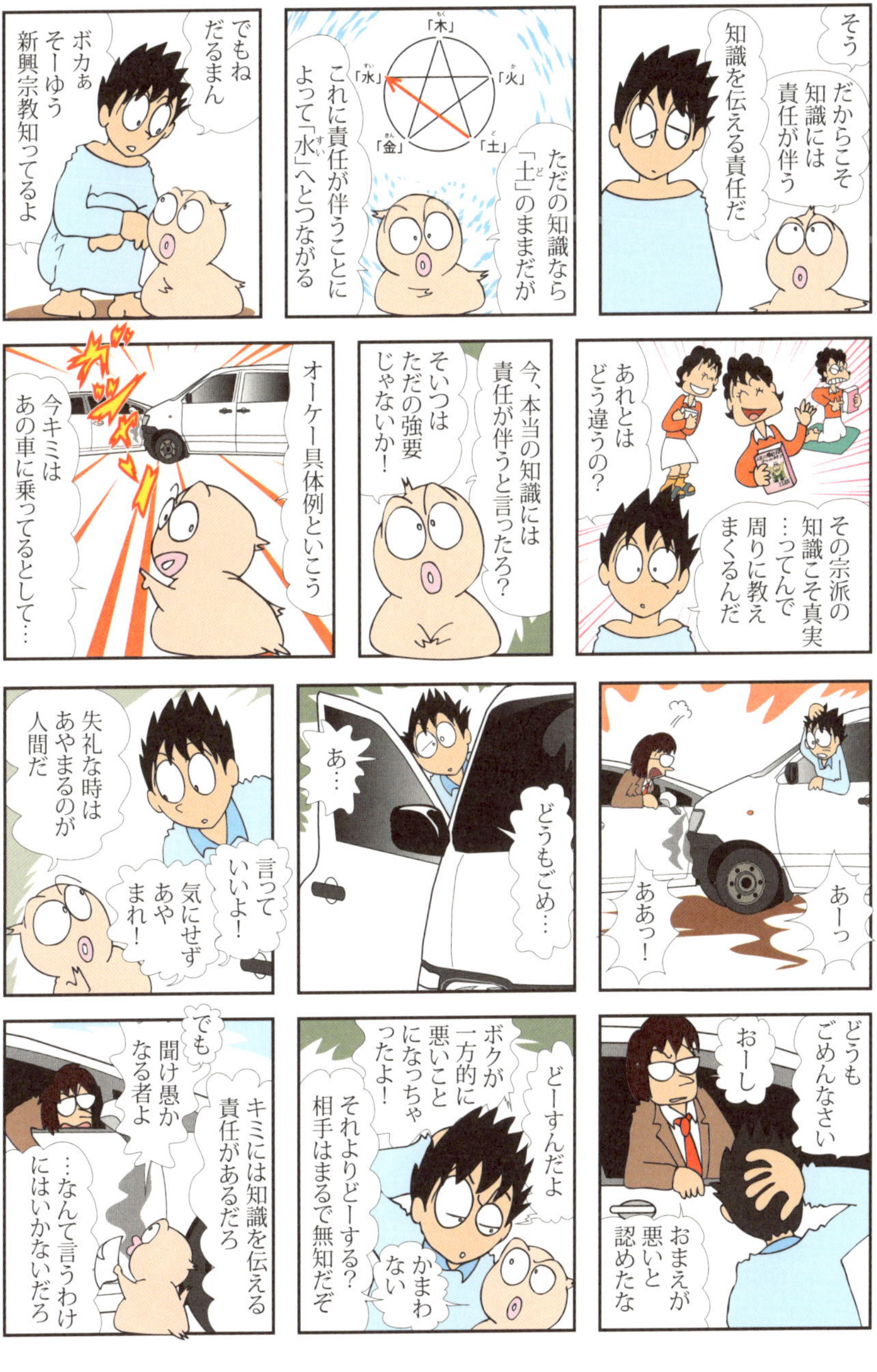

そう
だからこそ知識には責任が伴う
知識を伝える責任だ
「木」
「火」
「土」
「金」
「水」
ただの知識なら「土」のままだが
これに責任が伴うことによって「水」へとつながる
でもねだるまん
ボカぁそーゆう新興宗教知ってるよ
あれとはどう違うの?
その宗派の知識こそ真実…ってんで周りに教えまくるんだ
今、本当の知識には責任が伴うと言ったろ?
そいつはただの強要じゃないか!
オーケー具体例といこう
今キミはあの車に乗ってるとして…
あーっ
ああっ!
あ…
どうもごめ…
失礼な時はあやまるのが人間だ
言っていいよ!
気にせずあやまれ!
どうもごめんなさい
おーし
おまえが悪いと認めたな
どーすんだよ
ボクが一方的に悪いことになっちゃったよ!
かまわない
それよりどーする?相手はまるで無知だぞ
でも聞け愚かなる者よ
キミには知識を伝える責任があるだろ
…なんて言うわけにはいかないだろ

(注) 第41話参照。「得をする」ということはこう言い換えてもいいだろう「徳を増やす」と。

34. 影に気づく

や
あ 待ってたんだよ
今は「土(ど)」から「水(すい)」への移行期の時代だと言ってたよね
だけどその前にはやっておかねばならないことがあると…
「木」「火」「土」「金」「水」
「木」「火」「土」「金」「水」
うーむ…
そう それが大切なところだ
ウン それをゼヒ知っておきたい!
よし
ついておいで
おおっ! あのカップルは(注)
あの女の人を五行で言うと?
「木(もく)」だ
「思い」の中で溺れてしまってる…
そう
だけど最近、ちょっと進歩した
あっ

(注)「木(もく)」の章第3話参照。

先生っ！
お元気でいらっしゃいましたか？
ややああ
私ちょっと先生とお話があるから
そして彼女は恩師に悩みをうちあける…
恩師は黙って話を聞き
最後に…
私は君がすばらしい子だとよーく知っている
そんなすばらしい君を
君自身の手でつぶさないでおくれ
自殺まで考えたはずだったが
彼女は生きる勇気がわいてきた…
そして
気持ちを切り替えようと仕事も頑張りだした
いつしか彼女は輝きだした…
キミ、会ギの資料を
ウンウン
よかったよかった
喜ぶのはまだ早い
まだこれからなんだから！
でもとりあえず
ここまでの経過を五行で見てみようか
「木」
「火」
「土」
「金」
「水」

(注)このように相剋ルートの間にあってその進化を助ける要素を、化学反応の用語を借りて「触媒」と表現する。自身は変化せずに反応を促進させるためである。

そして
いつしか…
周囲からの評価や
自分を一段上に置くことだけを
生き甲斐とするようになる…
うーん…
そんなすばらしい君を
君自身の手でつぶさないでおくれ
…と、言われたことがかえって
あだになってるようにも見える
そう
でもあれが
なけりゃ
「木」のままだ
一難去って
また一難…
かぁ…
人生
いつまでたっても
苦労のし通し
だねぇ…
現象的にのみ見ていると
確かに苦労の連続だ
「木」
「火」
「土」
「金」
「水」
「木剋土」
「土剋水」
だが魂的には
どんどん
成長している
だからこの相剋ルートは
「きびしい関係」だけど精神的
には「進化の道」というんだよ
さて
「木」
「火」
「土」
「金」
「水」
ここからが
次の「土」
から「水」へ
の道だ
バーゲン
彼女は
どっぷりと現実に
浸かった夢のない
中年になるだろうよ
このまま
「土」に
居続ける
と…
「水」に…
行く
には
どうしたら
いいの?
考えてごらん
「木」
「火」
「土」
「金」
「水」
う~ん…
そうかっ!
「木」
「火」
「土」
「金」
「水」
「木」から「土」に
行くのに「火」が触
媒したように
「水」に行くには
「金」が触媒すれ
ばいいんだっ!
ピンポーン

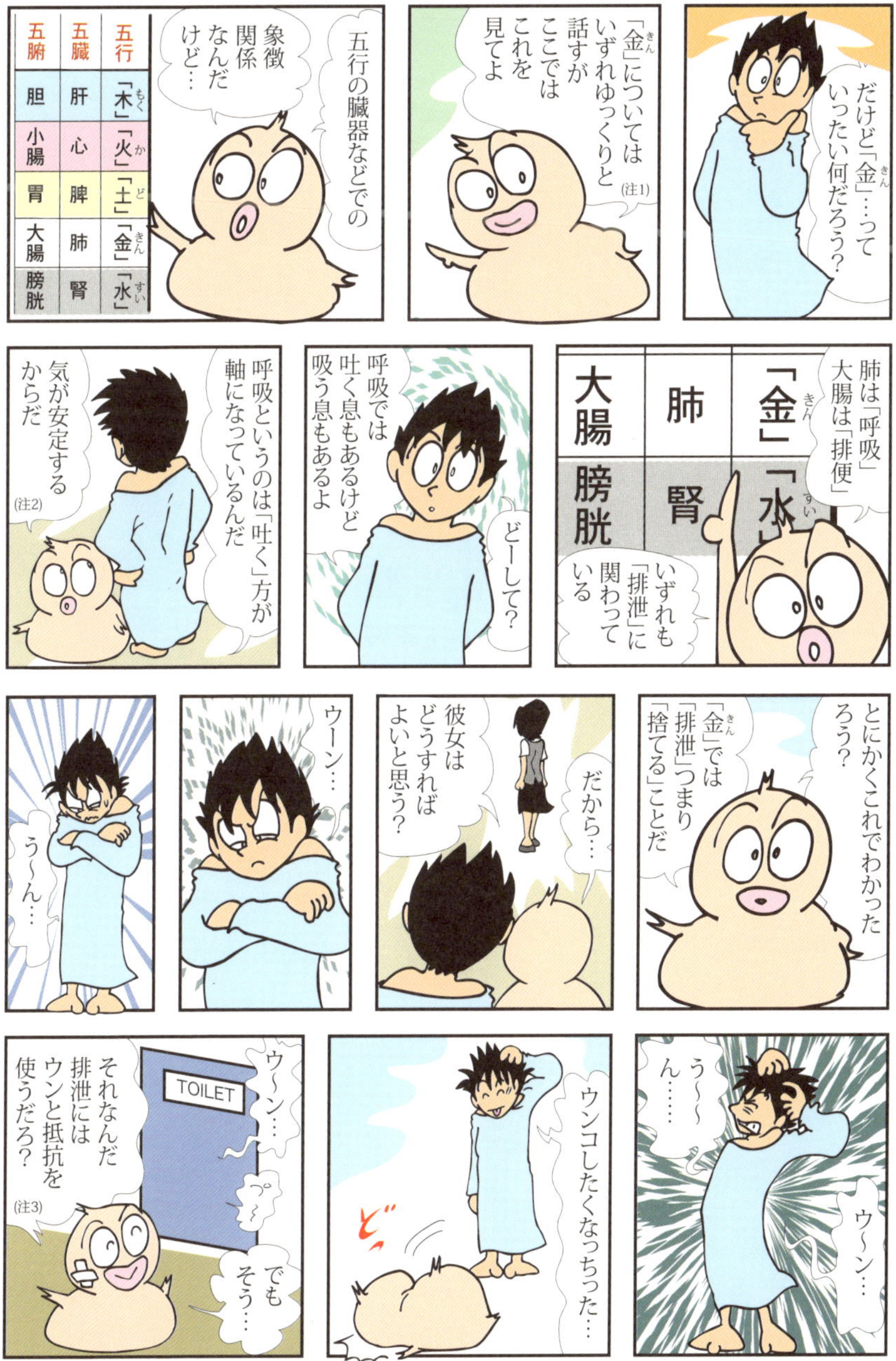

(注1)「火」の章第127話参照。(注2) 気の中枢「丹田」が刺激される。丹田については「木」の章第27話を参照のこと。(注3)「土」は五行の中心なので引力的な力を持つ。ゆえに、「金」の仲介を得て脱するには抵抗を伴うという説明の仕方もできる。第42話を参照のこと。

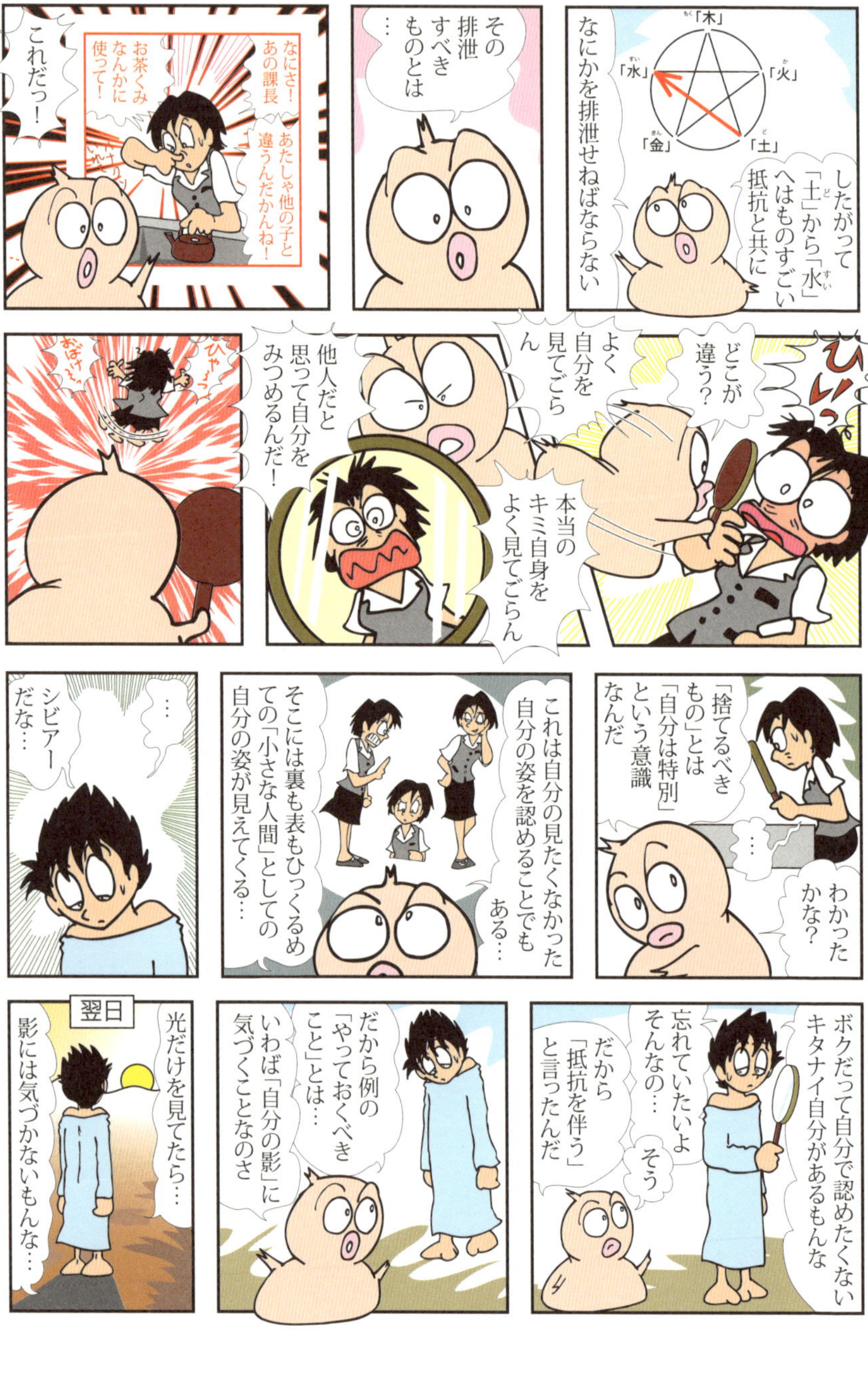
「木」
「火」
「土」
「金」
「水」
したがって「土」から「水」へはものすごい抵抗と共に
なにかを排泄せねばならない
その排泄すべきものとは…
なにさ！あの課長
お茶くみなんかに使って！
あたしゃ他の子と違うんだかんね！
これだっ！
ひぃっ
どこが違う？
よく自分を見てごらん
他人だと思って自分をみつめるんだ！
本当のキミ自身をよく見てごらん
「捨てるべきもの」とは「自分は特別」という意識なんだ
…
わかったかな？
これは自分の見たくなかった自分の姿を認めることでもある…
そこには裏も表もひっくるめての「小さな人間」としての自分の姿が見えてくる…
…
シビアーだな…
ボクだって自分で認めたくないキタナイ自分があるもんな
忘れていたいよそんなの…
そう
だから「抵抗を伴う」と言ったんだ
だから例の「やっておくべきこと」とは…
いわば「自分の影」に気づくことなのさ
翌日
光だけを見てたら…
影には気づかないもんな…

35. 霧のるつぼ

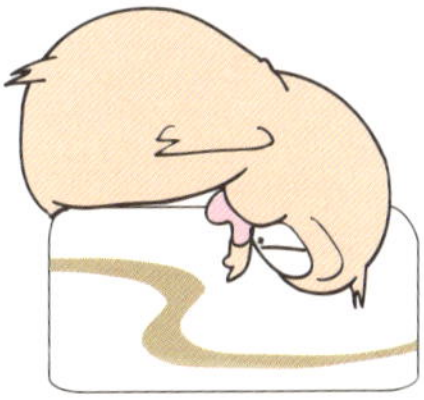

いまボクたちはもっともシビアな世界に足を入れるところだ
すごい所だね一歩先も見えない…
だるまんよここも「土」の世界なの？
そうだその中の霧の「るつぼ」だ
ここでヒトは「自分」に対面しなくてはならないんだ
そうしないと一歩も先に進めない
「土」で足踏みを決め込んでいる連中だ
彼らにはこの霧は見えていない
あの一群を見てごらん
NY
ああの人たちか…
「人が右向きゃ我も右…」という人たちだね
あ
やあ
あなたたちは！
いや…悩んでいるうちに一人になっちゃって…
あのグループに入らないんですか？

おや？
背中の時計が無くなっていますよ！
ええっ？
よかったですね
あなたは自立の道を歩み始めたんですよ
…でも
途端にこの霧ですよ
ここはいったい何処なんでしょう
ここは別名「霧のるつぼ」と言われる所で「土」界つまりエーテル界の…
奥底なのです
ここであなたは…
おや？
わたしだっ！
わたしが居るっ
また背中に時計つけてっ！
おいっ
キミっ
わたしっ！
待てよッ
そのグループといっしょに行っちゃいけないっ！
あなたは誰ですか？
わたしに似てるようですが…
あんな人と口をきくんじゃありません
さ行きますよ
おいっ
待てッ！
待てというのにっ！

(注)「木(もく)」の章 第10話参照。

あなた自身が愛されたことを思い出すんです
親に、兄弟に、奥さんに、子供に、そして大自然に…
そうさっ！
オレはオレを愛してるっ！
理想のオレにっ！
な…なんですか？
今のは
自分を愛するとああいうふうにここから出られるの？
いや…今のは違う
今の人は自分のイメージに逃げただけだ
浮き上がったのは「思い」だよ
つまり「土」から「木」へ逆戻りしたんだ
愛を勘違いしているからだ
「木」
「火」
「土」
「金」
「水」
それって…
やはり「木」から「土」へ行く時の「火」の在り方に関わっているわけ？
「木」
「火」
「土」
そうだ
どうしてもあの「火」の所でヒトや周りから受け入れられている「愛」の体験が必要なんだ
これが無かったり自覚が弱かったりするとああなりやすい
私にも無いかもしれない…
そんなことはない！
多くの人は自覚が足りないだけだ

たとえば生きてるってことはここまでに多くの愛を受けてきたからこそじゃないか!
…
イヤなことを
ブーブー言うばかりで
今までの素晴らしかったことを忘れてやしないか?
いいかい?
「自分を愛する」ってのは本当はね
自分の「才能の芽」を育てることなんだ(注)
①…空気があって ②…お日さまがあって ③…土があって
一粒の種がここまで育ってきた
ここまでが五行では「木」から「火」「土」という象徴だ
「木」 ①空気
②お日様
「火」
③土
「土」
後は芽を出し
すばらしく咲かせることだろう
だから
⑤…水が必要だ
⑤水
「水」

「金」

「土」

でも…

私には才能がない…

才能のない人なんてない!

自分で気づかないで目をつむっているだけだ
さっき自分を見て
それを捨てることに気づいたろ!

モノを「排泄する」というのは必要か必要でないかを仕分ける「自分」という基準があるからできることだ
さっき④が抜けてたでしょ
④…捨てることが
できるということは「自分」がそこに居るからだ!こうして「水」の「自我」に近づける…
ここで本当の自分の才能に気づくはずなんだ
「木」
「火」
⑤「水」
「金」
④捨てる
…

苦しんでるよ…

仕方ない「るつぼ」ではみんな苦しむんだ

(注)「木」の章第10話参照。

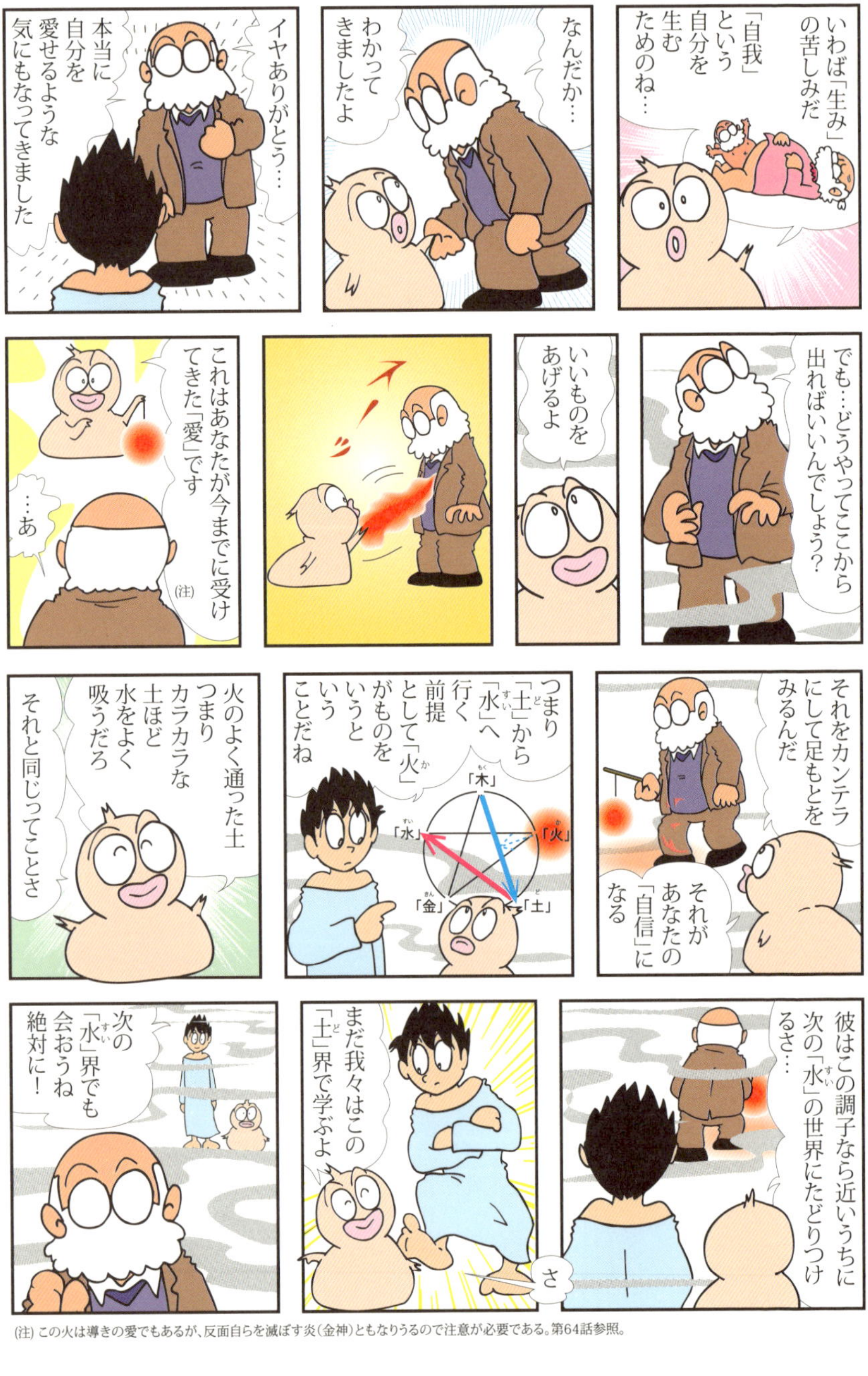

いわば「生み」の苦しみだ
「自我」という自分を生むためのね…
なんだか…
わかってきましたよ
イヤありがとう…
本当に自分を愛せるような気にもなってきました
でも…どうやってここから出ればいいんでしょう？
いいものをあげるよ
これはあなたが今までに受けてきた「愛」です(注)
…あ
それをカンテラにして足もとをみるんだ
それがあなたの「自信」になる
つまり「土」から「水」へ行く前提として「火」がものをいうということだね
「木」
「火」
「土」
「金」
「水」
火のよく通った土 つまりカラカラな土ほど水をよく吸うだろ
それと同じってことさ
彼はこの調子なら近いうちに次の「水」の世界にたどりつけるさ…
さ
まだ我々はこの「土」界で学ぶよ
次の「水」界でも会おうね絶対に！

(注) この火は導きの愛でもあるが、反面自らを滅ぼす炎(金神)ともなりうるので注意が必要である。第64話参照。

36. 偉大なる母（グレート マザー）

コーヒーのおかわりはいかがですか
ああおねがい
君!
お母さんは紅茶だと言ったじゃないか!
うちのお母さんはコーヒーが嫌いなんだ
すみませんすぐとりかえます
…ったく!
ここは女の子の教育がなってないねぇお母さん
典型的なマザコンだねありゃ
だるまん!
こんな所で?
ヒトからは見えてないから大丈夫
それよりもあれだけどさ
五行だと何かわかる?

ウン
親子の愛だからさしずめ「火」！
ブーッ！
親子愛でもマザコンのような行き過ぎはフツーの「火」ではない…
ホラ見てごらん
背中が少し焦げかかっている
ほら
「火」の愛が強過ぎて火傷しかけたこともあったじゃないか！
(注1)
そうか…
するとなんだろう？
答は「土」だ
「土」は「育む働き」を持つけれど
つまりずーっと囲って育みすぎると過保護になって根腐れしてくる…
だから「土」とは「育むが腐らせる」という二面性の世界なんだ
やり過ぎると腐らせてしまう…
(注2)
そういう両極端な二面性を持っていると言ったじゃないか
じゃあれは腐らせているわけ？
そう
自立のタイミングを失って「土」に沈んでしまってるんだ
「皆が右向きゃ我も右…」の連中と全く同じだ
「土」から抜け出せないという意味ではね
ウーン…
「土」から脱するのは
かなりシビアなんだよね…
ちょっとおさらいだ
「土」から脱するためにはどうすればよかった？
えーと…
「金」に助けてもらう
つまり「排泄」だ
「木」
「火」
「土」
「金」
「水」
捨てるのは「自分は特別」という間違った自己認識…
そう…だから
あの二人の関係は互いを特別にして「土」に留まらせる

(注1)「木」の章第12話参照。 (注2)「火」の章第105話参照。

言い換えるとね
ホラ
「母なる大地」と言うじゃないか
「母」はとくに「土」の傾向が強く出るんだよ
子の「巣立つ」タイミングを逸することもあるわけだね
コーヒーおかわりいかがです
ああたのむよ
どーして?
そして女性とは「土」的存在なんだ
え
あの人誰と話してるの
女性には子宮があるだろ?
すでに「母なる大地」としての資格があるわけだ
じゃあ男は五行の中では何かな?
いい質問だ
男は「木」だ
途方もない夢を持とうとするだろ
つまり現実より「思い」が大事で守るより攻めていきたいんだね
そんな時
酒でうさをはらすのも男だ
でもそれは挫折しやすくもある
女はその点、現実的で地に足がついている人が多い…(注)
ナルホド
ウンウン
そのね「女」の持つ母的な究極の影響力を心理学者のユングは…

(注)これはあくまで男女の一般的傾向として述べているにすぎない。

「グレート
マザー」
と呼んだんだ
「グレートマザー」とは
「霧のるつぼ」と同じだ
ここは別名、「霧のるつぼ」と言われる所で、「土」界つまりエーテル界の奥底なのです
とらえられると…
抜け出すことのできない強力な「土」の吸引力だ
ちょっとあの人のエーテル面を覗いてみよう
エーテル面？
あ…「土」のことか
んじゃちょっと会計してくる
何言ってんだよ肉体はこのままさ
エーテル体の視点であの人のエーテル面を見るだけさ
おっと！
まだボクのエーテル体が残っているよ
(注)
全部出たらキミは死んじゃうよあれでいいんだ
エーテル体は半物質で肉体を育んでいるんだ
あの…おかわりは
？
さあ「霧のるつぼ」だ「土」界のメッカだけど…
さっきのマザコン男の姿はあるかな？
霧が濃過ぎて全く見えないよ
そうだねえ…

(注)例えば睡眠時にはエーテルは一部を体に残したまま、残りを霊界に移動して休息をとると言われる。エーテル体は肉体を養っているので完全に脱してしまう時とは死を迎える時なのである。

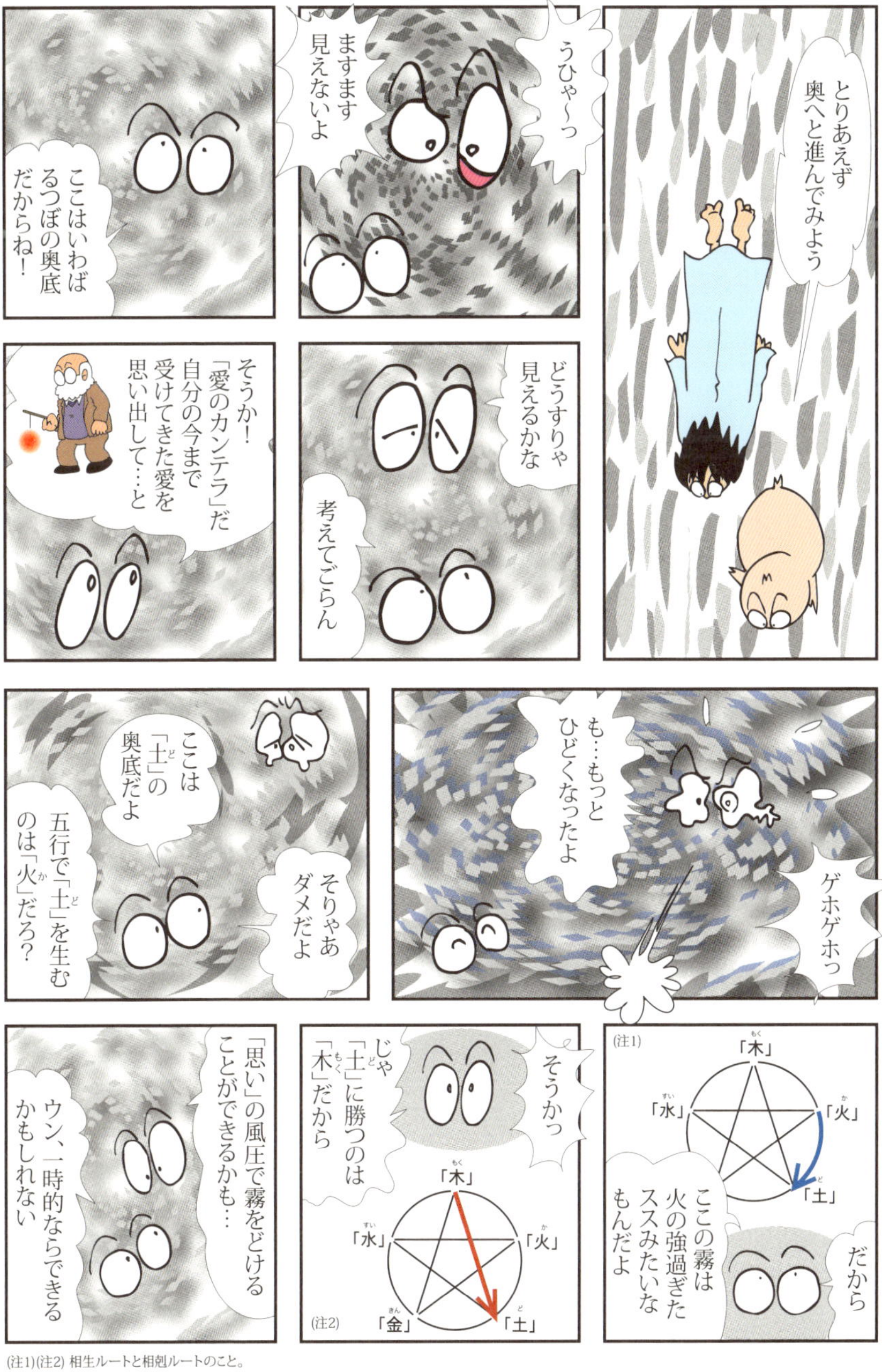

とりあえず奥へと進んでみよう
うひゃ〜っ
ますます見えないよ
ここはいわばるつぼの奥底だからね！
どうすりゃ見えるかな
考えてごらん
そうか！「愛のカンテラ」だ自分の今まで受けてきた愛を思い出して…と
ゲホゲホっ
も…もっとひどくなったよ
そりゃあダメだよ
ここは「土」の奥底だよ
五行で「土」を生むのは「火」だろ？
(注1)
「木」
「水」
「火」
「土」
だから
ここの霧は火の強過ぎたススみたいなもんだよ
そうかっ
じゃ「土」に勝つのは「木」だから
「木」
「水」
「火」
「金」
「土」
(注2)
「思い」の風圧で霧をどけることができるかも…
ウン、一時的ならできるかもしれない

(注1)(注2) 相生ルートと相剋ルートのこと。

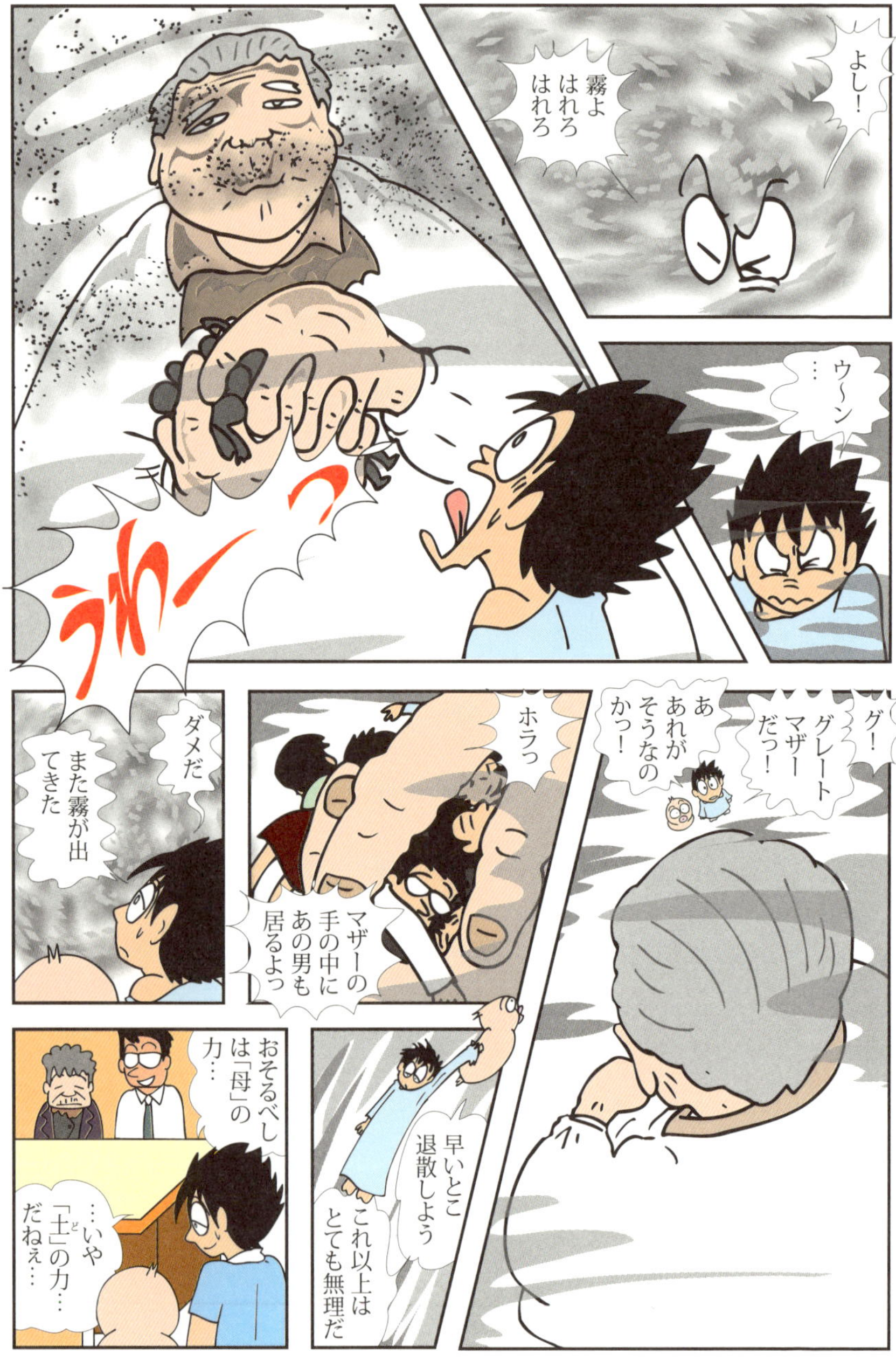
よし！
霧よ はれろ はれろ
ウ〜ン…
うわーっ
グ！グレートマザーだっ！
あ あれがそうなのかっ！
ホラっ
マザーの手の中にあの男も居るよっ
ダメだ また霧が出てきた
早いとこ退散しよう
これ以上はとても無理だ
おそるべしは「母」の力…
…いや「土」の力…だねえ…

37. 「土(ど)」の象徴するもの

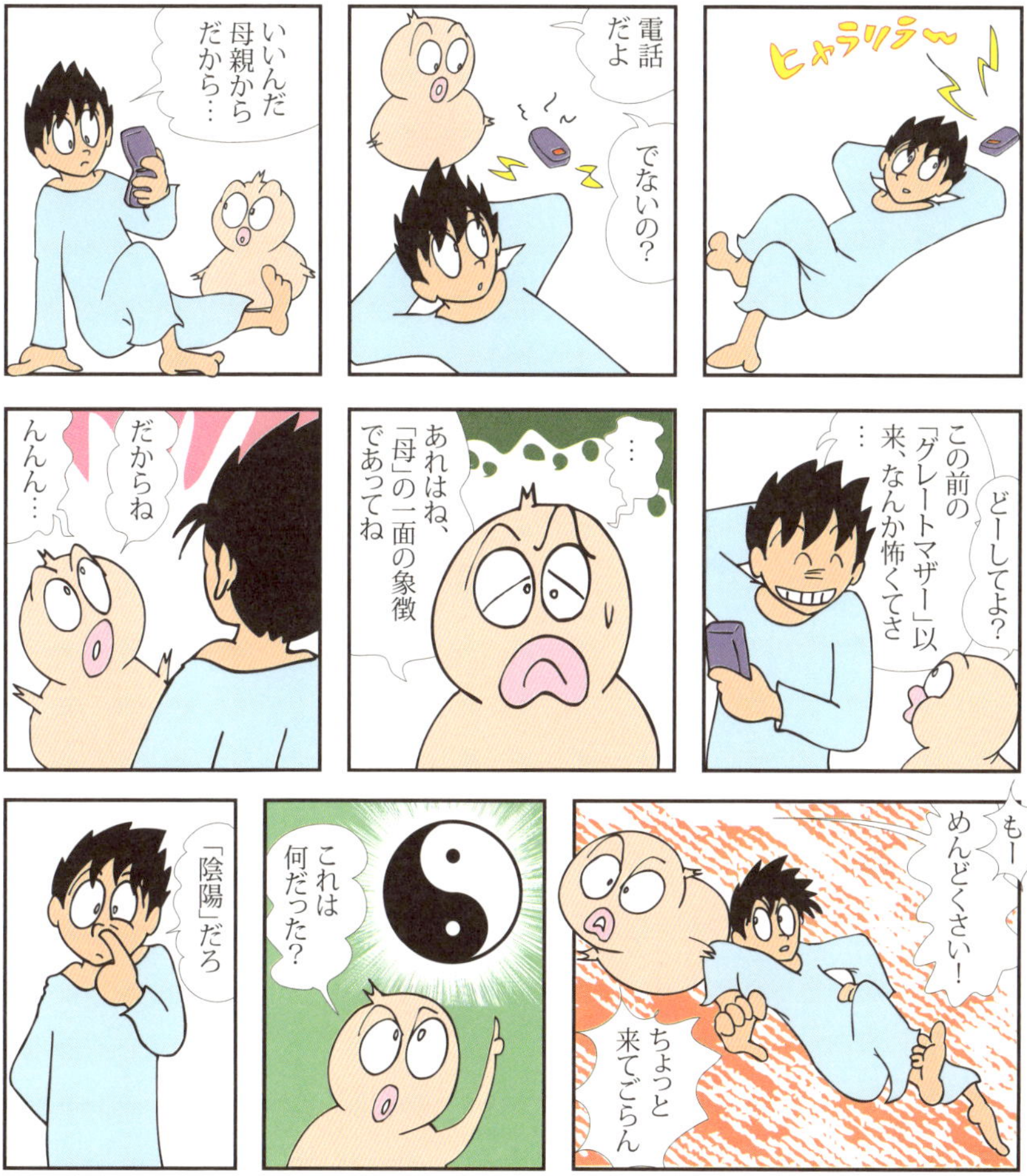
ヒャラリラ～
電話だよ
でないの？
いいんだ母親からだから…
どーしてよ？
この前の「グレートマザー」以来、なんか怖くてさ…
…
あれはね、「母」の一面の象徴であってね
だからね
んんん…
もー めんどくさい！
ちょっと来てごらん
これは何だった？
「陰陽」だろ

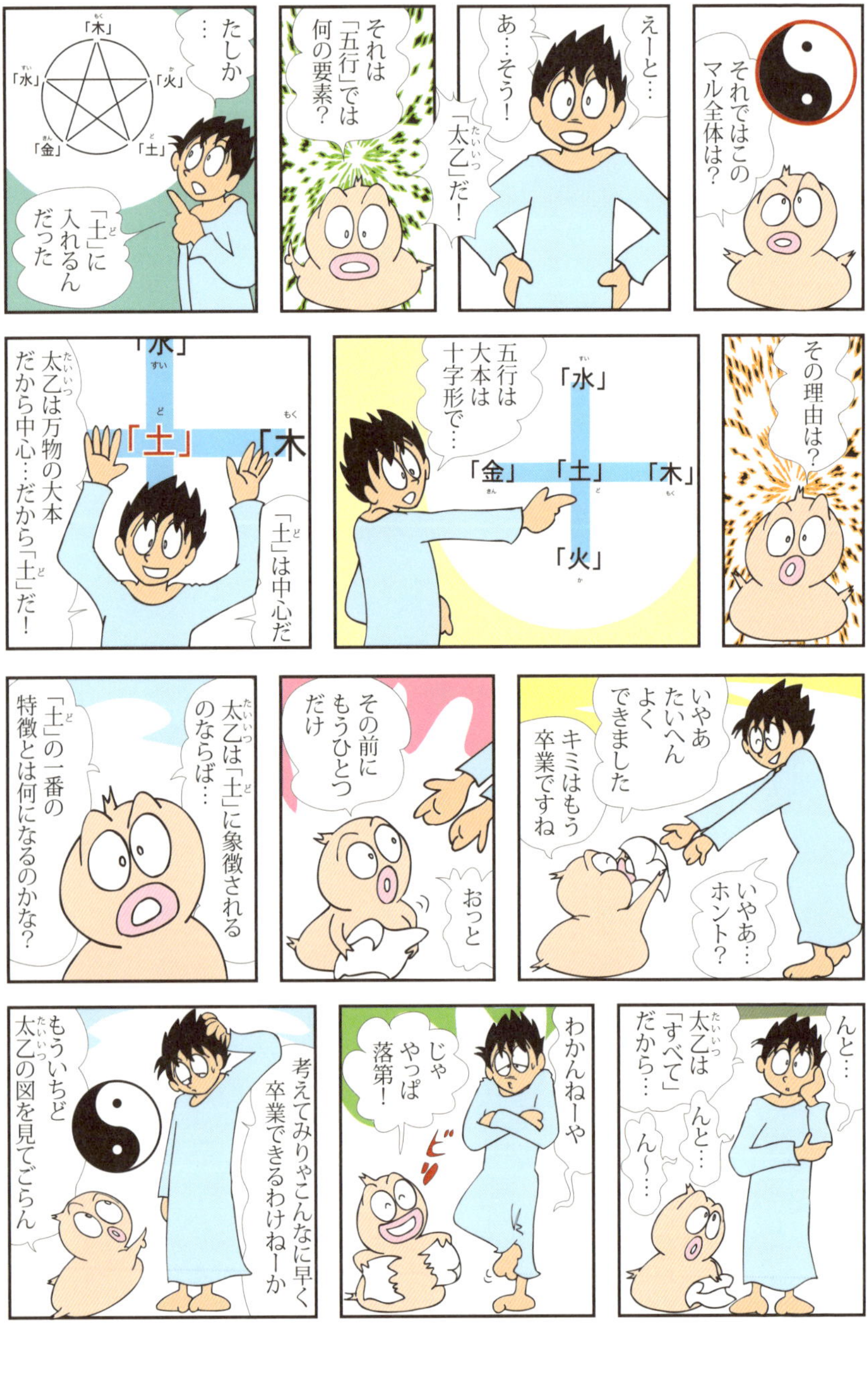

それではこのマル全体は？

え―と…

あ…そう！

「太乙」だ！

それは「五行」では何の要素？

たしか…

「木」

「火」

「土」

「金」

「水」

「土」に入れるんだった
その理由は？

五行は大本は十字形で…

「水」

「金」

「土」

「木」

「火」

「土」は中心だ
「水」

「土」

「木」

太乙は万物の大本だから中心…だから「土」だ！

いやあたいへんよくできました
キミはもう卒業ですね
いやあ…ホント？

その前にもうひとつだけ
おっと
太乙は「土」に象徴されるのならば…

「土」の一番の特徴とは何になるのかな？

んと…

太乙は「すべて」だから…

んと…

ん～…

わかんねーや
じゃやっぱ落第！

考えてみりゃこんなに早く卒業できるわけねーか
もういちど太乙の図を見てごらん

(注1) ゲーテ著『ファウスト』第二部第一幕。 (注2) 慈母観音とは母の子への深い慈愛を表した菩薩。鬼子母神とは我が子への愛ゆえに心を入れ替えることになった食人鬼。

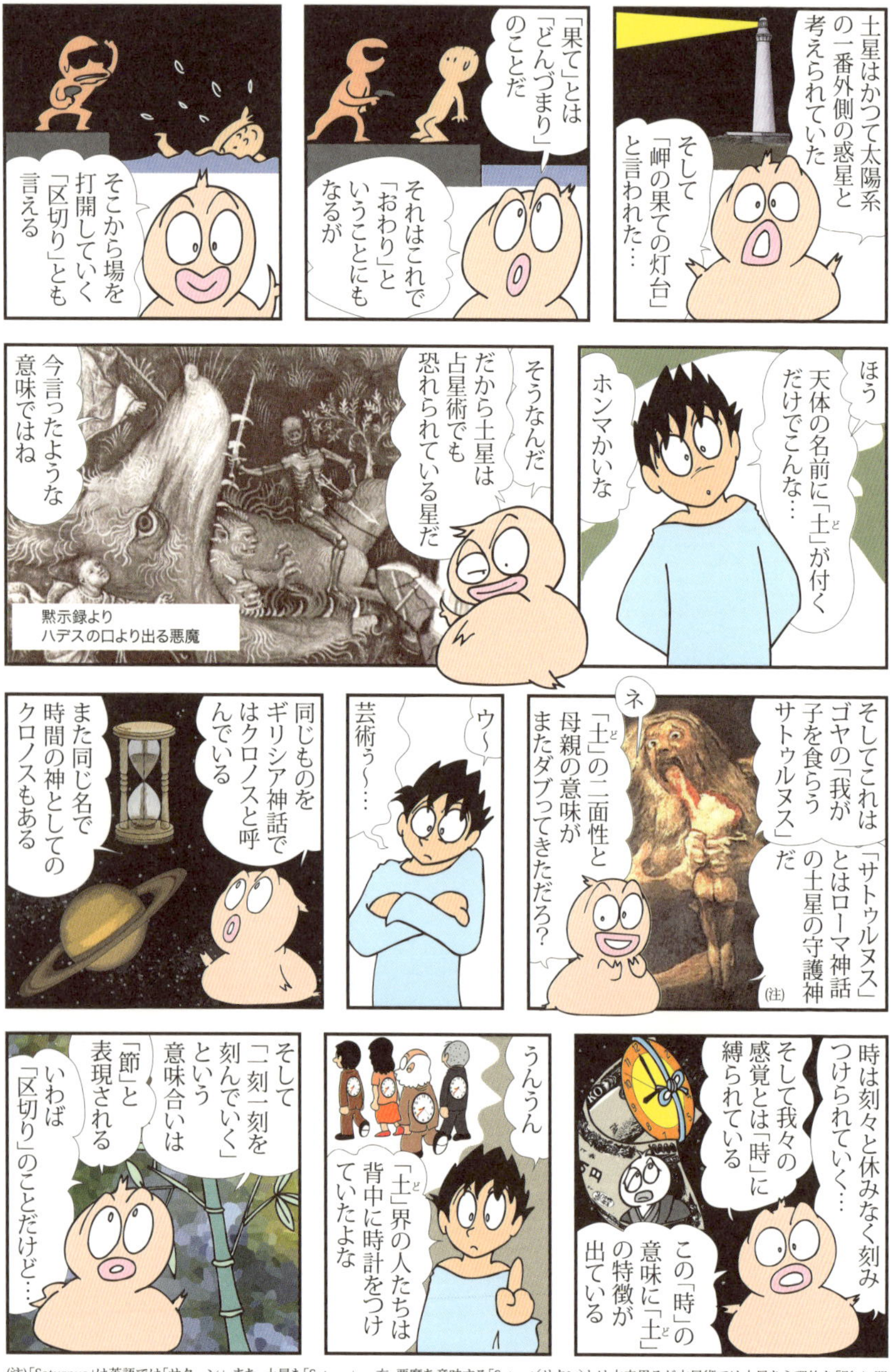
土星はかつて太陽系の一番外側の惑星と考えられていた
そして「岬の果ての灯台」と言われた…
「果て」とは「どんづまり」のことだ
それはこれで「おわり」ということにもなるが
そこから場を打開していく「区切り」とも言える
ほう 天体の名前に「土」が付くだけでこんな…
ホンマかいな
そうなんだ だから土星は占星術でも恐れられている星だ
今言ったような意味ではね
黙示録より
ハデスの口より出る悪魔
そしてこれはゴヤの「我が子を食らうサトゥルヌス」だ
「サトゥルヌス」とはローマ神話の土星の守護神 (注)
ネ
「土」の二面性と母親の意味がまたダブってきただろ?
ウ～
芸術ぅ～…
同じものをギリシア神話ではクロノスと呼んでいる
また同じ名で時間の神としてのクロノスもある
時は刻々と休みなく刻みつけられていく…
そして我々の感覚とは「時」に縛られている
この「時」の意味に「土」の特徴が出ている
うんうん
「土」界の人たちは背中に時計をつけていたよな
そして「一刻一刻を刻んでいく」という意味合いは「節」と表現される
いわば「区切り」のことだけど…

(注)「Saturnus」は英語では「サターン」。また、土星も「Saturn」。一方、悪魔を意味する「Satan」(サタン)とは本来異なるが占星術では土星を心理的な「影」に関係づけるので同義にとらえることもある。第47話参照。

「時」の暦の中で「節」の付く言葉には何がある？
んーと…
え？
あ！
「節分」だ
そう
だから旧暦では節分こそ一年の区切り…
つまり新年だったんだ
この鬼のスタイルに注目してほしい
牛の角に虎のふんどし
子 丑 うし 寅 とら 卯 辰 巳 午 未 申 酉 戌 亥
「水」 「木」 「土」 「金」 「火」
丑と寅だ
これを十二支に当てはめると
1月
10月 11月 冬 12月 9月 秋 8月 2月 春 3月 7月 6月 夏 5月 4月
「水」 「金」 「土」 「木」 「火」
旧暦ではここに一月がくるんだよ
さて「節」は「土」だったので
こういう区切りのタイミングを季節のうえでは「土用」という
土用
土用？
え～っ？
土用って夏じゃなかった？
土用ってえとカバヤキだけど…
あれは「夏の土用」が有名になりすぎただけなんだ
鰻
春 夏 秋 冬
春の気 夏の気 秋の気 冬の気
土気
春の土用 夏の土用 秋の土用 冬の土用
「季節」も「節」の移り変わりをさすんだよ
季節の区切り全部を本当はすべて土用と言うんだ
十二支だとこう
冬の土用 秋の土用 夏の土用 春の土用
11月 冬 12月 子 丑 10月 亥 9月 戌 秋 8月 酉 7月 申 6月 未 夏 5月 午 4月 巳 3月 辰 春 2月 卯 1月 寅
もともと「土」は「中心」だから四方向に広がったものとあわせて合計五つの「土」となっている

しかしさあ　なんで夏の土用だけ有名になったの？
ウマ…
さっきウシとトラの間を「土用」と言ったけど
子
丑
うし
寅
とら
「水」
「土」
未
「ウシトラ」という言葉に聞き覚えない？
ゲプ
べつにぃ
コラッ！
ガリッ
食べてすぐ寝るとウシになるよっ！
…って言うでしょ
おどかすなぁ…
ウシトラは別名「鬼門」と言ってね
鬼門
冬の土用
春の土用
夏の土用
秋の土用
裏鬼門
冬
春
夏
秋
「要注意」とされて恐れられてきたんだ
そして「夏の土用」は
その裏側だから「裏鬼門」だ
ふーん…
「水」
「金」
「土」
「木」
「火」
鬼門
冬の土用
裏鬼門
夏の土用
土用の中でも要注意はこの二つになるんだ
こっちがウラ番みたいなもんだ
鬼門
裏鬼門
言い換えるとこっちが番長で
そしてウラの方が強かったりする…
家庭でも実権を持つのは「ウラ番」の奥さんの方だったりする…
だからおもしろいことに「易学」では
鬼門
艮
裏鬼門
坤
この裏鬼門の卦を「坤」つまり「主婦」の意味に当てているんだ
主婦、つまり「母」かあ…
やっぱ母は偉大ってわけだ…
偉大なのはわかったから
毎朝電話で起こすのだけはやめてくれぇ…

38. 考えるとは関連を見いだすこと

この人が質問があるんだって
この道三十年のベテラン大土教授！
おおつち
君がだるまん君か？
君はけしからん！
学問を勝手に曲げている！
五行とは東洋医学の考え方であって…
西洋的なものとは違う
「木」
「火」
「土」
「金」
「水」
たとえばエーテル体とかアストラル体とか
ああなるとどれが本当の自分でどれがただの空想なのかわからなくなってくる
こういうふうに「思い」を作っている成分などを我々はアストラル体と呼んでいるんだ
エーテル体
これは実はまだ肉体の一部ともいえる「エーテル体」と言われる部分だ
肉体
こんなヘンテコな用語とは全く無関係だ
あ
この用語のことね
十九世紀ロシア生まれの神秘思想家で有名な
マダム・ブラバツキーが著書「セオソフィー」の中で言い始めたんだけど…
他にドイツのシュタイナーもよく語っている
彼も神秘学者、教育学者として有名な人だ

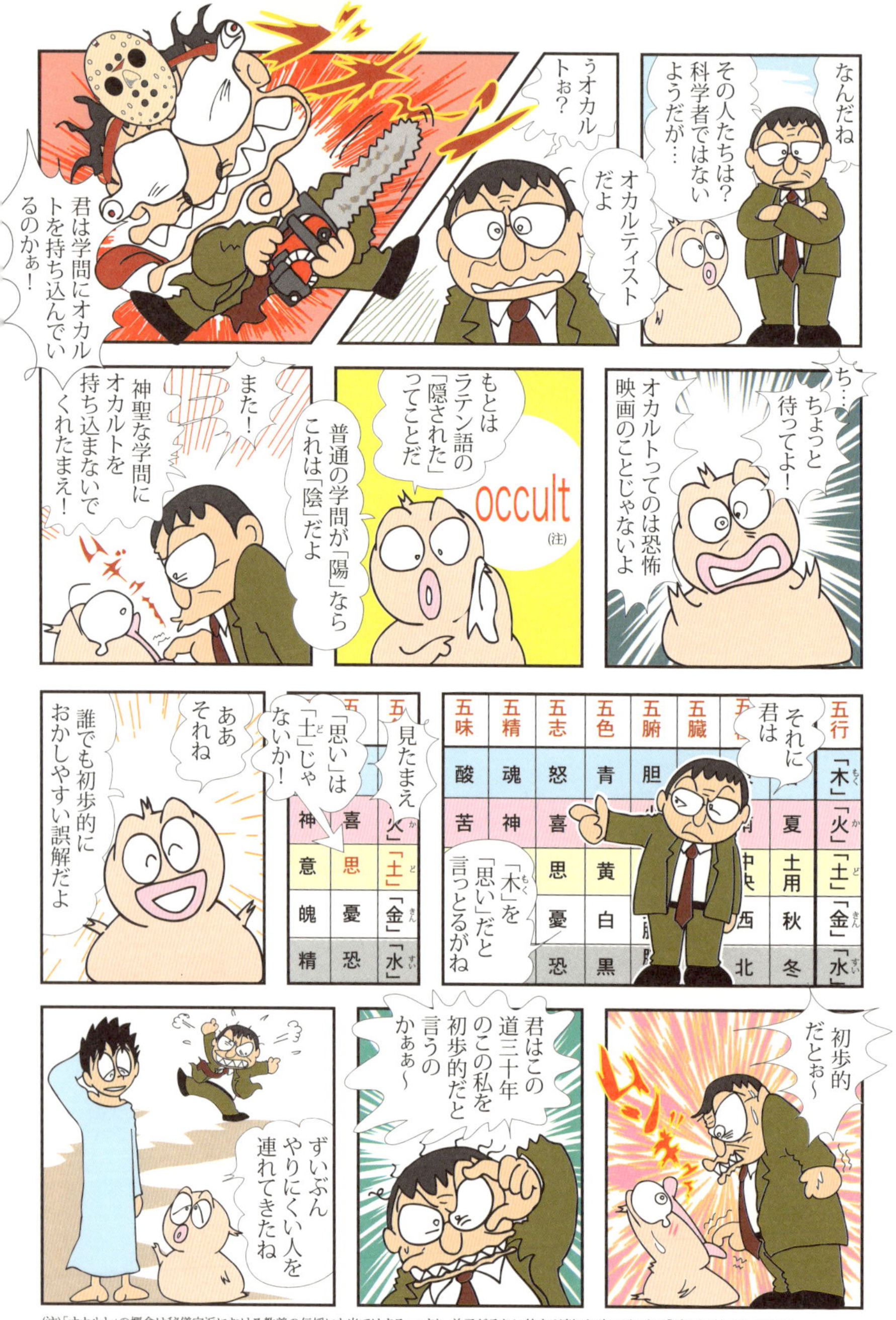
なんだね
その人たちは？科学者ではないようだが…
オカルティストだよ
ぅオカルトぉ？
君は学問にオカルトを持ち込んでいるのかぁ！
ち…ちょっと待ってよ！
オカルトってのは恐怖映画のことじゃないよ
もとはラテン語の「隠された」ってことだ
occult
(注)
普通の学問が「陽」ならこれは「陰」だよ
また！
神聖な学問にオカルトを持ち込まないでくれたまえ！
五行 五臓 五腑 五色 五志 五精 五味
「木」 「火」 「土」 「金」 「水」
夏 土用 秋 冬
中央 西 北
胆
青 黄 白 黒
怒 喜 思 憂 恐
魂 神
酸 苦
それに君は
「木」を「思い」だと言っとるがね
見たまえ
「思い」は「土」じゃないか！
神 喜 「火」
意 思 「土」
魄 憂 「金」
精 恐 「水」
ああそれね
誰でも初歩的におかしやすい誤解だよ
初歩的だとぉ～
君はこの道三十年のこの私を初歩的だと言うのかぁぁ～
ずいぶんやりにくい人を連れてきたね

(注)「オカルト」の概念は秘儀宗派における教義の伝授にも当てはまる。つまり、弟子がそれに値する適切な時に至るまで「隠され」続けたのである。

あの…ですね
これは「五志」といっていわば感情の種類ですが…
五行 「木」「火」「土」「金」「水」
五志 怒 喜 思 憂 恐
そんなこたぁ君に言われなくてもわかってんだ！
この道三十年なんだから！
「木」怒 「火」喜 「土」思 「金」憂 「水」恐
これを分類するとこの五つの象徴になるということデス
感情としての「思い」は「土」だけど
そもそもその「感情」とは「木」にあたるのです
つまり
五行の中にもまた五行があってその中にもまた…
ああ
「フラクタル」って言いたいんだろ？(注)
きちんと学問的に言いたまえ！
これは陰陽の中に陰陽…
その中にさらに陰陽…とあるのと同じことですが
それはわかってんだって！
それよりなぜ「木」なのか言いたまえ！
「木」の意味するところは何か…
「木」とは「萌え立つエネルギー」です
形となる前のモワモワとした伸び立とうとするエネルギー
それが「木」なのです
そしてそれが
「アストラル」だと言うのか？
そうです！知ってるじゃないですか！
しまった！
つられてヘンテコな用語を使ってしまった

(注)フラクタルについては「木」の章第24話参照。

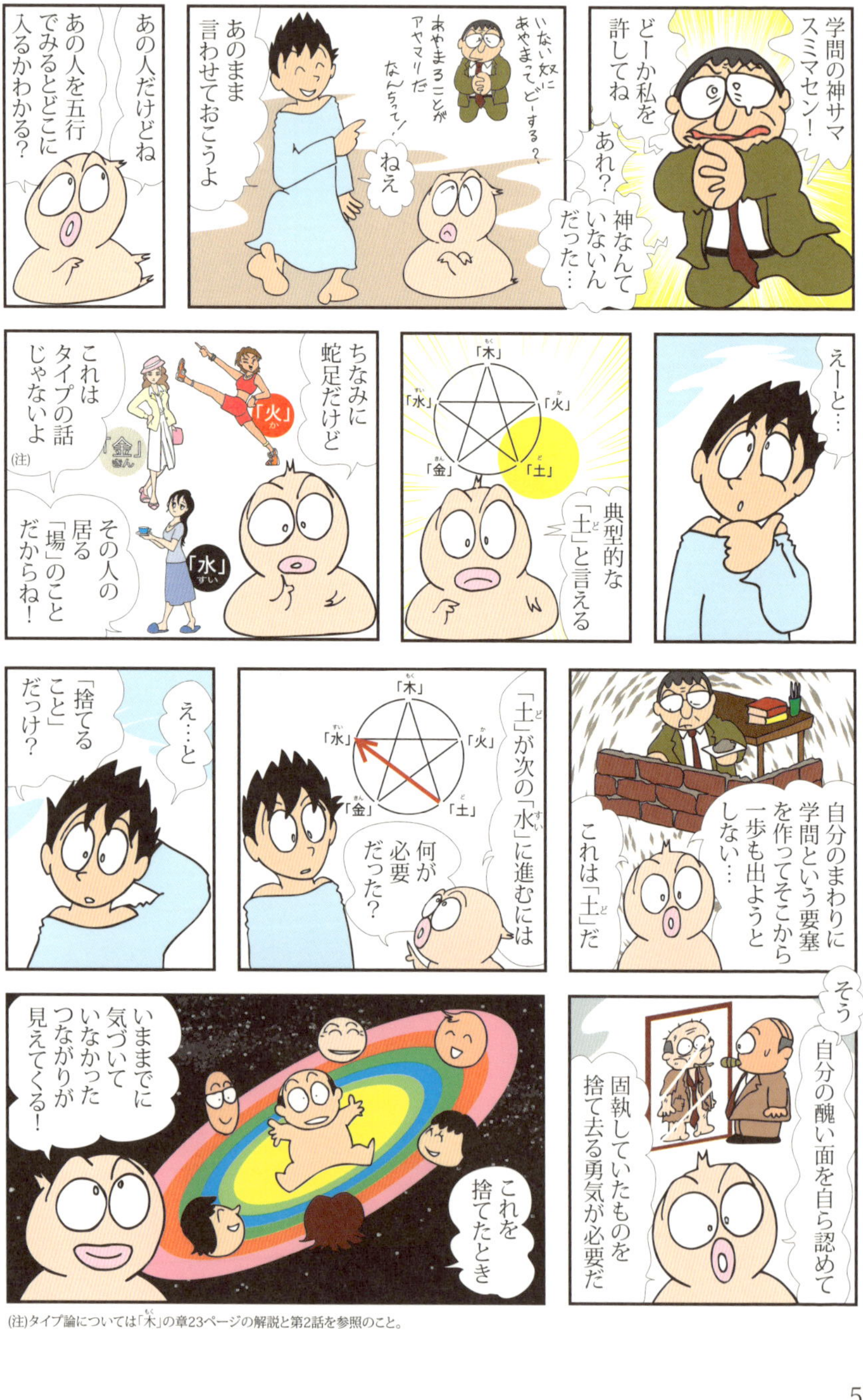

(注)タイプ論については「木」の章23ページの解説と第2話を参照のこと。

「これはこっちの棚…」と頭の中で分けていたものが
新たな棚どうしのつながりができてくるんだ
ナルホド
こういう関連を作るのはエーテルで「土」だったもんな
そうだ
本来エーテルとは「関連させるもの」…
身体で言えば肉体と肉体エネルギーをつなげているんだ
ところがそこまでいってないと
同じ枠の仲間同士ですら競い合うことだって始まるんだ
自分の習慣の枠からはずれた者と敵対するようになる
はー
「土」は「育むが腐らせる」…
「腐らせる」というのは枠の中でつぶれていくことなんだね
だから
「土」から「水」へとは「本当に考える」ということに等しい
「木」
「火」
「土」
「金」
「水」
なんせ今まで見えなかった関連性に気づいて見出していくことなんだから
「本当に考える」…?
評論家の小林秀雄によると
本居宣長は『考えるとは身をもって相手と関わること』…って言ってるそうだ
このことだよ
あの教授みたいなのはただの自己満足だ
いわばグレートマザーの腕の中なんだ
学問の発展は
落ちるリンゴと引力の発見のように
無関係にも見えることの中から「関連性」を見出していくことにあるんだ
つまり眼を開くということなのさ!

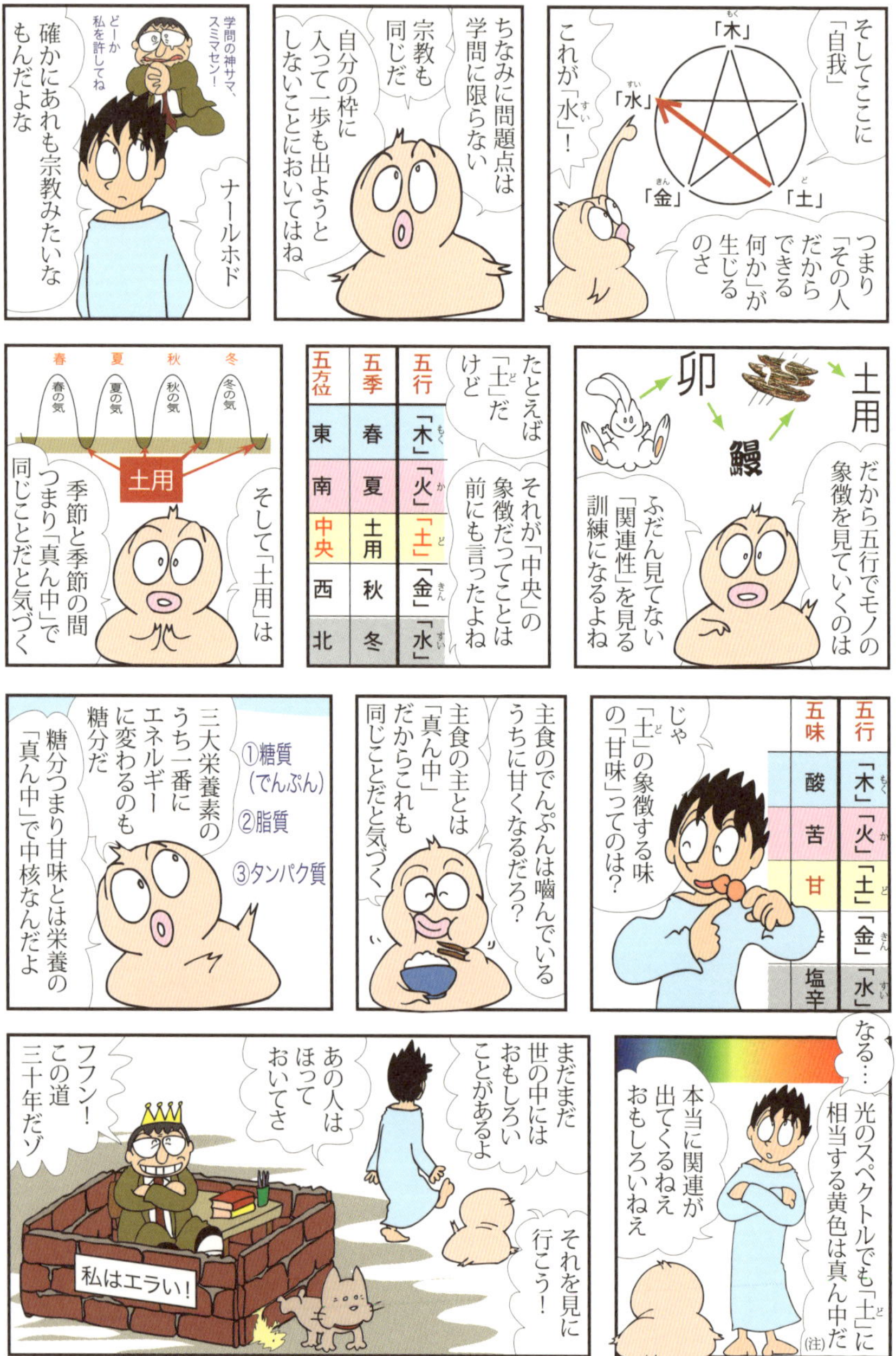
そしてここに「自我」
「木」
「水」
「金」
「土」
これが「水」！
つまり「その人」だからできる何か」が生じるのさ
ちなみに問題点は学問に限らない
宗教も同じだ
自分の枠に入って一歩も出ようとしないことにおいてはね
ナールホド
確かにあれも宗教みたいなもんだよな
学問の神サマ、スミマセン！
どーか私を許してね
土用
卯
鰻
だから五行でモノの象徴を見ていくのは
ふだん見てない「関連性」を見る訓練になるよね
たとえば「土」だけど
それが「中央」の象徴だってことは前にも言ったよね
春
夏
秋
冬
春の気
夏の気
秋の気
冬の気
土用
そして「土用」は
季節と季節の間 つまり「真ん中」で同じことだと気づく
じゃ「土」の象徴する味の「甘味」ってのは？
主食のでんぷんは噛んでいるうちに甘くなるだろ？
主食の主とは「真ん中」だからこれも同じことだと気づく
三大栄養素のうち一番にエネルギーに変わるのも糖分だ
①糖質（でんぷん）
②脂質
③タンパク質
糖分つまり甘味とは栄養の「真ん中」で中核なんだよ
なる…
光のスペクトルでも「土」に相当する黄色は真ん中だ
(注)
本当に関連が出てくるねえ おもしろいねえ
それを見に行こう！
まだまだ世の中にはおもしろいことがあるよ
あの人はほっておいてさ
フフン！ この道三十年だゾ
私はエラい！

五行	「木」	「火」	「土」	「金」	「水」
五季	春	夏	土用	秋	冬
五方位	東	南	中央	西	北

五行	「木」	「火」	「土」	「金」	「水」
五味	酸	苦	甘		塩辛

(注)色と五行との関係は「木」…青、「火」…赤、「土」…黄、「金」…白、「水」…黒となる。「木」の章22ページの表を参照のこと。

39.　だるまんの正体

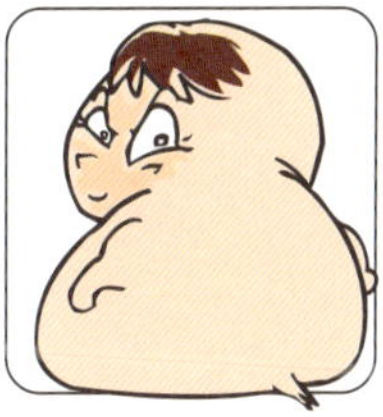

来たな
だるまんよ
お…おい、またかよ
いつかみたいにオレさまは神だ…なんてはじまるんじゃないだろうね
違うよ!
今日はどうしてもキミの正体を確かめたい!
パッ
う…
そ…それじゃなくて…
キミは前に
一番内側が一番外側に触れる所…
無限小が無限大に接する所…
そこから来たガイドってわけ。
(注)
…って言ってたよね
この意味がよくわからない!
キミは本当は何処から来たんだ?
キミは多くのことをボクに教えてくれる
無知だったボクも少しは大きくなった気もする
だが教えているキミ自身が何者かわからない以上…
ボクはこの知識をうのみにしていいのかわからないじゃないか

(注)「木」の章　第1話参照。

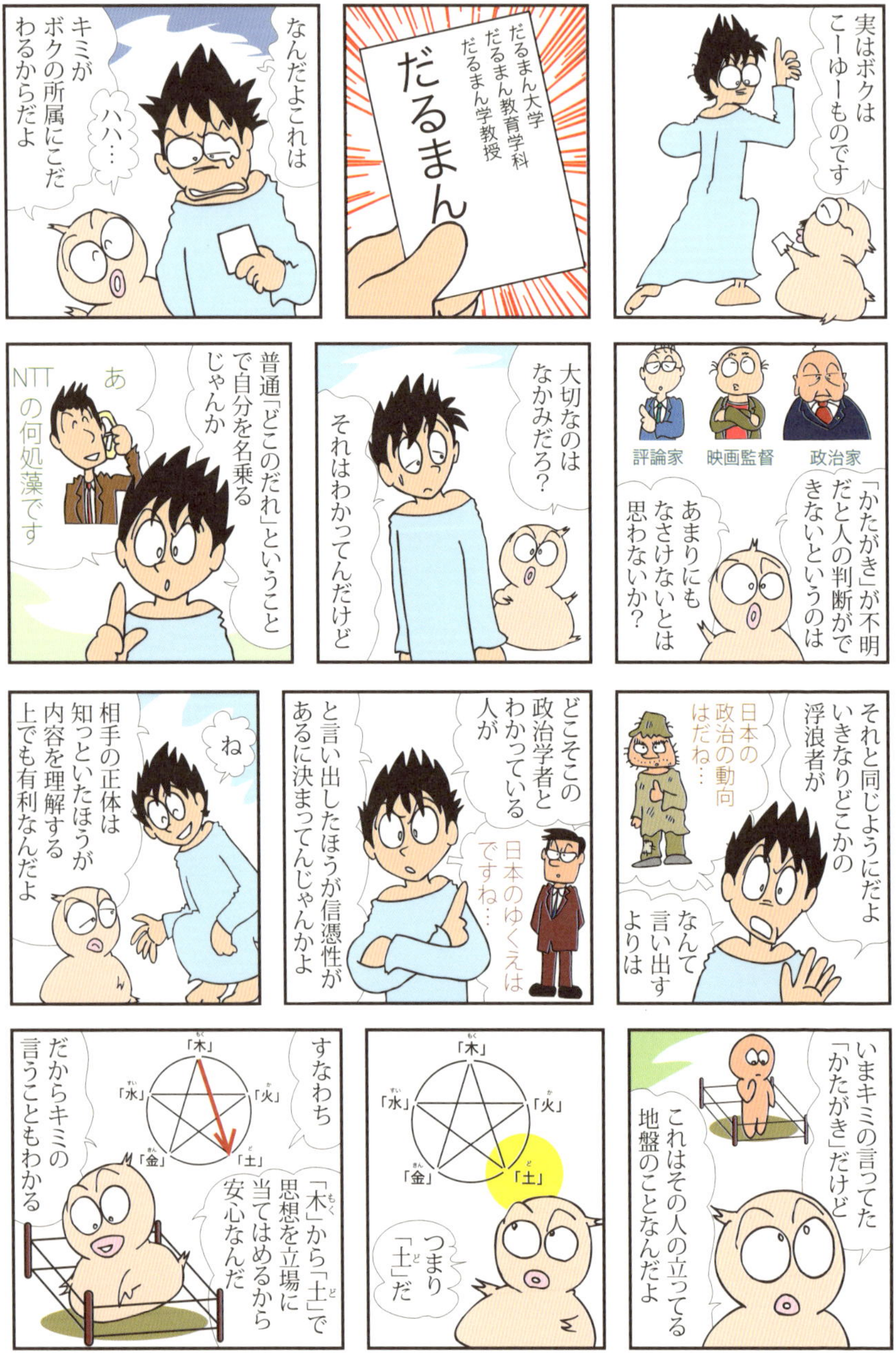
実はボクはこーゆーものです
だるまん大学
だるまん教育学科
だるまん学教授
だるまん
なんだよこれは
ハハ…
キミがボクの所属にこだわるからだよ
政治家
映画監督
評論家
「かたがき」が不明だと人の判断ができないというのは
あまりにもなさけないとは思わないか？
大切なのはなかみだろ？
それはわかってんだけど
普通「どこのだれ」ということで自分を名乗るじゃんか
あ
NTTの何処藻です
それと同じようにだよいきなりどこかの浮浪者が
日本の政治の動向はだね…
なんて言い出すよりは
どこそこの政治学者とわかっている人が
日本のゆくえはですね…
と言い出したほうが信憑性があるに決まってんじゃんかよ
ね
相手の正体は知っといたほうが内容を理解する上でも有利なんだよ
いまキミの言ってた「かたがき」だけど
これはその人の立ってる地盤のことなんだよ
「木」
「火」
「土」
「金」
「水」
つまり「土」だ
すなわち
「木」
「火」
「土」
「金」
「水」
「木」から「土」で思想を立場に当てはめるから安心なんだ
だからキミの言うこともわかる

だがこれからは「水」の時代だと言ったよね
「木」
「火」
「土」
「金」
「水」
こうなると
「かたがき」よりも
人柄
かたがき
その「人柄」のほうが大切になってくる
つまり
こういう人よりも
悔い改めなさい なんじは神の家を汚すものなり
こういう人のほうが
神サマかぁ 居ると思うよ なんだかんだいって世話になってるしなぁ
これからは皆に信頼されるようになってくる
だから「かたがき」にこだわってるようでは
時代遅れになるよ！
そうかぁ…
内容だね
うーん…確かにそうだ…
まあそうだけど
そんなに知りたきゃ教えてやるよボクの正体を
ホント？
ボクはキミの夢の中だけの存在
…ってわけないしね
そうだよ♪そんなんだよ♪
よし
来たまえ
肉体つまり物質世界から順々に上がっていくと
自我の界
アストラル界
エーテル界
物質界

(注1)「木」の章 第12話参照。(注2)「木」の章第11話では「火」以降をエッセンスと呼んでいる。また、第20話では主観の奥にある客観と呼んでいる。その実体は高位の自我(自己,ハイアーセルフ)の入り口であり、本編第59話以降で詳しく論じられる。

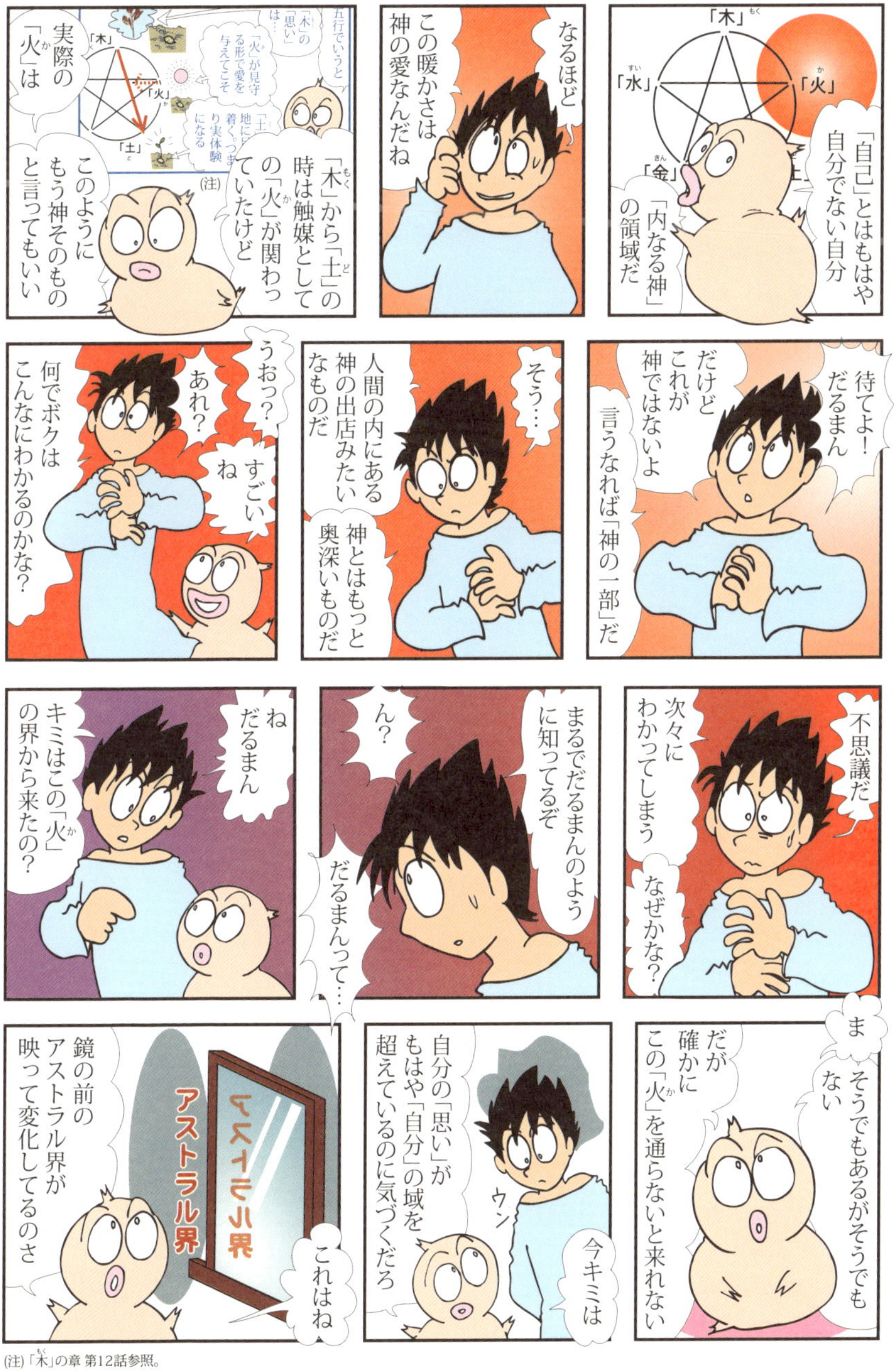
「木」
「火」
「水」
「金」
「土」
「自己」とはもはや自分でない自分
「内なる神」の領域だ
なるほど
この暖かさは神の愛なんだね
実際の「火」は
五行でいうと
「木」の「思い」は…
「火」が見守る形で愛を与えてこそ
「木」
「火」
「土」
「木」から「土」の時は触媒としての「火」が関わっていたけど
(注)
このようにもう神そのものと言ってもいい
待てよ！だるまん
だけどこれが神ではないよ
言うなれば「神の一部」だ
そう…
人間の内にある神の出店みたいなものだ
神とはもっと奥深いものだ
うおっ？
あれ？
すごいね
何でボクはこんなにわかるのかな？
不思議だ
次々にわかってしまう
なぜかな？
まるでだるまんのように知ってるぞ
ん？
だるまんって…
ねだるまん
キミはこの「火」の界から来たの？
ま そうでもあるがそうでもない
だが確かにこの「火」を通らないと来れない
今キミは
自分の「思い」がもはや「自分」の域を超えているのに気づくだろ
ウン
これはね
鏡の前のアストラル界が映って変化してるのさ
アストラル界

(注)「木」の章 第12話参照。

(注1) 第34話参照。 (注2)「木」の章 第5話参照。

40. 鏡の前後

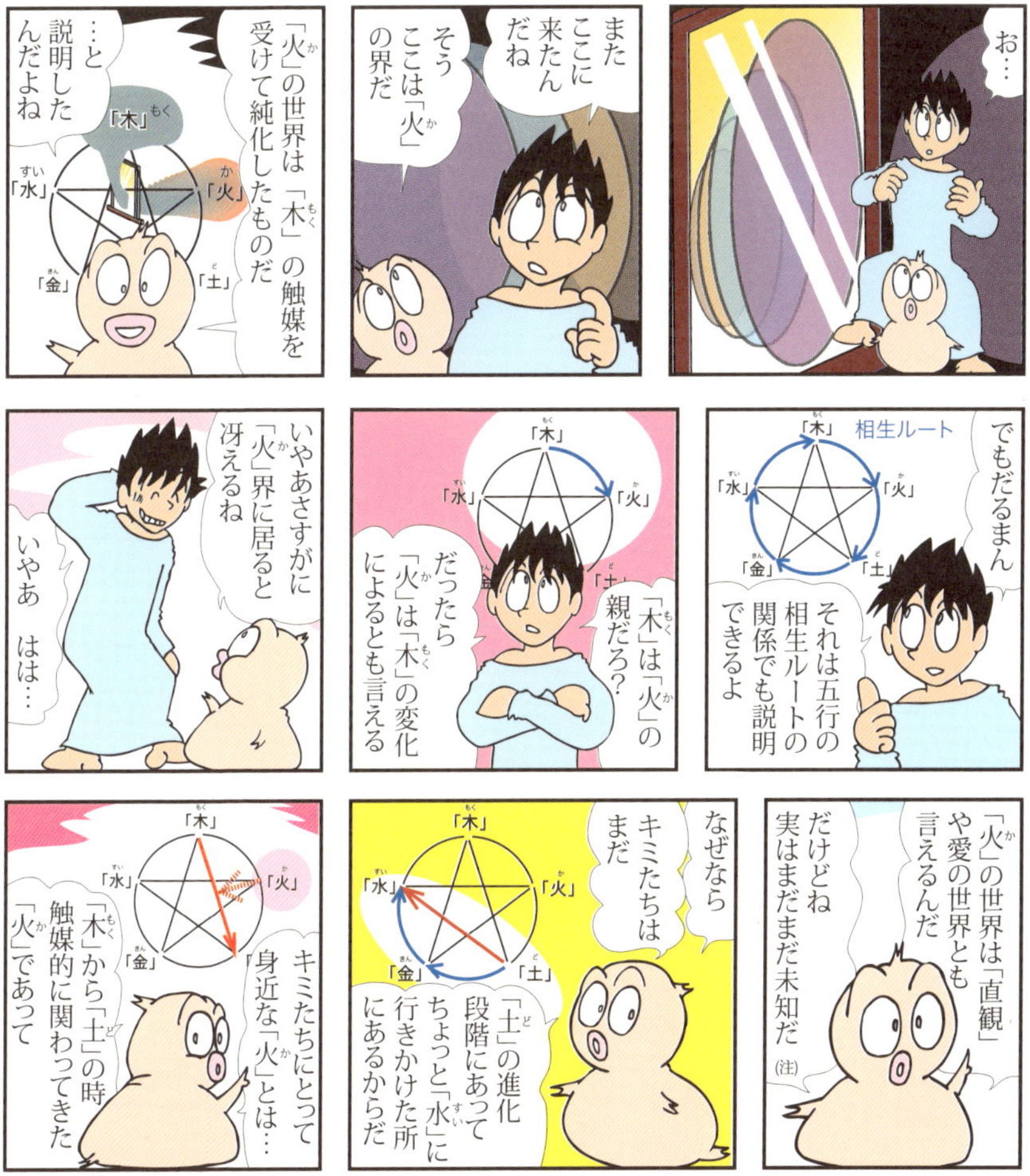
お…
またここに来たんだね
そう ここは「火」の界だ
「火」の世界は「木」の触媒を受けて純化したものだ
…と説明したんだよね
「木」
「水」
「火」
「金」
「土」
でもだるまん
それは五行の相生ルートの関係でも説明できるよ
相生ルート
「木」
「火」
「土」
「金」
「水」
「木」は「火」の親だろ?
だったら「火」は「木」の変化によるとも言える
いやあさすがに「火」界に居ると冴えるね
いやあ はは…
「火」の世界は「直観」や愛の世界とも言えるんだ
だけどね実はまだまだ未知だ (注)
なぜなら
キミたちはまだ
「土」の進化段階にあってちょっと「水」に行きかけた所にあるからだ
「木」
「火」
「土」
「金」
「水」
キミたちにとって身近な「火」とは…
「木」から「土」の時触媒的に関わってきた「火」であって
「木」
「火」
「土」
「金」
「水」

(注)同様に「金」の世界も未知といえる。なぜなら、「水」に行きかけているレベルの現人類にとっての「金」もまた触媒的に関わっているのみだからである。第41話,第53話参照。

(注1)「木」の章 第2話参照。木は燃えて火となり土となる…という具合に自然の流れとして生じるという意味。　(注2)「木」の章 第16話参照。

「木」
「水」
「火」
しかし「水」から「火」での触媒の「木」…
これはどうだろうか?
キミは何もしていないのに自然に思いが純化してきたろ?
「木」
「水」
「火」
「土」
「金」
つまりこの「木」は触媒なのに
相生ルートみたいに自動的にキミを変えてしまっている
ははあん
相剋ルートの触媒とは何らかの意識改革を要求するはずなのに
ここでは相手をエスカレーター式に運んでいるってわけか
そうだ
本当に冴えてるねえ
まーね
ではナゼだと思う?
ん…
あ…と
今日は特別に許可をもらってるんだ
鏡を通過してみるよ
その答は「鏡」だ
「火」に来るのに鏡のようなものを通過して来たよね
「木」
「水」
「火」
その「鏡」とは
五行で言うとここに在る
鏡を超えた「火」の界では
「火」
アストラル界
鏡以前のアストラル界の変化が見られたよね
あそうか!
ここから先は前にやってきたことがそのまま役に立つんだ!
今までの「木」から「土」「水」では
いわば「道なき道」を歩いてきたけど
そーゆーこと!
これからの「火」「金」「木」は
すでに歩道が見えてるようなものだ
Go straight

「木」
「水」
「火」
だから同じ触媒の作用でも
前ほど意図的にならずにすむ
「木」
「火」
だからここ「火」では
「木」のアストラルの進化した姿に出会えたわけだ
なるほどなあ…
ここから先は苦労してやってきた者への神様のプレゼントみたいなもんなんだなあ
うわーっ
ホントうまいこと言うなぁ
そ…そう?
オレって天才?
おっと!
注意して!
ここでいい気になると…
ええっ?
「木」
「水」
「火」
「金」
あっという間に「水」に逆戻りだ
鏡の前に戻っちゃうと
どうなるだろうか?
何言ってんだよ
ボカぁこれだけ冴えてんだよ
逆戻りなんかするわけないじゃないか!
そうだ
論文を書いて学会に殴りこもう
…という具合に
「水」の自我(エゴ)の悪い面が始まる
「木」
「水」
「火」
「金」
「土」
実は
鏡を超えること自体がかなり難しいんだ
「木」
「水」
「火」
「金」
こんな状態では「火」へは進めないので
ほっておいても相生ルートから「木」へとつながる

つまり
「木」
「水」
「火」
「水」のエゴと「木」の思いがつながるので
自分への評価が異常に高いウヌボレ…
いわゆる自我インフレーションをおこしてしまうんだ
自我インフレーションは一度起きるとなかなかおさまらない
「木」「水」「火」「金」「土」
助けを呼んでくるか
しかたない…
ヤッホー!
あたしジェニーよぉん
まあーこちらすてき!
うへへ…みろよ
…
いくいく
あーあ…
あたしのうちにおいでよ
「木」「水」「火」「金」「土」
そろそろだけどな…
うぎゃ～っ
そらきたっ!
だ…だるまん～っ
助けてくれ～っ!

(注1) 第36話参照。 (注2) 「東洋医学」の章第175話参照。

2節

お金とカルマ

私たちは今、こうして生きている。そして私たちはいつでも一人では生きていけない。多くの人にお世話になったりお世話したり、善きにつけ悪しきにつけ社会という枠の中で生きていかざるを得ない。社会という枠組は五行で言うと「土（ど）」だ。これはここまでお読みになれば、理解していただけると思う。社会とはありがたいものだが、その反面、私たちを束縛する要素も持っている。それは法律などのルールだったり、常識的な考え方だったり、ある意味ひとりひとりの独自性というものを殺してしまう。そこで社会のような「土（ど）」的なものとは、私たちを育むと同時に腐らせる存在なのだと表現できる。

さて人体において血液がすべての流通をまかなっているように、現代社会ではお金というものがすべての流通をまかなっている。そして誰もがお金を得ることを第一目標として働いている。しかし、それって本当に正しいことなのだろうか？　人体と比較してみるとわかる。血液がないと人は死んでしまうが、血液のためということを意識して私たちは普段、行動しているだろうか？　笑ったり眠ったり食べたりしながら生活しているその結果がそのまま血液に反映されているのではないだろうか？　血液のために生活しているのだと言っても悪くはないだろうが、そう日々思って生活するのはどことなく味気なくないだろうか？　同じようにお金のために日々働いているというのではやはり味気ないし、本当の幸福感は得られないことにお気づきになると思う。

同様にして、私たちの幸福感に関わるものとして「カルマ」という問題がある。カルマというと何か変なオカルト用語だと思われる方もあろうが、簡単に言うと、自分の立っている場所を見るということなのだ。断崖で食事するのとさわやかな草原でお弁当を広げるのでは全く味が違うように、自分の足場を魂的な観点も含めて見つめてみましょうというのがカルマの投げかける問題だ。つまりお金とカルマというテーマは「土（ど）」という社会に立っている私たちにとっていかに幸福に生きられるかの重要なチェックポイントなのだ。

41. お金について　1

…
どうしたの？暗くなって
お金だよ今またピンチなんだ
ふーん
ふーんじゃないよ！
深刻なんだ
ローンもあるし
ああ…
いったいどうしたら…
死んだ方がどれだけ楽かと思うよ
だってお金の心配しなくていいもん
別にこの世でだって
心配する必要ないよ
えっ
じゃお金を作る方法も知ってるんだね！
だるまんっ！
ピロロリ〜ン
かねのなる木ぃ〜

…なんてあるわけないじゃないかっ
がく
らら…
ボクが言ったのは「お金の事を心配する必要はない」ってことなんだ
だからそのためにはもっとタップリいるんだよ
お金さえあればいいんだ!
BANK
じゃ聞くけどお金がそこにあれば心配はしないのね
まあ…とりあえずは
BANK
でもまたいつかはなくなるよ
そりゃそうだけど…
その時心配すりゃいいよ
BANK
心配すりゃいい?
じゃ心配すればお金は入ってくるの
べつにそーいうわけじゃないけど…
じゃ心配してもカンケーないじゃん
だから心配する必要はないと言ったんだ
…
理屈ではそうだけど
現実はどうしても心配になっちゃうんだ…
ゆっとくけど
心配するともっと入りにくくなるよ
ええっ?
BANK
たとえばご飯の時に…
ああうまい!
…と思わずに
いつかはこれよりマズいもの食うのか…心配だなぁ
…と思うかい?
そんなこと思ってたらメシがまずくなるじゃん
キミはそれと同じことやってんだよ
まだ今日食う分はあるじゃん
BANK

今日食うぶんん？
じゃあ明日はどうすんだよっ！あさっては？
ちょっとおいで！
ほら見てごらんっ
BANK
小鳥が明日のメシを心配して生きてると思うかい？
かのイエスも言っている
「明日の事を思い煩うな明日みずから思い煩らわん」（マタイ）
そういうことなんだ
それじゃその日暮らしで生きろというの？
てやんでえ！とくりゃあ
「木」「火」「土」「金」「水」
まず「心配」とは「思い」だから「木」だ
いいかい？
じゃ五行で説明しよう
「木」「火」「土」「金」「水」
そしてお金は文字通り「金」だ
さてそれでは「木」と「金」の関係は？
「木」「火」「土」「金」「水」
『「金」が「木」に勝つ』…だったよね
えーと
そうだ
だから金属で木が切れるように…
お金があれば心配（「木」）は消える…ということになる
なーんだ
じゃあやっぱりボクが言ったとおりじゃんか
お金さえありゃあいいって！

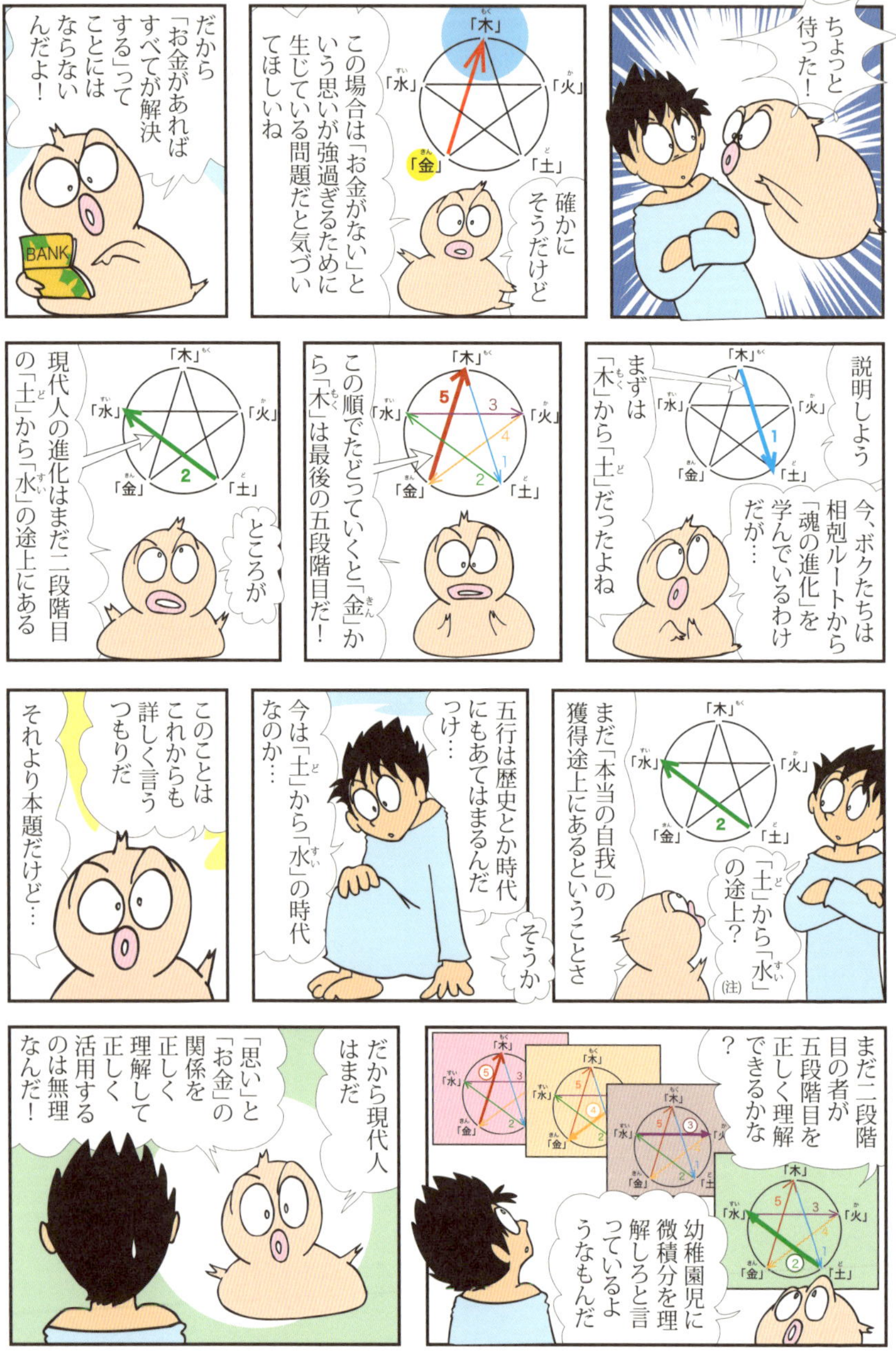

(注)第64話ならびに116ページの解説を参照のこと。

M-イブドラ
だから株式の動きを見ろよ
ヒトの思惑で上下して皆はその奴隷と化している
うん…
バブルの時も翻弄されまくったもんな…
だからまず今やることは
「木」と「金」を切り離して考えることだ
言い換えれば
『「金」が「木」に勝つ』ということはまだ棚に上げておくんだ
そうすると「木」と「金」の関係は…
①「木」「土」
②「土」「水」
そして
③「土」「水」の触媒の「金」…と
あっ!
触媒って…
「土」から「水」を仲立ちして助ける役目としての「金」だ
その時の「金」の役目は
「排泄」だった!
したがって
現代人にとっての正しいお金との関係は次のようになる
お金の事ならだるまん銀行
まず「お金が欲しい」…と思う!
お金を得るために頑張って働く!
そしてそれを正しく使う
正しく使う?

そう
つまり排泄することに等しい
使うこととは消費すること
それが「金」の意味になる
まってよ!
お金は溜めるためじゃなくて使うためにあるっての?
BANK
トーゼンじゃん
「金」の象徴を思い出して
「大腸」があったろ?大腸はウンコを作る所だ
五行 「木」 「火」 「土」 「金」 「水」
五臓 肝 心 脾 肺 腎
五腑 胆 小腸 胃 大腸 膀胱
ウンコは出すためにあるんだろ?
溜めていたらどうなる?
しかしやみくもに出せとは言ってない
ウンコは出した後に何を得ることができる?
清涼感だろ?この感じが自分の中に広がってくる
「木」 「火」 「土」 「金」 「水」
入る
出す
つまり
「出す」ことと引き換えに何かが「入って」くるんだ
「出す」と「入る」?
あ…
これも「陰と陽」だね
そうつまり
お金も「出す」と同時に何かが入ってくる…
これが大切なんだ
出す
入る
それは「何を買うか」…ってこと?
必ずしもそういう物質とは限らない
お金がなくなっている時…
BANK
実はこんな時
代わりに「何か」が入ってきている!
この「何か」とは何か?
大切な問題だから次に話そう

42. お金について 2

BANK

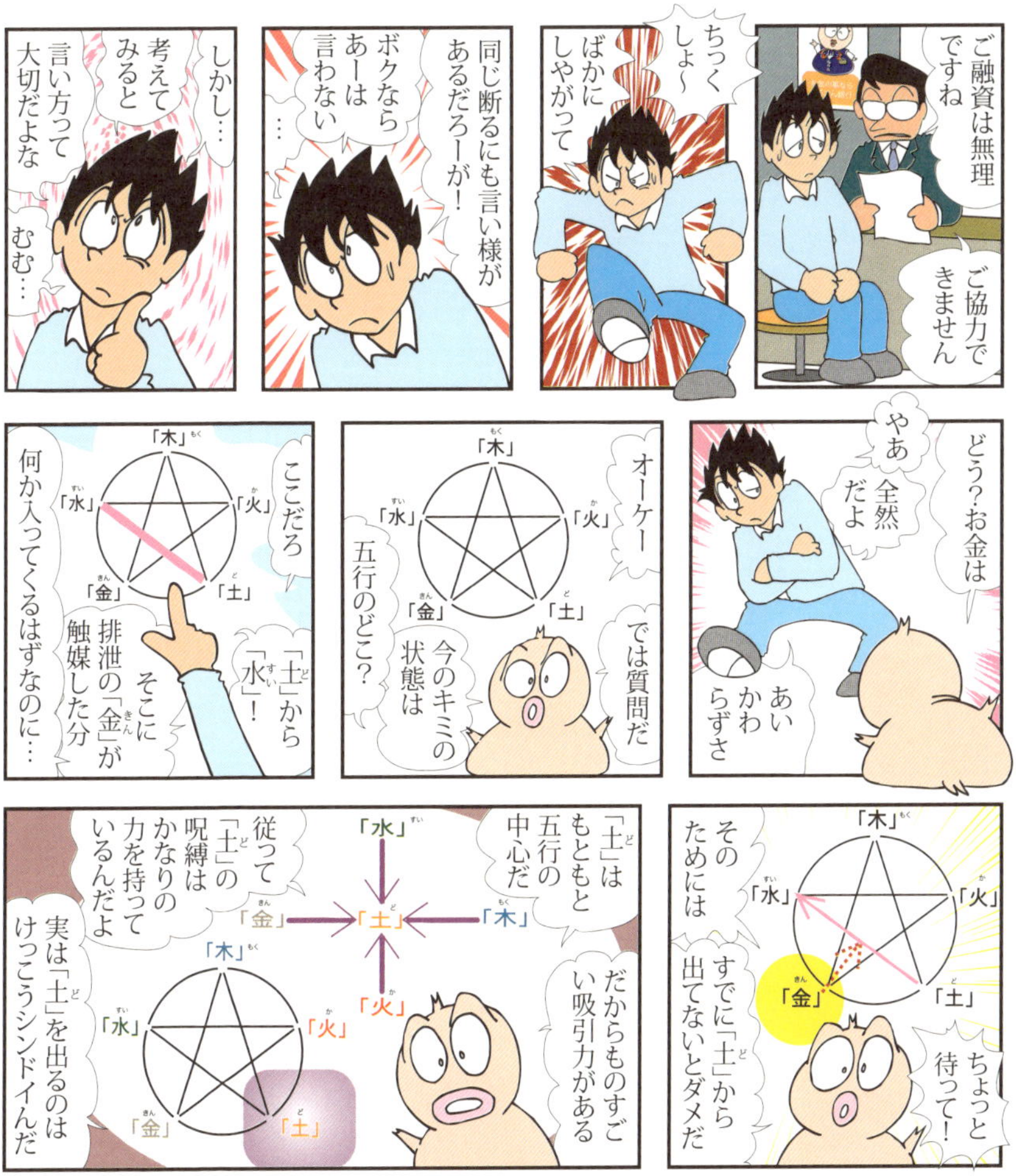
ご融資は無理ですね
ご協力できません
ちっくしょ～
ばかにしやがって
同じ断るにも言い様があるだろーが!
ボクならあーは言わない
…
しかし…
考えてみると
言い方って大切だよな
むむ…
どう?お金は
やあ全然だよ
あいかわらずさ
オーケー
では質問だ
今のキミの状態は
五行のどこ?
「木」
「火」
「土」
「金」
「水」
ここだろ
「土」から「水」!
そこに排泄の「金」が触媒した分
何か入ってくるはずなのに…
そのためには
すでに「土」から出てないとダメだ
ちょっと待って!
「土」はもともと五行の中心だ
従って「土」の呪縛はかなりの力を持っているんだよ
だからものすごい吸引力がある
実は「土」を出るのはけっこうシンドイんだ

第31話
第34話
第36話
第38話
そういえばそうだったよな…
ウン…
たとえば「木」から「土」の過程では
「木」
「火」
「土」
「金」
「水」
「火」が触媒したよね
それは愛や共感の自覚だった
ところが「土」から進むにはもう少し深い自覚が要る
「木」
「火」
「土」
「金」
「水」
そこで質問
「土」から離れるためには?
あ
自分の認めたくなかった醜い面に気づくこと!
そうだ
さらにここにまずものすごい抵抗があることを理解してほしい
「金」の排泄でも抵抗を伴うでしょ
「木」
「火」
「土」
「金」
「水」
同じなんだ
ウンコの時の抵抗!
う〜ん
モノを捨てる時の抵抗!
まだ使えそうだけど…
うんうん
確かにそうだ…
そこでどう?
キミは本当に「土」を脱したと思うか?
あれ?服が…?
「木」
「火」
「土」
「金」
「水」
うーん…どうだろう?
もし脱していなければ「金」の排泄はただの排泄で済んでしまう!
さあどうだ?

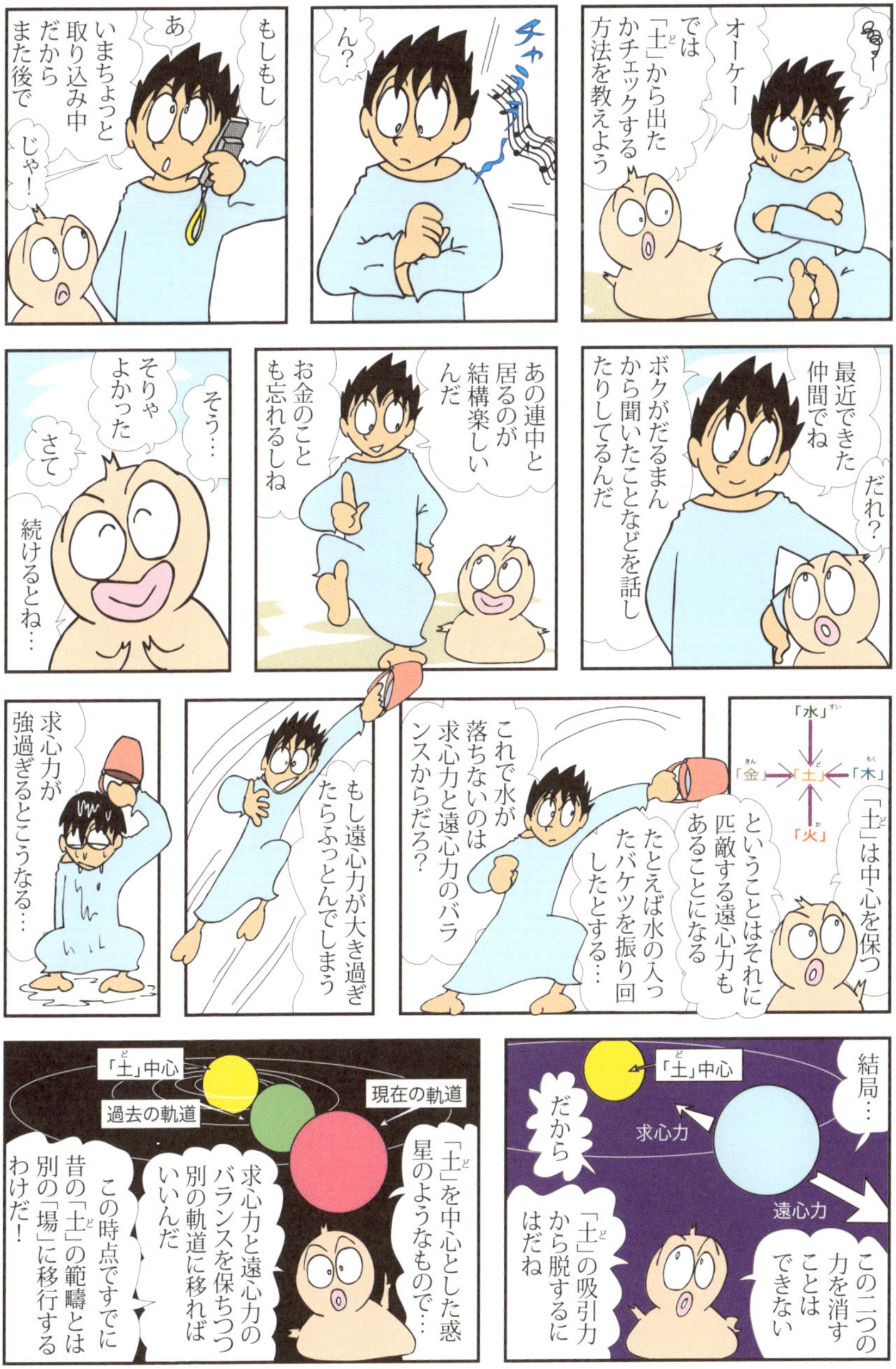

オーケー
では「土」から出たかチェックする方法を教えよう
ん?
もしもし
あ
いまちょっと取り込み中だからまた後で
じゃ!
最近できた仲間でね
だれ?
ボクがだるまんから聞いたことなどを話したりしてるんだ
あの連中と居るのが結構楽しいんだ
お金のことも忘れるしね
そう…
そりゃよかった
さて
続けるとね…
「水」
「金」
「土」
「木」
「火」
「土」は中心を保つ
ということはそれに匹敵する遠心力もあることになる
たとえば水の入ったバケツを振り回したとする…
これで水が落ちないのは求心力と遠心力のバランスからだろ?
もし遠心力が大き過ぎたらふっとんでしまう
求心力が強過ぎるとこうなる…
結局…
「土」中心
求心力
遠心力
この二つの力を消すことはできない
だから
「土」の吸引力から脱するにはだね
「土」中心
過去の軌道
現在の軌道
「土」を中心とした惑星のようなもので…
求心力と遠心力のバランスを保ちつつ別の軌道に移ればいいんだ
この時点ですでに昔の「土」の範疇とは別の「場」に移行するわけだ!

(注1)「木」の章 第24話参照。 (注2) 第38話参照。

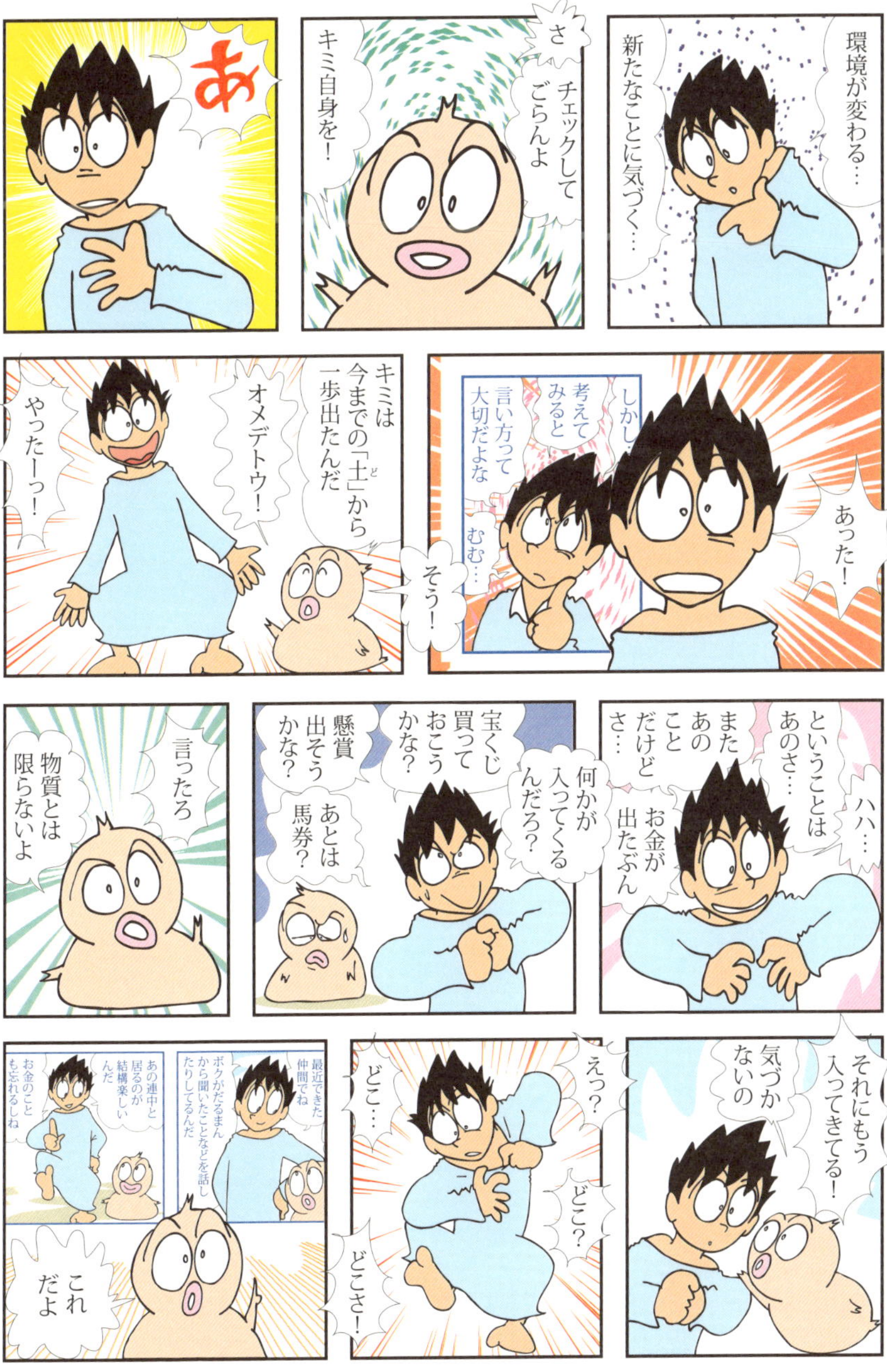

環境が変わる…
新たなことに気づく…
さ
チェックしてごらんよ
キミ自身を！
あ
あった！
しかし…
考えてみると
言い方って大切だよな
むむ…
そう！
キミは今までの「土」から一歩出たんだ
オメデトウ！
やったーっ！
というこことは
ハハ…
あのさ…またあのことだけどさ…
お金が出たぶん
何かが入ってくるんだろ？
宝くじ買っておこうかな？
懸賞出そうかな？
あとは馬券？
言ったろ
物質とは限らないよ
それにもう入ってきてる！
気づかないの
えっ？
どこ…
どこ？
どこさ！
最近できた仲間でね
ボクがだるまんから聞いたことなどを話したりしてるんだ
あの連中と居るのが結構楽しいんだ
お金のことも忘れるしね
これだよ

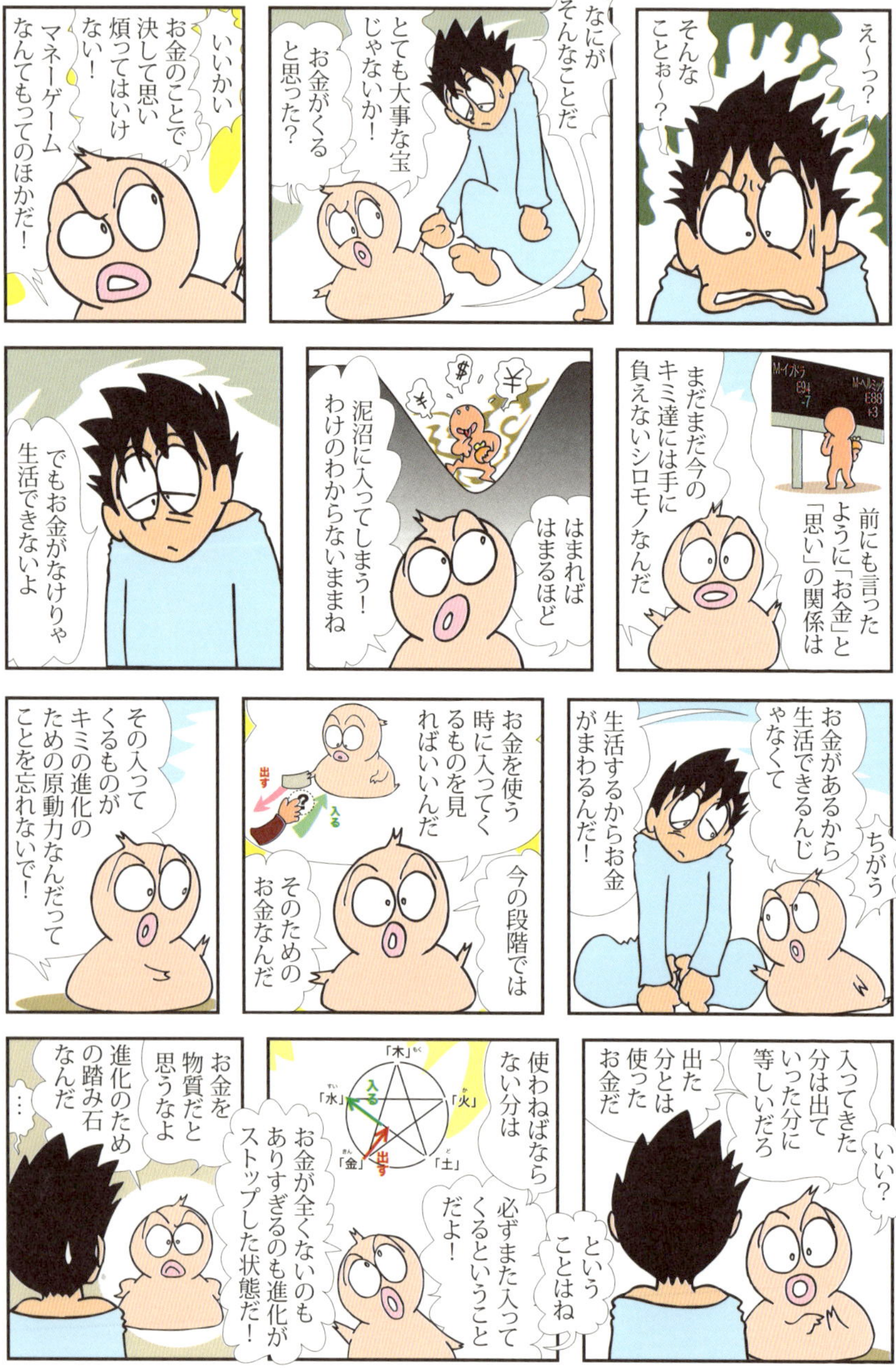

え〜っ？
そんなことぉ〜？
なにがそんなことだ
とても大事な宝じゃないか！
お金がくると思った？
いいかい お金のことで決して思い煩ってはいけない！
マネーゲームなんてもってのほかだ！
前にも言ったように「お金」と「思い」の関係は
まだまだ今のキミ達には手に負えないシロモノなんだ
$
¥
¥
はまればはまるほど
泥沼に入ってしまう！わけのわからないままね
でもお金がなけりゃ生活できないよ
ちがう
お金があるから生活できるんじゃなくて
生活するからお金がまわるんだ！
お金を使う時に入ってくるものを見ればいいんだ
出す
入る
?
今の段階では
そのためのお金なんだ
その入ってくるものがキミの進化のための原動力なんだってことを忘れないで！
いい？
入ってきた分は出ていった分に等しいだろ
出た分とは使ったお金だ
ということはね
使わねばならない分は
必ずまた入ってくるということだよ！
「木」
「火」
「土」
「金」
「水」
入る
出す
お金が全くないのもありすぎるのも進化がストップした状態だ！
お金を物質だと思うなよ
進化のための踏み石なんだ
…

43. お金について 3

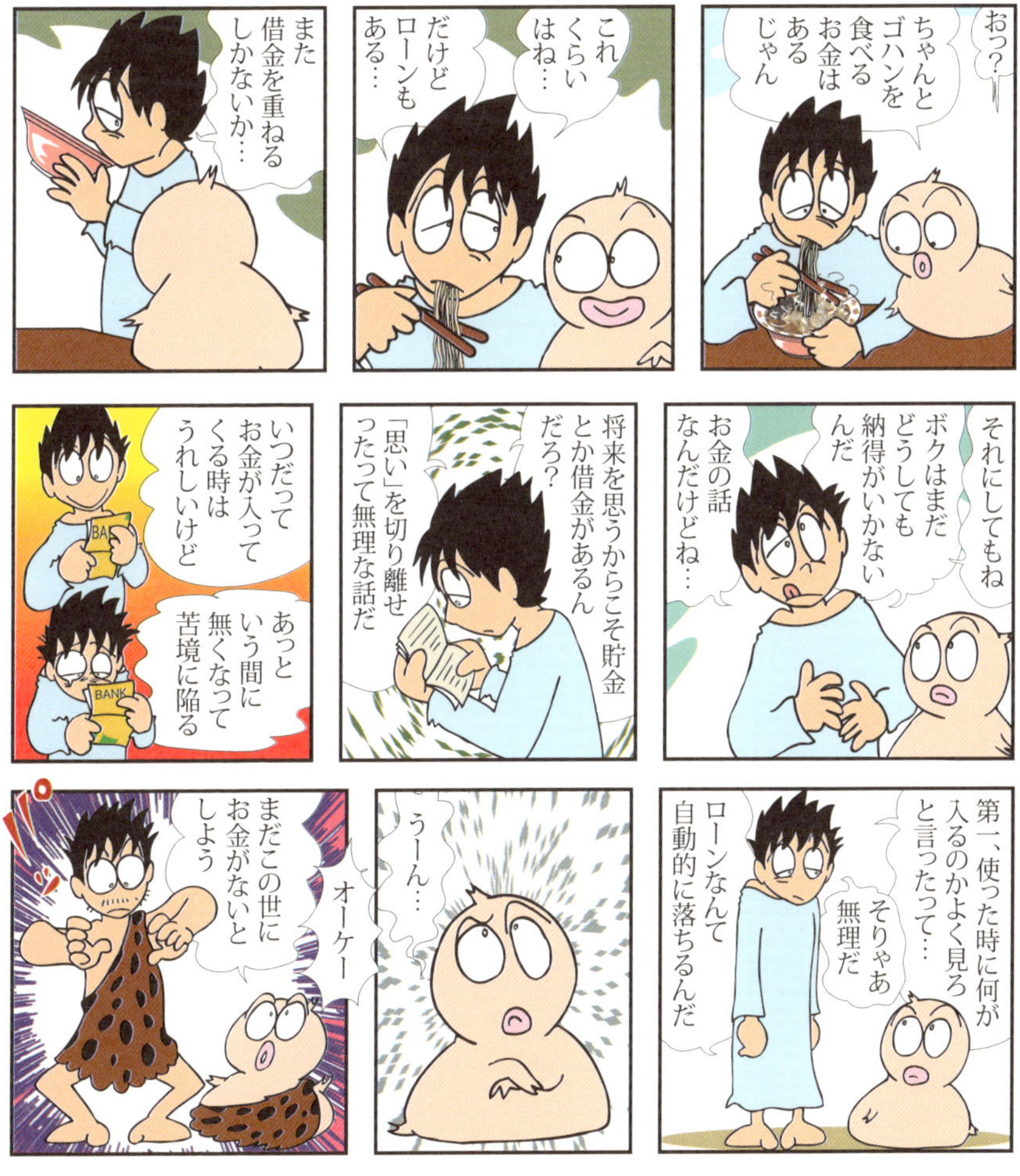

おっ？
ちゃんとゴハンを食べるお金はあるじゃん
これくらいはね…
だけどローンもある…
また借金を重ねるしかないか…
それにしてもね
ボクはまだどうしても納得がいかないんだ
お金の話なんだけどね…
将来を思うからこそ貯金とか借金があるんだろ？
「思い」を切り離せったって無理な話だ
いつだってお金が入ってくる時はうれしいけど
BANK
あっという間に無くなって苦境に陥る
第一、使った時に何が入るのかよく見ろと言ったって…
そりゃあ無理だ
ローンなんて自動的に落ちるんだ
うーん…
オーケー
まだこの世にお金がないとしよう

その頃のコミュニケーションは
物々交換だよね
だけど見ず知らずで遠くに住んでいる人とは
どうやってコミュニケーションを取る？
そのためにお金はできたんだ
知らない人同士でも通じるコミュニケーションのものさしそれがお金だ！
これで急速に交流の場が広がったんだ
ところが時代とともに問題が起きてきた
富の偏在、つまり金持ちと貧乏人の差が出てきたんだ
そこに登場したのが金貸しだ
Shylock
金貸しは利息を取ってカネがカネを生むことを始めた
で
「利息」だけど
利息は期間が長いほど増えるよね
あたりまえじゃん
その「あたりまえ」というのが問題なんだ
これは
お金と時間をワンセットにしたということなんだ
時間がたつほど利ざやは増えるんだからね
この姿に見覚えない？
あるある あの人たちだ
そうだ
あれは「土」界だったね
「木」
「火」
「土」
「金」
「水」
つまりね…

(注)カルヴァンの「予定説」以降、ロックやアダム・スミスらにより拡大解釈され、利潤を追求する資本主義が進んだといわれる。

でもね
貯金を全部おろしても借金は返せないよ
借金の方が多いんだもん
銀行は担保を取っているだろ?
しょうもん
渡しちゃえばいい
銀行と手を切るんだ
そ…そんなことしたら
ボクはまるハダカだ
倫
そうまるはだかだ
ボクなんか最初っから裸だ
いいかい
ここまでしてはじめてキミのお金は五行の「金」になる
利息が関わってる限りお金は「土」になってしまうし
「木」
「火」
「土」
「金」
「水」
将来の不安から貯めてる限り「木」の影響も受けやすい
ここではじめて
入ってくるお金出て行くお金に注目する!
入ってくるお金は労働の対価じゃないよ
これは生きていくための通行券みたいなものだ
たとえばこのお金でパンと牛乳を買ったとする
しかし買ったのは食べ物だけじゃない
ムシャムシャ
ごび‥
あー
うまい!
これだ!
キミはこの感覚をもとに生命の喜びを知ったんだよ
それを買ったともいえる

それとともに
キミは何かを生みだす衝動を得る
もはやただのパンと牛乳ではない
そしてやがて
一本の立派なダイコンが出来たなら
それがまた新たな力のもととなるんだ
…
実直な姿だね…
これがお金の出た時に「入ってくるもの」…だ
ここまでやってはじめて
本当の「金」に一歩近づくんだよ
でもぉ…
そう！
「でも…」だ！
貯金もおろせないし借金も続けるしかない
確かにこれはある程度仕方のないことだと思うよ
そこまで勇気は出せないと思う
だがそれならそれで
「木」
「火」
「土」
「金」
「水」
自分にとってのお金は「土」的なものであると覚悟すべきだ！
お金が「金」ではなくて「土」であるとなると…
どうなっちまうんだ？
あ…そうか
「育むけれど腐らせる」…かな
そう
「土」の特徴が強くなってくる
つまり
『木剋土』
「土」は「木」に負けやすい
つまり思いに左右されて
いつもお金の心配をし続けてしまう…
『土剋水』
「土」は「水」に勝つ
「水」とは「自我」だから
その自分を失って「土」的な世間の評価にふりまわされてしまう

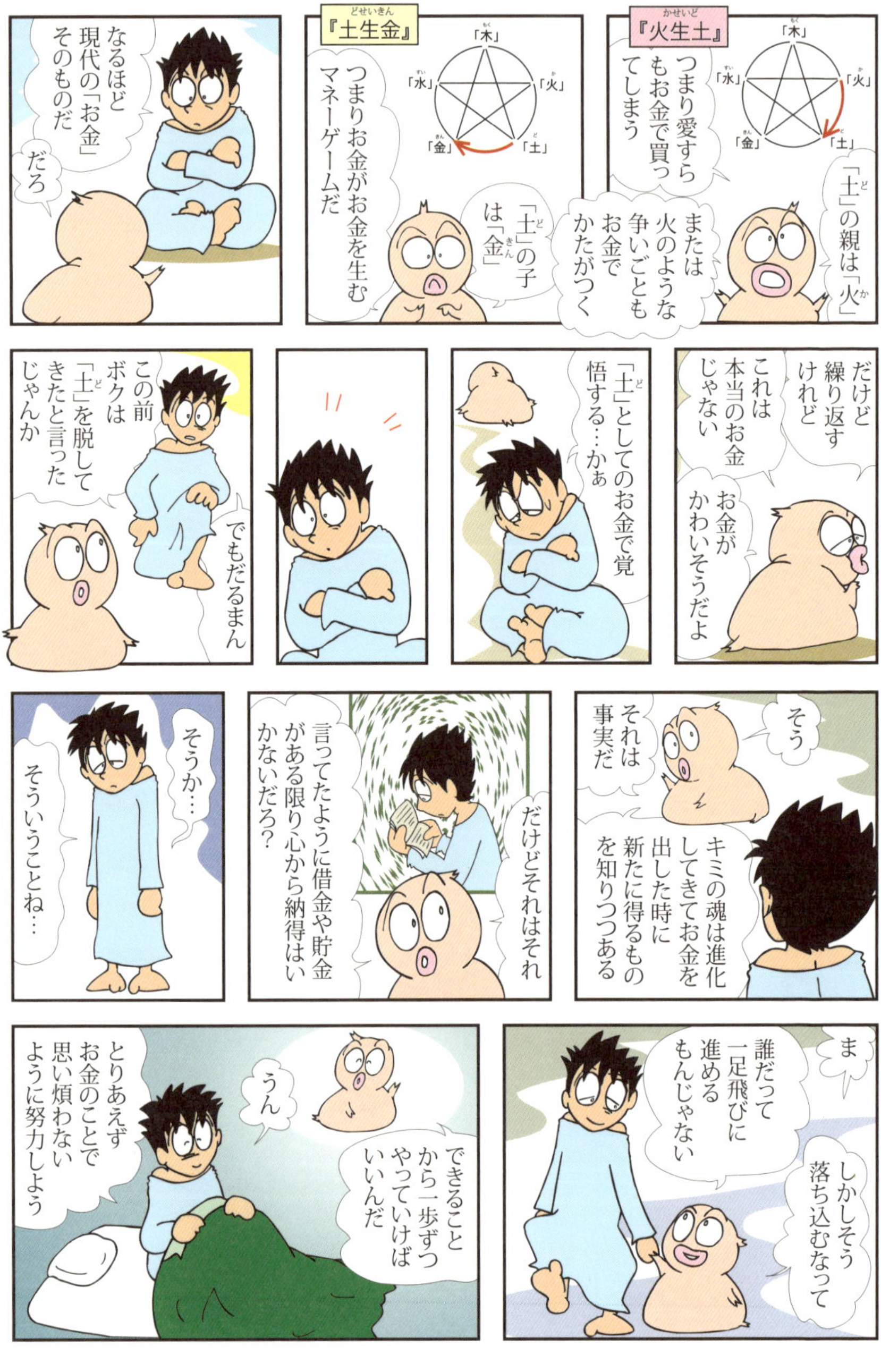
『火生土』
「木」
「火」
「土」
「金」
「水」
「土」の親は「火」
つまり愛すらもお金で買ってしまう
または火のような争いごともお金でかたがつく
『土生金』
「木」
「火」
「土」
「金」
「水」
「土」の子は「金」
つまりお金がお金を生むマネーゲームだ
なるほど現代の「お金」そのものだ
だろ
だけど繰り返すけれど
これは本当のお金じゃない
お金がかわいそうだよ
「土」としてのお金で覚悟する…かぁ
この前ボクは「土」を脱してきたと言ったじゃんか
でもだるまん
そう
それは事実だ
キミの魂は進化してきてお金を出した時に新たに得るものを知りつつある
だけどそれはそれ
言ってたように借金や貯金がある限り心から納得はいかないだろ?
そうか…
そういうことね…
ま
誰だって一足飛びに進めるもんじゃない
しかしそう落ち込むなって
できることから一歩ずつやっていけばいいんだ
うん
とりあえずお金のことで思い煩わないように努力しよう

44. お金について 4

二十世紀末、いくつかの企業が次々とつぶれた。
THE URIKAI SHIMBUN
第44140号
企業破たん相次
そのあとには借金だけが残った
債務
債務者には激しい取り立ての嵐がやってきて
担保売却返却を求められた
企業では銀行に見捨てられることを恐れ
リストラや経費節減でむりやり黒字転換を計った
なぜ
銀行に見捨てられたくないのか?
返済能力のある優良企業と見られたいからだ
そしてまた借金したいからだ
メインバンク
こうして銀行は神となった
ところが
銀行そのものも次々とつぶれた
金融機関でも債務が残る
BANK
とばっちりは、民間人にも及ぶ
新たな借り入れ先を求めて右往左往する
どう?
こういう現実を見て…

こりゃ変だ！
どこかが狂ってる！
…と思うでしょ
それともそう思えないほどマヒしちゃってる？
そりゃね…
神も仏もないと思うよな
これじゃ…
現実は地獄だよ
まあまあ…
こんな現実のどこがヘンなのか考えてみよう
ご融資相談
まずはその一
メインバンク
『借金』が
すべてを仕切ってるということ
そしてその二
BANK
誰もが銀行に頼り過ぎている
銀行だってつぶれるんだ
お金は本来「金」なのに
「土」になってしまっている
…って言ったよね
ここでもうちょっと
「土」について考えてみよう
「土」とは育むもので『母』でもあるのだが…
プロセスにすぎないことに気付いてほしい
大切なのは「土」から巣立つものの方なんだ
「土」はそれまでの仮の宿として重要なんだ
そして借金も銀行も「土」そのものだ
だからお金が「土」になってしまっているのがすべての原因だし
なおすには「金」に戻せばいいことになる

(注1)別名「金の三合」、「西の三合」ともいう。 (注2)丑、寅(ウシトラ)で土用の鬼門にあたることを思い出されたし。51ページ参照。

(注)剪定(せんてい)して根固めをする…という意味もある。

ちなみに「戌」のルートに入ると新たな『三合』となる
子
丑
寅
卯
辰
巳
午
未
申
酉
戌
亥
これは『午の三合』(注1)と言う…
つまりね
軌道が変わるんだ
軌道が？
あ
「土」から脱する方法か！(注2)
そう
まず軌道を変えて「土」を脱する！
「土」になってしまったお金を「金」に戻す方法だ
ち…ちょっと待って
わかったような…
わかんないような
具体的に言おう
もし今儲かっている経営者が居るとする
これは「酉」だね
社長
しかし
ここで事業拡大を考える前に
わざと一部のお金を放出するんだ
社長
あくまでも放出するんだ
この時見返りは求めない
相手は誰でもいいんだが真面目なのに困っているような人がいい
これが本来の「投資」だ
お金を出すのは悲しい
しかしするんだ！
「金」は「悲しみ」の象徴でもある
怒
喜
思
悲
恐
しかしこれはただの悲しみではない
未来への期待を込めた悲しみなんだ
ここまで来るとかなり本来の「金」に近付いてくる

(注1) 別名「火の三合」「南の三合」ともいう。　(注2) 第42話参照。

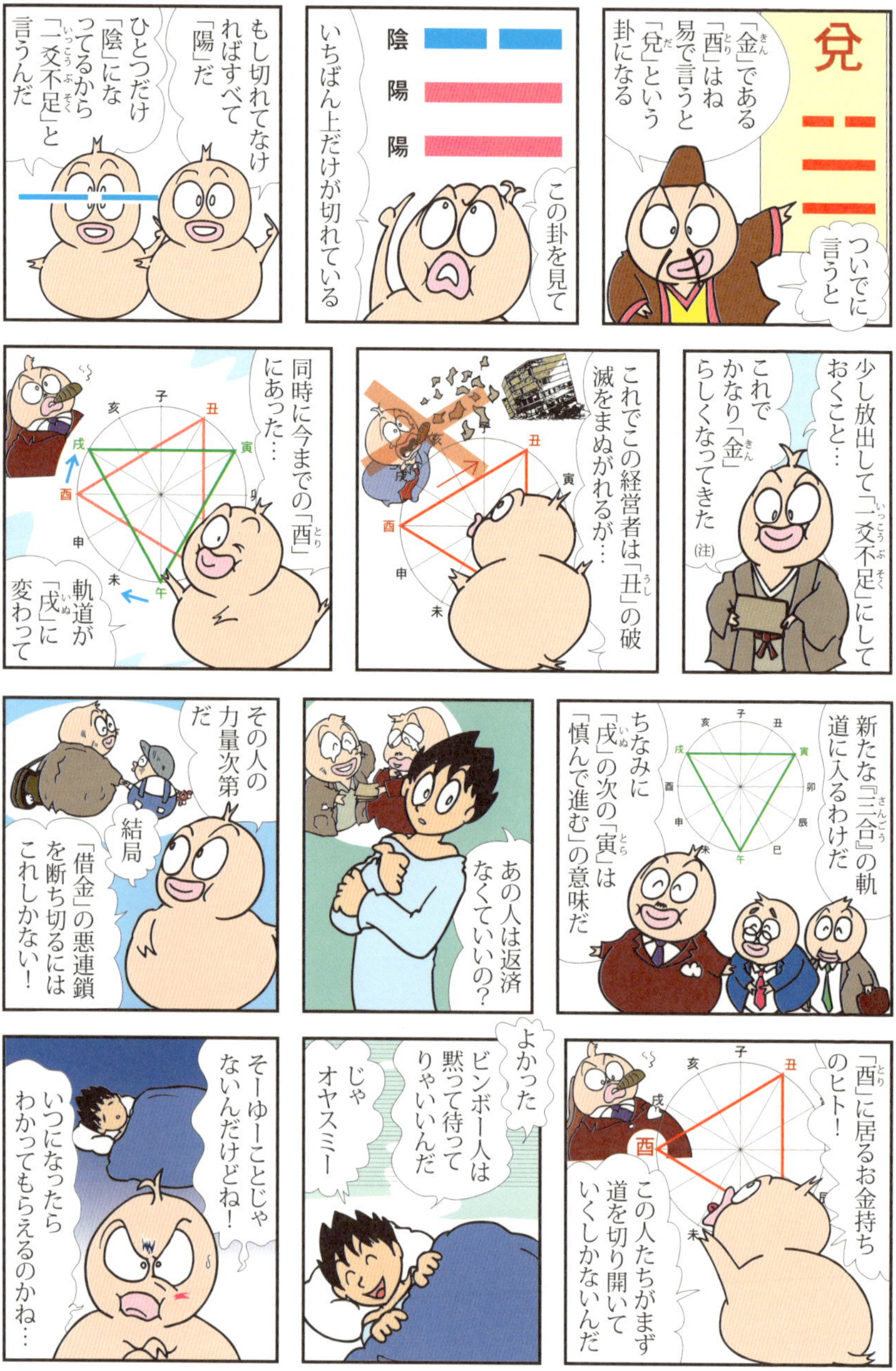

(注)不足の状態を「毀折」(きせつ)とも表現する。ちなみに三爻とも陽の卦である「乾」も五行の「金」に相当するが、これは陽の頂点のあるということでかえって危ういと見る。「火」の章189ページ参照。

45. カルマについて　1

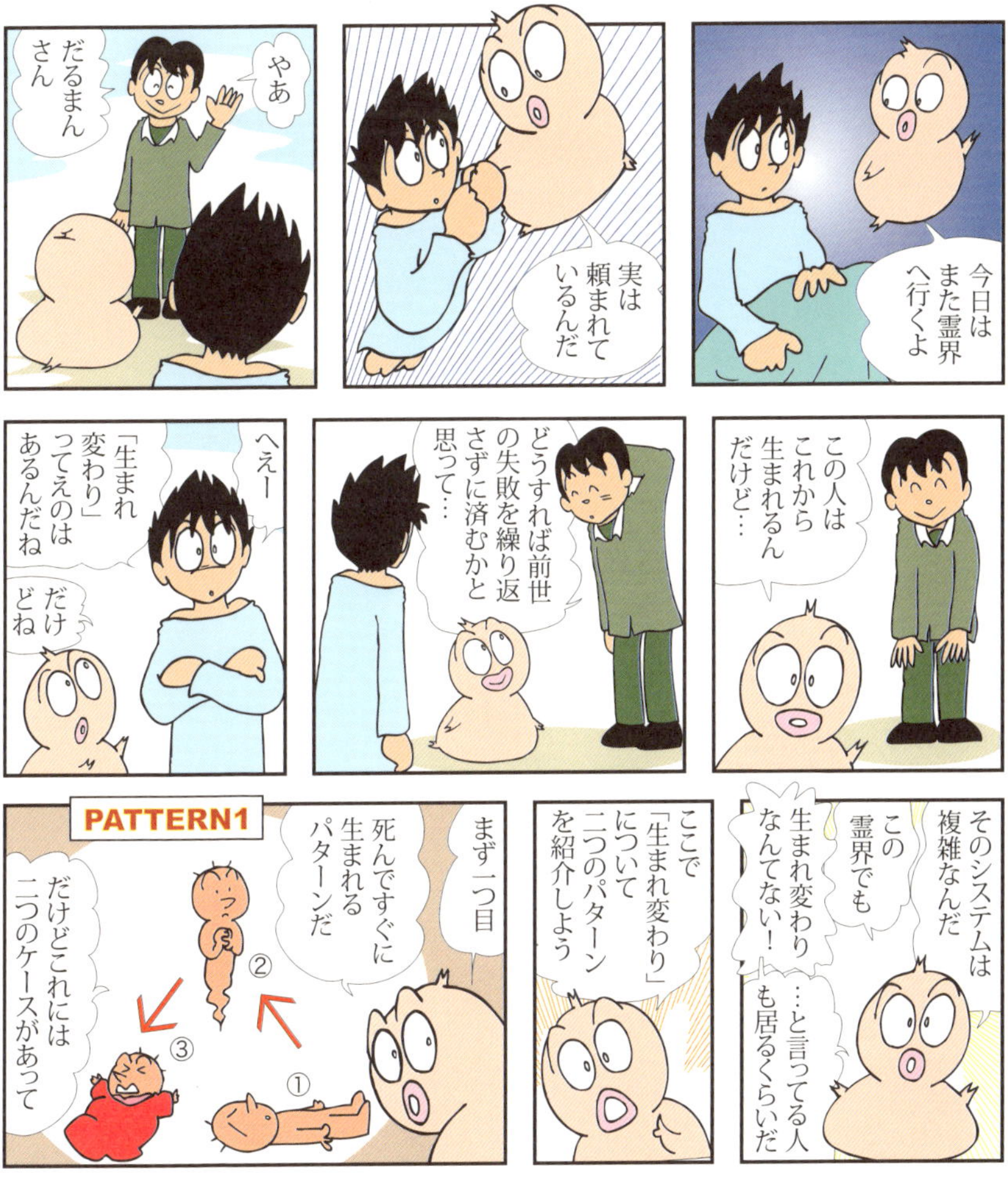
今日はまた霊界へ行くよ
実は頼まれているんだ
やあ
だるまんさん
この人はこれから生まれるんだけど…
どうすれば前世の失敗を繰り返さずに済むかと思って…
へえー
「生まれ変わり」ってえのはあるんだね
だけどね
そのシステムは複雑なんだ
この霊界でも
生まれ変わりなんてない！
…と言ってる人も居るくらいだ
ここで「生まれ変わり」について二つのパターンを紹介しよう
まず一つ目
死んですぐに生まれるパターンだ
PATTERN1
①
②
③
だけどこれには二つのケースがあって

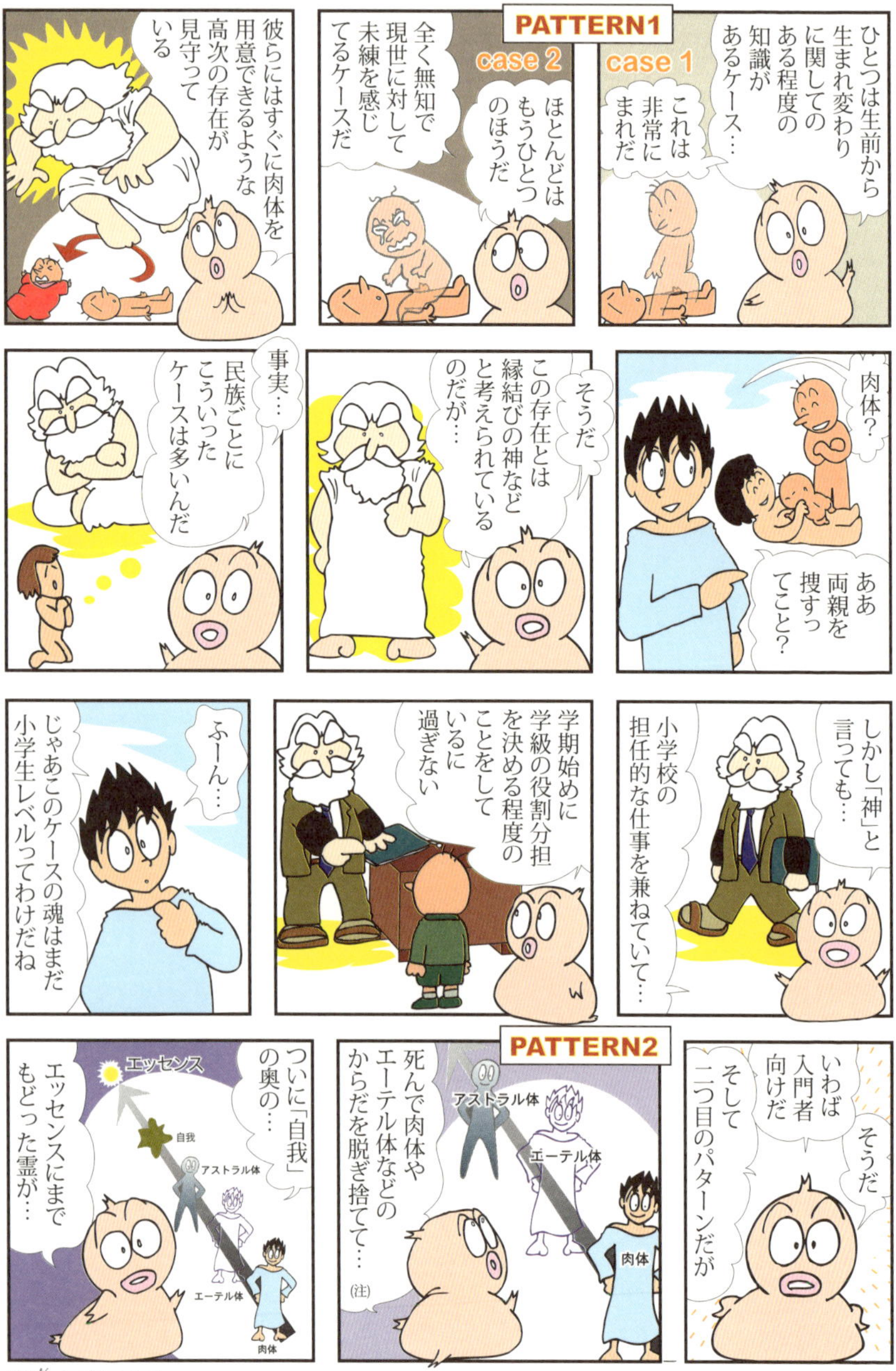
PATTERN1
case 1
ひとつは生前から生まれ変わりに関してのある程度の知識があるケース…
これは非常にまれだ
case 2
ほとんどはもうひとつのほうだ
全く無知で現世に対して未練を感じてるケースだ
彼らにはすぐに肉体を用意できるような高次の存在が見守っている
肉体?
ああ両親を捜すってこと?
そうだ
この存在とは縁結びの神などと考えられているのだが…
事実…
民族ごとにこういったケースは多いんだ
しかし「神」と言っても…
小学校の担任的な仕事を兼ねていて…
学期始めに学級の役割分担を決める程度のことをしているに過ぎない
ふーん…
じゃあこのケースの魂はまだ小学生レベルってわけだね
いわば入門者向けだ
そうだ
そして二つ目のパターンだが
PATTERN2
死んで肉体やエーテル体などのからだを脱ぎ捨てて…(注)
アストラル体
エーテル体
肉体
ついに「自我」の奥の…
エッセンスにまでもどった霊が…
エッセンス
自我
アストラル体
エーテル体
肉体

(注)「木」の章 第11話参照。

再び現世に出て何かをしたいという欲求を持つ
エッセンス
自我
アス
…というパターンなんだが…
実はこのエッセンスとは大きなエネルギーなんだ
エッセンス(注)
ここまで行くのは魂の上級者とも言える
こういう魂は大きすぎるので自分の一部を出してそれを肉体に入れることになる
アメーバーみたいなもんだ
だからこの場合
前世
今世
そして再び生まれ変わる目的についても…
生まれ変わりといってもある意味別の人でもあるし本筋では同じ人なんだ
自分の力を世界のために役立てたいという全く利他的な目的の場合もあれば
やり直そうとする個人的な目的の場合もある
前世
今世
前の失敗をなんとかクリアーしたくて
フムフム
なんか利他的の方が偉いような気もするなあ
ところがさにあらず
事実生まれてみるといろんな失敗もするもんだ…
そして死んで霊界に戻ってみるとやっぱり反省会になる
だから結局目的とはひとつのことになる
それは「魂の進化」だ!
なるほどねえ…
いつもキミが言ってることだよね
しかしさあ…

(注)「木」の章第11話参照。本編の第59話以降ではこれを「高我」と呼んでいることに注意されたい。

(注)「木」の章第16話117ページ参照。

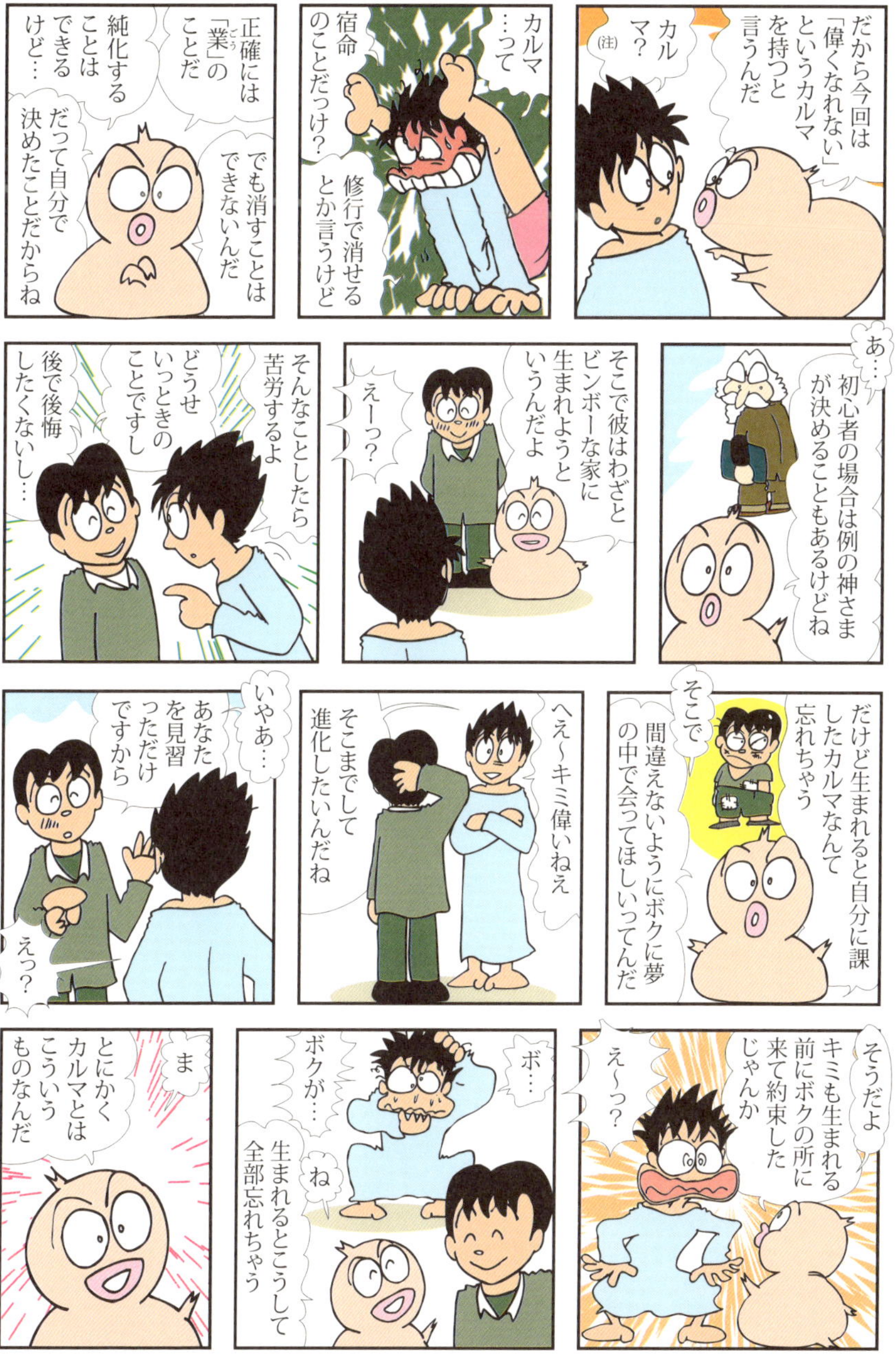

(注)カルマとはサンスクリット語で「行為」のことだが、哲学者エマーソンの言葉を借りるなら「償いの法則」のことである。あらゆる人間の行為を支配している因果律、作用反作用の法則である。

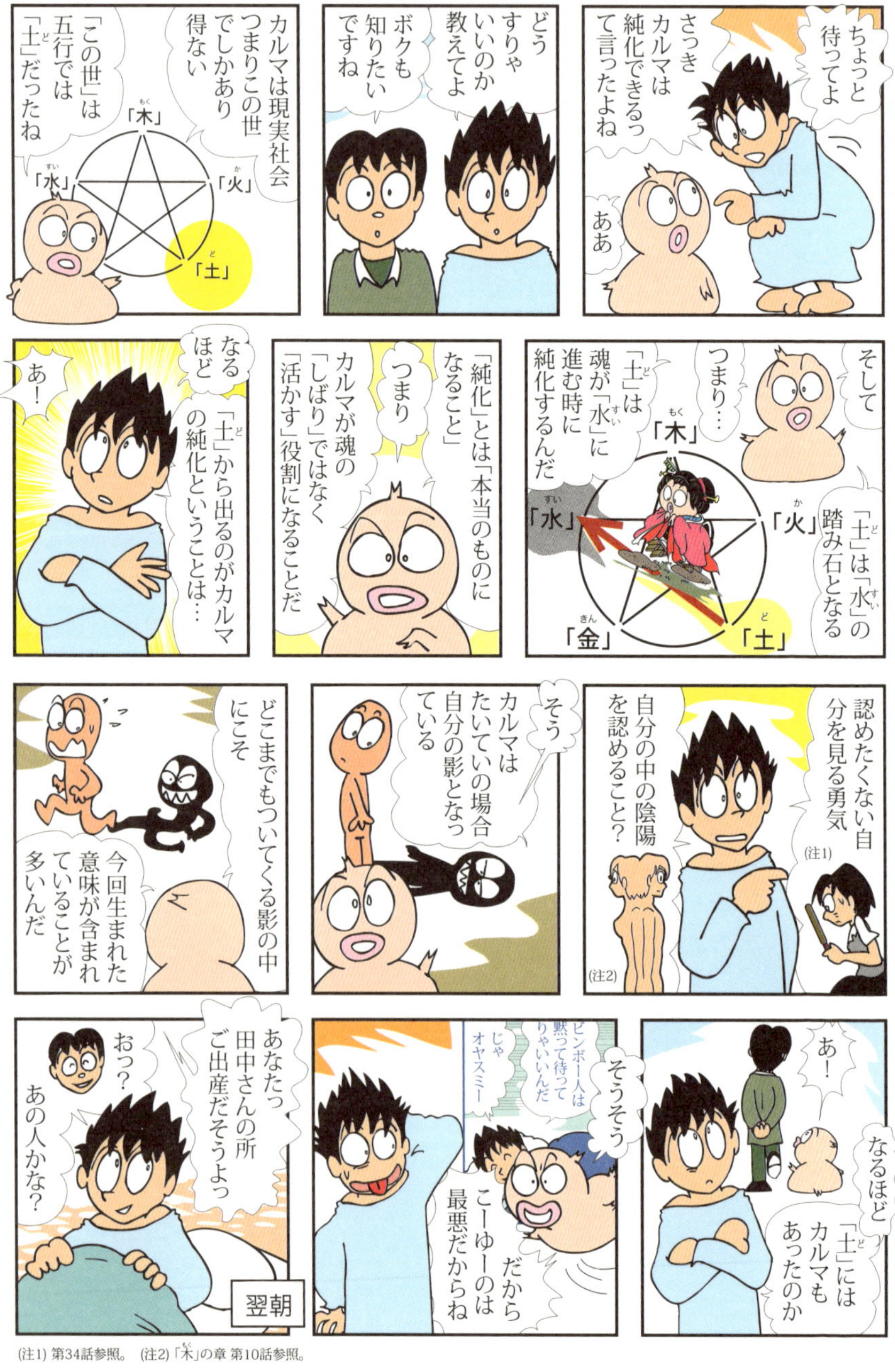

(注1) 第34話参照。 (注2) 「木」の章 第10話参照。

46. カルマについて 2

おい
あの時の
治療費を
全額返せよ
痛くなった
んだよ
な
な
な…
なにを言ってるんですか！
るせーんだよ
返さねえと
ウワサふりまくぞ
ヤブだ
ヤブだって
よぉ
それに
怪我しても
しらねーぞ
電話
かして！
あー
勝手に
しな！
こっちは
カンケー
ないよ！
なにすんだよ
だるまんっ！
そんなこと
したら
あああ…
どうしよ…
ああもう
オワリだ
女房
子供に
もしもの
ことが
あったら
ああ！
またかかって
くるぞ…
本当にボクが
まずかったか
もしれない…

ルルルル
ひえ～っ！
またかかってきたよぉ
ハイもしもし
ああハイハイ
はいはいそれじゃ
田中のおばあちゃんだよ入れ歯みてほしいってさ
だるまんどーしよ…
もうまともに仕事できないよ
気になっちゃって気になっちゃって…
見てみな
ん
ああ
思いの殻に閉じこもってしまってるんだ
まわりが見えなくなってる
こーゆー時はどうすりゃいいんだっけ？
えーと
「思い」は「木」だから…
今ボクは「木」が膨張している…
「木」
「土」
こんな時は「木」の「思い」が「土」の「現実」に勝ってしまってる…
そう
だから？
「思い」を「土」の現実に振り向けて「木」の膨張を取る…
理屈ではこうだけど

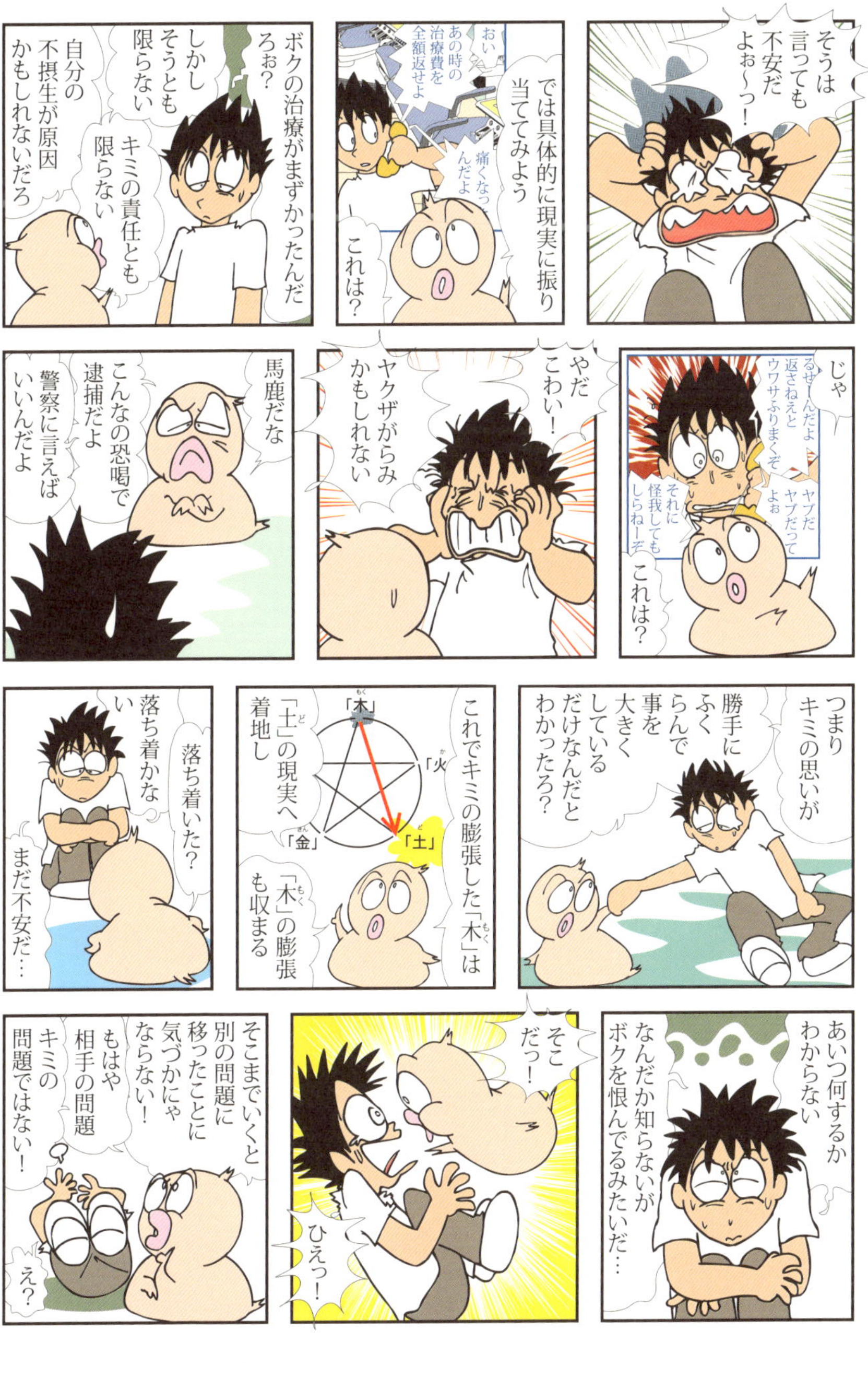

そうは言っても不安だよぉ～っ！
では具体的に現実に振り当ててみよう
おい あの時の治療費を全額返せよ
痛くなっ
んだよ
これは？
ボクの治療がまずかったんだろぉ？
しかしそうとも限らない
キミの責任とも限らない
自分の不摂生が原因かもしれないだろ
じゃ
るせーんだよ 返さねえと ウワサふりまくぞ
ヤブだ ヤブだってよぉ
それに 怪我しても しらねーぞ
これは？
やだこわい！
ヤクザがらみかもしれない
馬鹿だな
こんなの恐喝で逮捕だよ
警察に言えばいいんだよ
つまりキミの思いが勝手にふくらんで事を大きくしているだけなんだとわかったろ？
これでキミの膨張した「木」は「土」の現実へ着地し「木」の膨張も収まる
「木」
「火」
「土」
「金」
落ち着かない
落ち着いた？
まだ不安だ…
あいつ何するかわからない
なんだか知らないがボクを恨んでるみたいだ…
そこだっ！
ひえっ！
そこまでいくと別の問題に移ったことに気づかにゃならない！
もはや相手の問題
キミの問題ではない！
え？

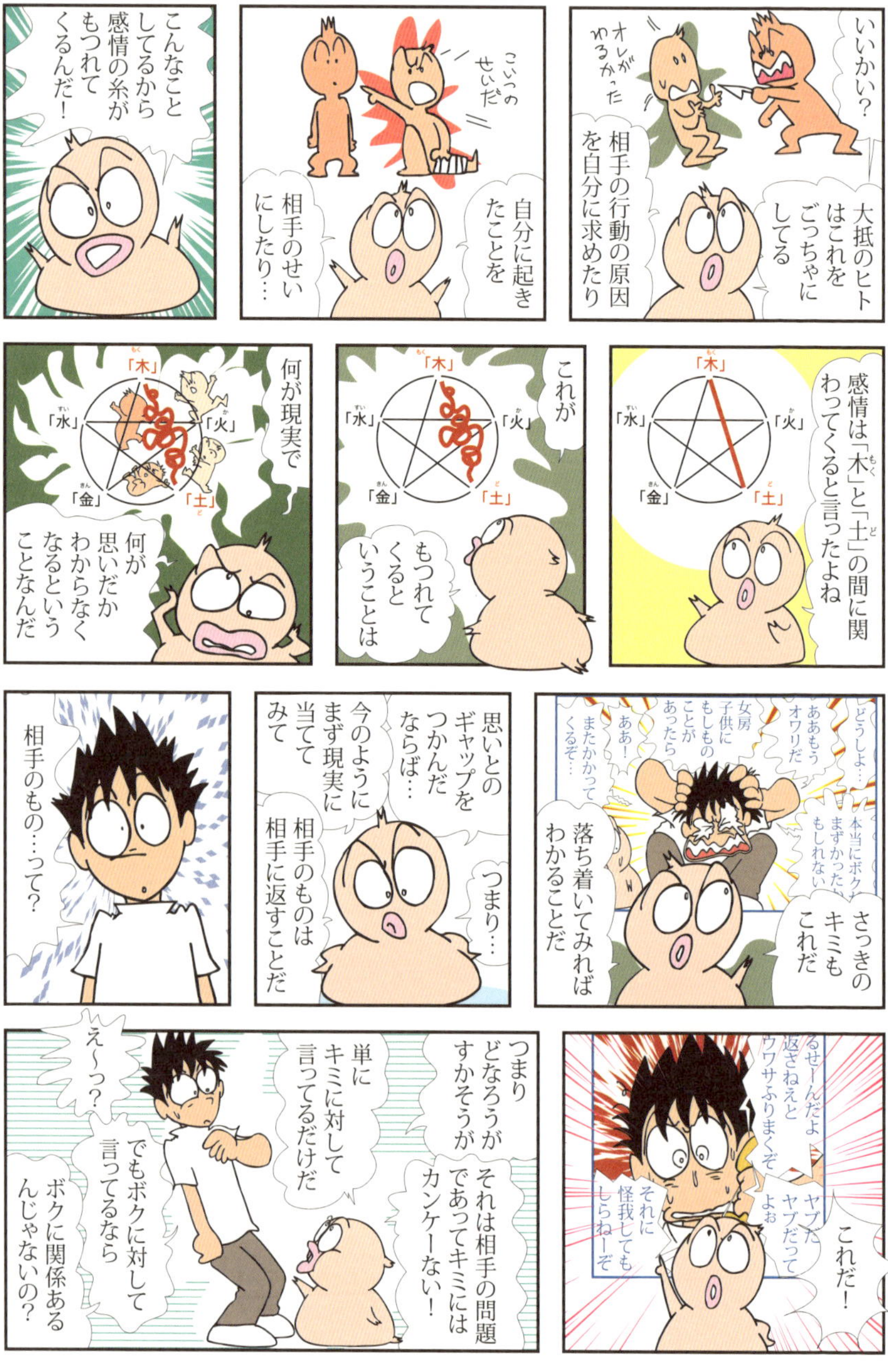
いいかい？
オレがわるかった
大抵のヒトはこれをごっちゃにしてる
相手の行動の原因を自分に求めたり
こいつのせいだ
自分に起きたことを
相手のせいにしたり…
こんなことしてるから感情の糸がもつれてくるんだ！
感情は「木」と「土」の間に関わってくると言ったよね
「木」
「火」
「土」
「金」
「水」
これが
もつれてくるということは
何が現実で
何が思いだかわからなくなるということなんだ
どうしよ…
本当にボクがまずかったかもしれない
ああもうオワリだ
女房子供にもしものことがあったら
ああ！またかかってくるぞ…
さっきのキミもこれだ
落ち着いてみればわかることだ
思いとのギャップをつかんだならば…
今のようにまず現実に当ててみて
つまり…
相手のものは相手に返すことだ
相手のもの…って？
るせーんだよ
返さねえとウワサふりまくぞ
ヤブだヤブだってよぉ
それに怪我してもしらねーぞ
これだ！
つまりどなろうがすかそうが
単にキミに対して言ってるだけだ
それは相手の問題であってキミにはカンケーない！
え～っ？
でもボクに対して言ってるなら
ボクに関係あるんじゃないの？

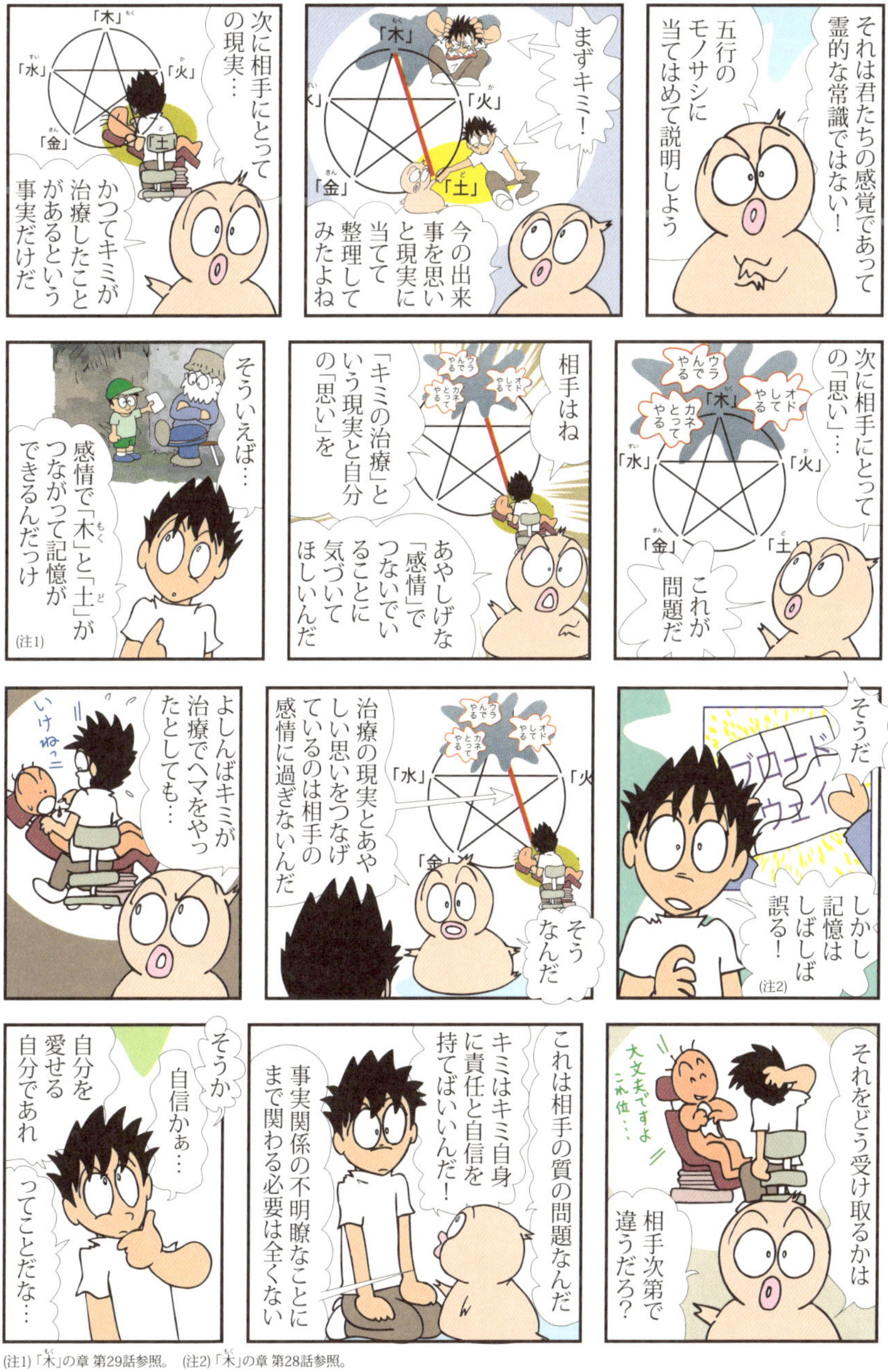

(注1)「木」の章 第29話参照。　(注2)「木」の章 第28話参照。

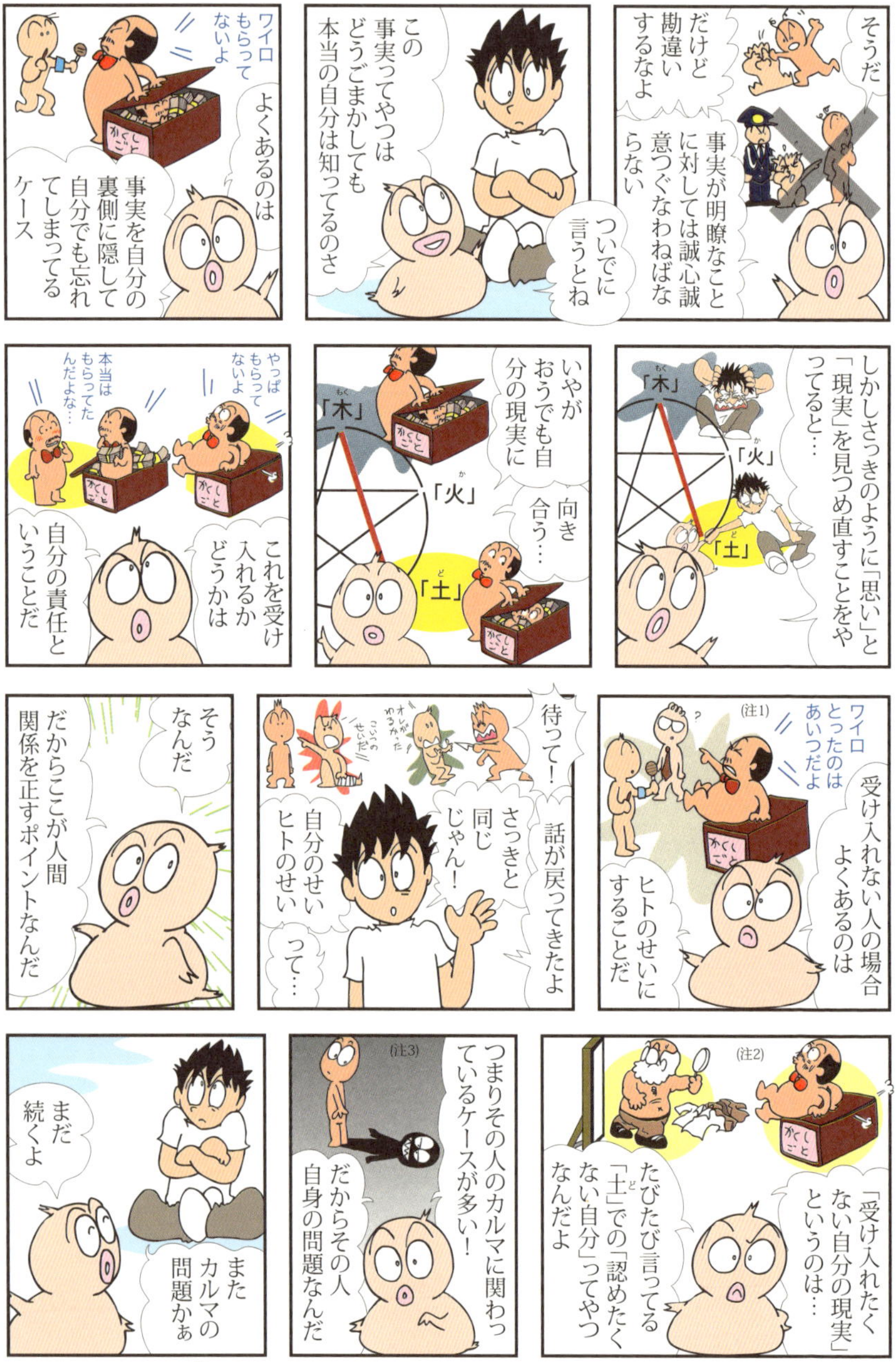

(注1) これを影の「投影」という。「木」の章第19話135ページ参照。　(注2) 第31話参照。　(注3) 第45話参照。

47. カルマについて　3

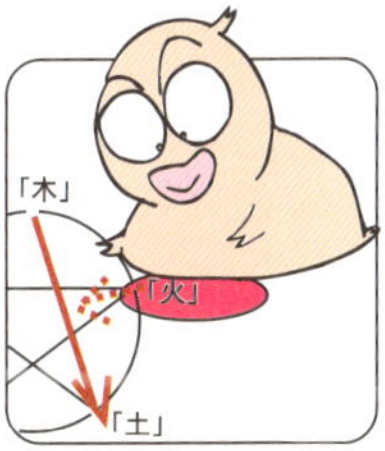
「木」
「火」
「土」

一九九九年の二月九日に冥王星の軌道が
太陽系の一番外側に戻ったのは知ってる？
冥王星
海王星
天王星
金星
太陽
水星
地球
木星
火星
土星
そう　そう
太陽系は「水金地火木土天海冥」なのに
この約二十年間「…冥海」だったんだよね
そう　そこでこの冥王星だけど
「冥」という字は
冥
「日が隠れて入る」という意味なんだ
隠している
日
六は「入る」の変形
地獄のことを「冥土」とも言うだろ？
だから「冥」は「地獄」だ
一方　冥王星は英語では「プルート」だ
別名はハデス
地獄の管理人だ
なんか…
おっかない星なんだね
ゼウスはサターンを地獄に封印し
その管理をプルートに任せたという
…ということはね
プルートはサターンを解放する力を持つということなんだ

(注1) サターンとはサトゥルヌスつまりクロノスのこと。第37話参照。　(注2) 第45話参照。

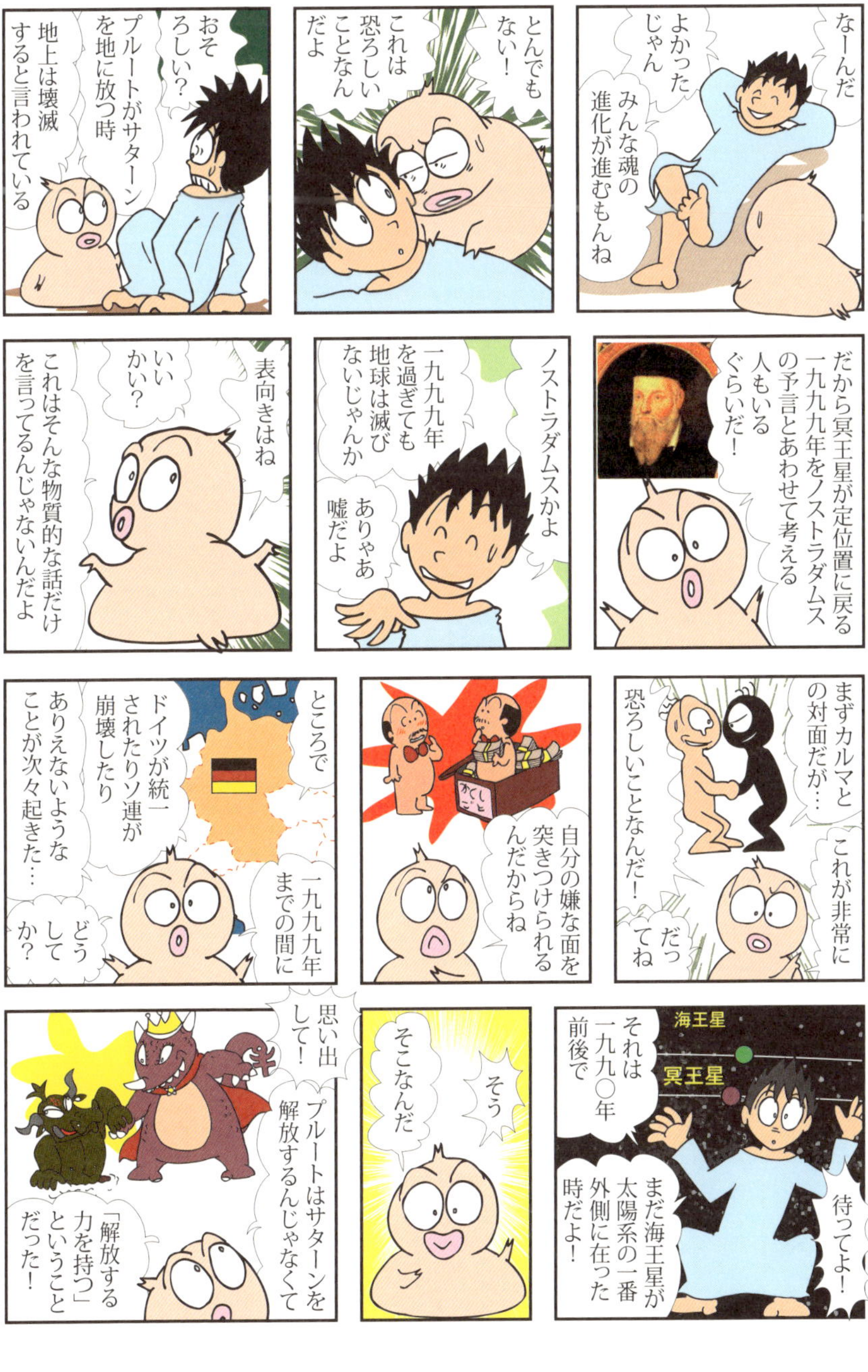
なーんだ
よかったじゃん
みんな魂の進化が進むもんね
とんでもない!
これは恐ろしいことなんだよ
おそろしい?
プルートがサターンを地に放つ時
地上は壊滅すると言われている
だから冥王星が定位置に戻る一九九九年をノストラダムスの予言とあわせて考える人もいるぐらいだ!
ノストラダムスかよ
一九九九年を過ぎても地球は滅びないじゃんか
ありゃあ嘘だよ
表向きはね
いいかい?
これはそんな物質的な話だけを言ってるんじゃないんだよ
まずカルマとの対面だが…
これが非常に
恐ろしいことなんだ!
だってね
かくしごと
自分の嫌な面を突きつけられるんだからね
ところで
一九九九年までの間に
ドイツが統一されたりソ連が崩壊したり
ありえないようなことが次々起きた…
どうしてか?
海王星
冥王星
それは一九九〇年前後で
待ってよ!
まだ海王星が太陽系の一番外側に在った時だよ!
そう
そこなんだ
思い出して!
プルートはサターンを解放するんじゃなくて
「解放する力を持つ」ということだった!

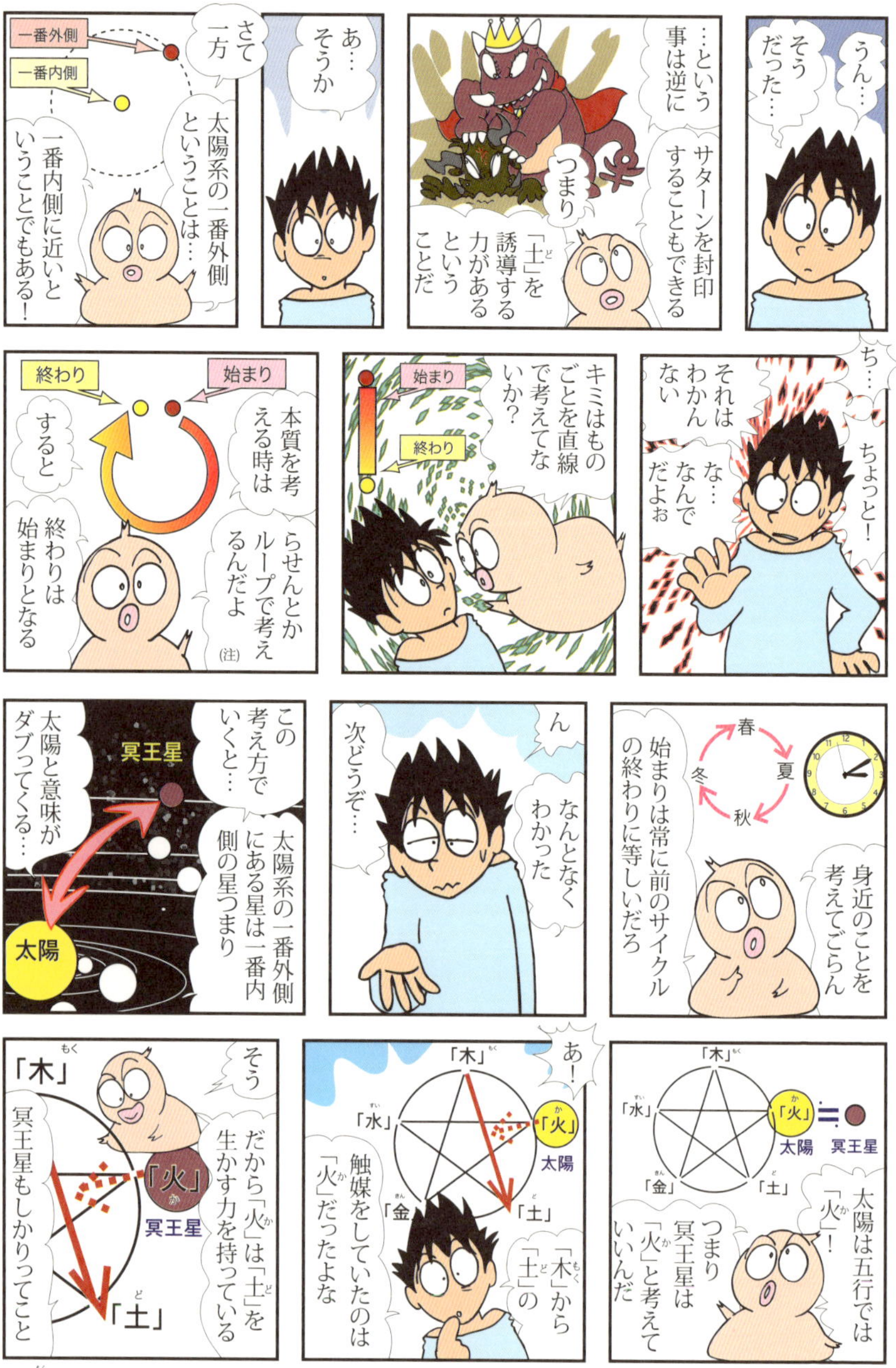
うん…
そうだった…
…という事は逆に
サターンを封印することもできる
つまり
「土」を誘導する力があるということだ
あ…そうか
さて一方
一番外側
一番内側
太陽系の一番外側ということは…
一番内側に近いということでもある!
ち…
ちょっと!
それはわかんない
な…なんでだよぉ
始まり
終わり
キミはものごとを直線で考えてないか?
終わり
始まり
本質を考える時は
らせんとかループで考えるんだよ
(注)
すると
終わりは始まりとなる
春
夏
秋
冬
身近のことを考えてごらん
始まりは常に前のサイクルの終わりに等しいだろ
ん
なんとなくわかった
次どうぞ…
冥王星
太陽
この考え方でいくと…
太陽系の一番外側にある星は一番内側の星つまり
太陽と意味がダブってくる…
「木」
「水」
「火」
「金」
「土」
太陽
冥王星
太陽は五行では「火」!
つまり冥王星は「火」と考えていいんだ
あ!
「木」
「水」
「火」
太陽
「金」
「土」
「木」から「土」の
触媒をしていたのは「火」だったよな
「木」
「火」
冥王星
「土」
そう
だから「火」は「土」を生かす力を持っている
冥王星もしかりってこと

(注)「木」の章 第24話参照。

(注1)「木」の章 第30話参照。 (注2) 第46話参照。

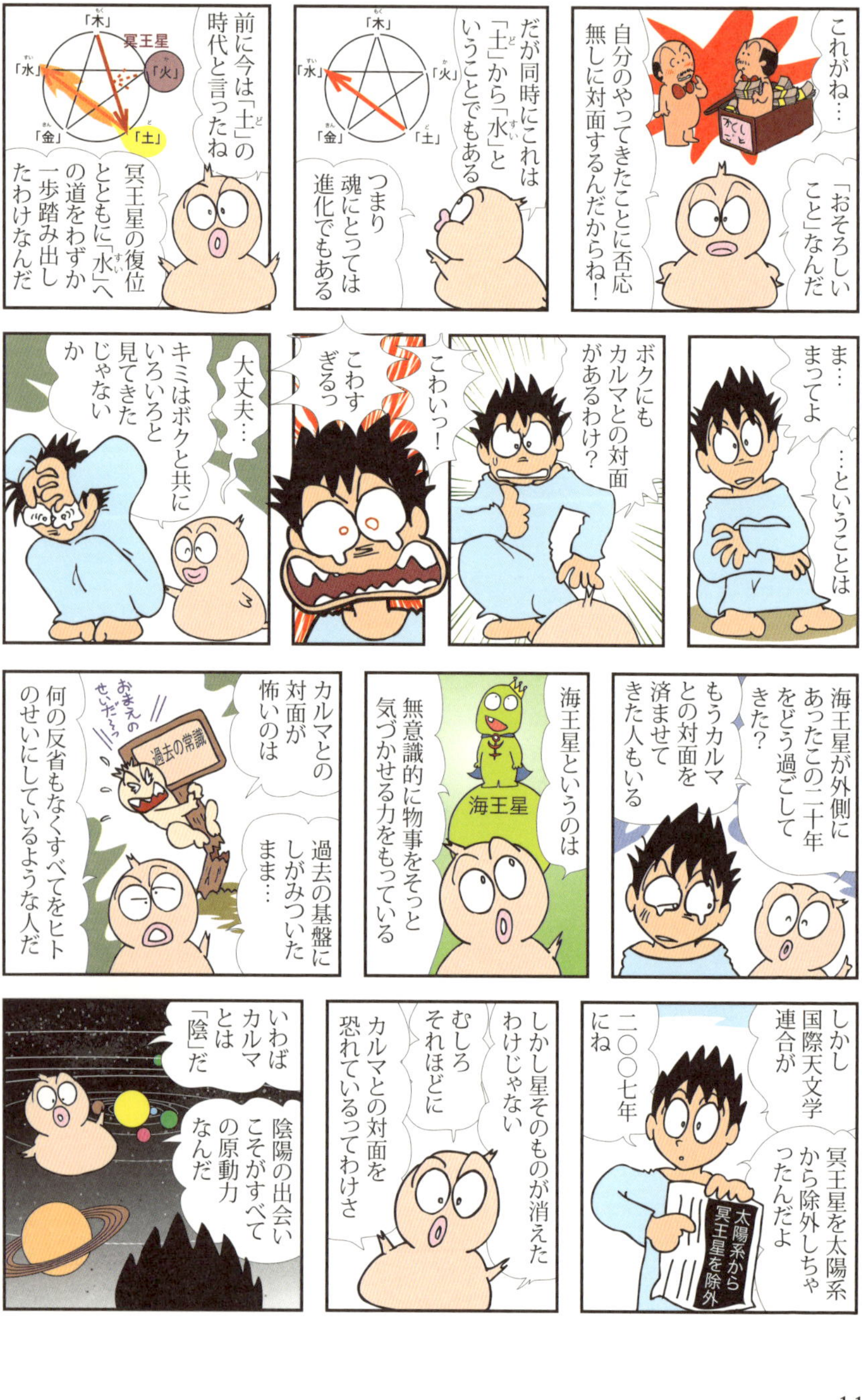

これがね…
「おそろしいこと」なんだ
かくしごと
自分のやってきたことに否応無しに対面するんだからね!
だが同時にこれは「土」から「水」ということでもある
「木」
「火」
「土」
「金」
「水」
つまり魂にとっては進化でもある
前に今は「土」の時代と言ったね
「木」
冥王星
「火」
「土」
「金」
「水」
冥王星の復位とともに「水」への道をわずか一歩踏み出したわけなんだ
ま…まってよ
…ということは
ボクにもカルマとの対面があるわけ?
こわいっ!
こわすぎるっ
大丈夫…
キミはボクと共にいろいろと見てきたじゃないか
海王星が外側にあったこの二十年をどう過ごしてきた?
もうカルマとの対面を済ませてきた人もいる
海王星というのは
海王星
無意識的に物事をそっと気づかせる力をもっている
カルマとの対面が怖いのは
過去の基盤にしがみついたまま…
おまえのせいだ〜っ
過去の常識
何の反省もなくすべてをヒトのせいにしているような人だ
しかし国際天文学連合が
二〇〇七年にね
冥王星を太陽系から除外しちゃったんだよ
太陽系から冥王星を除外
しかし星そのものが消えたわけじゃない
むしろそれほどに
カルマとの対面を恐れているってわけさ
いわばカルマとは「陰」だ
陰陽の出会いこそがすべての原動力なんだ

3節

私たちは何処から来て何処へ行くのか

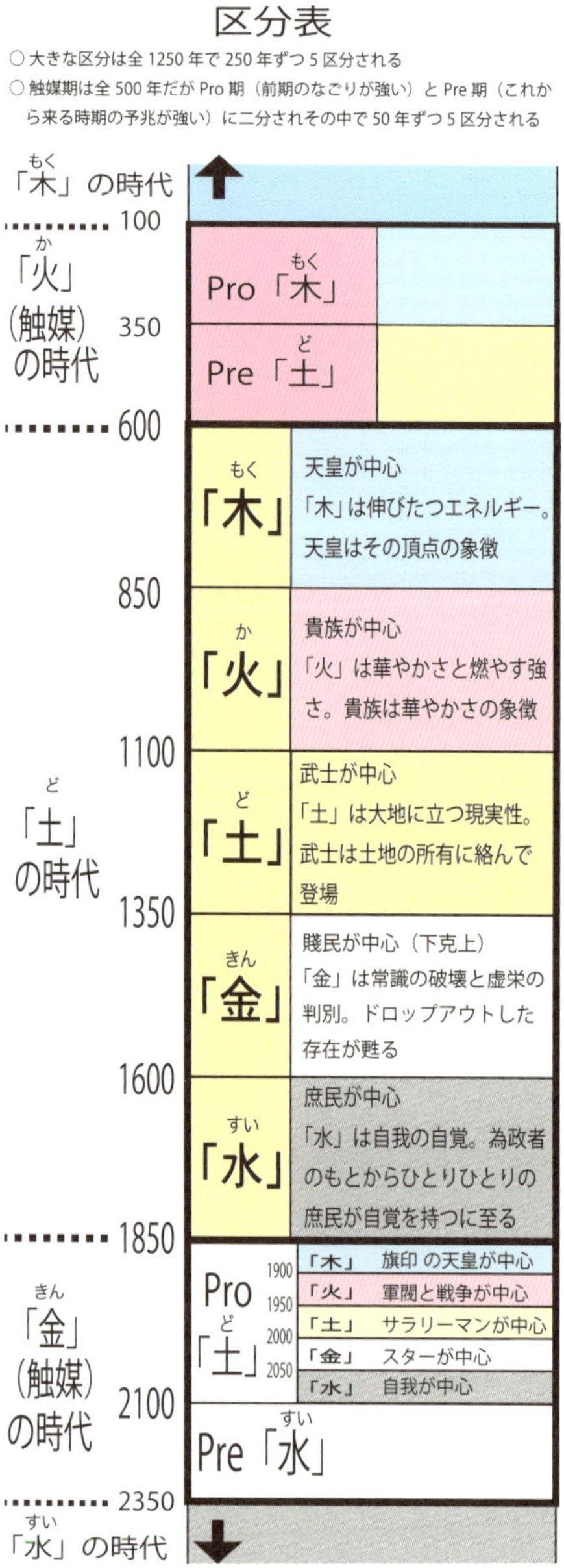
区分表
○大きな区分は全1250年で250年ずつ5区分される
○触媒期は全500年だがPro期（前期のなごりが強い）とPre期（これから来る時期の予兆が強い）に二分されその中で50年ずつ5区分される
「木」の時代
100
「火」（触媒）の時代
Pro「木」
350
Pre「土」
600
「木」
天皇が中心
「木」は伸びたつエネルギー。天皇はその頂点の象徴
850
「火」
貴族が中心
「火」は華やかさと燃やす強さ。貴族は華やかさの象徴
1100
「土」の時代
「土」
武士が中心
「土」は大地に立つ現実性。武士は土地の所有に絡んで登場
1350
「金」
賤民が中心（下克上）
「金」は常識の破壊と虚栄の判別。ドロップアウトした存在が甦る
1600
「水」
庶民が中心
「水」は自我の自覚。為政者のもとからひとりひとりの庶民が自覚を持つに至る
1850
「金」（触媒）の時代
Pro「土」
1900
「木」 旗印の天皇が中心
1950
「火」 軍閥と戦争が中心
2000
「土」 サラリーマンが中心
2050
「金」 スターが中心
「水」 自我が中心
2100
Pre「水」
2350
「水」の時代

コラム

五行による日本史時代区分

陰陽五行は森羅万象を測るためのモノサシなので、時代を測ることもできる。左表は一説としての日本史五行区分である。これで見ると二十一世紀初頭の現代は触媒としての「金」の時代だがまだ「土」の影響が強く、その中でさらに「金」のタイミングと言えるのだ。表を見ると「スターが中心」と書いてあるが、少し補足しておこう。「金」期とは常識の破壊と正邪の分断が盛んになる時期である。なかでもテレビを通じての有名人が一種の判断基準となりやすい。有名人のあるところ、お金と評判がつきまとう。前の「土」では猛烈サラリーマンたちが日本を引っ張ったが、このタイミングではスターがけん引役となる。しかし次の「水」が近づくにつれ、その虚飾性に目が覚めると同時に、一人一人の個性や生き甲斐が重要な位置を占めるようになる。

48. 偽だるまん現る！

さあ行こう
あのさ…
実はね
キミから聞いてきたことのノートだけど
読み返してみると
なかなかすごい内容だな
…ってことに気づいたんだ
ボク一人で見るにはもったいないから本にしたらどうかな…って思ったんだ
ところが出版社に持ち込んだら
うーん
これじゃ売れないね
…って言われたんだ
なぜだろう
うーん…
前に「知識」の話をしたろ
多くの人は無知なんだ
事実、くだらない本ばかり売れる
これはね、大衆が知識を求めるのではなくて
娯楽だけを求めているということなんだ

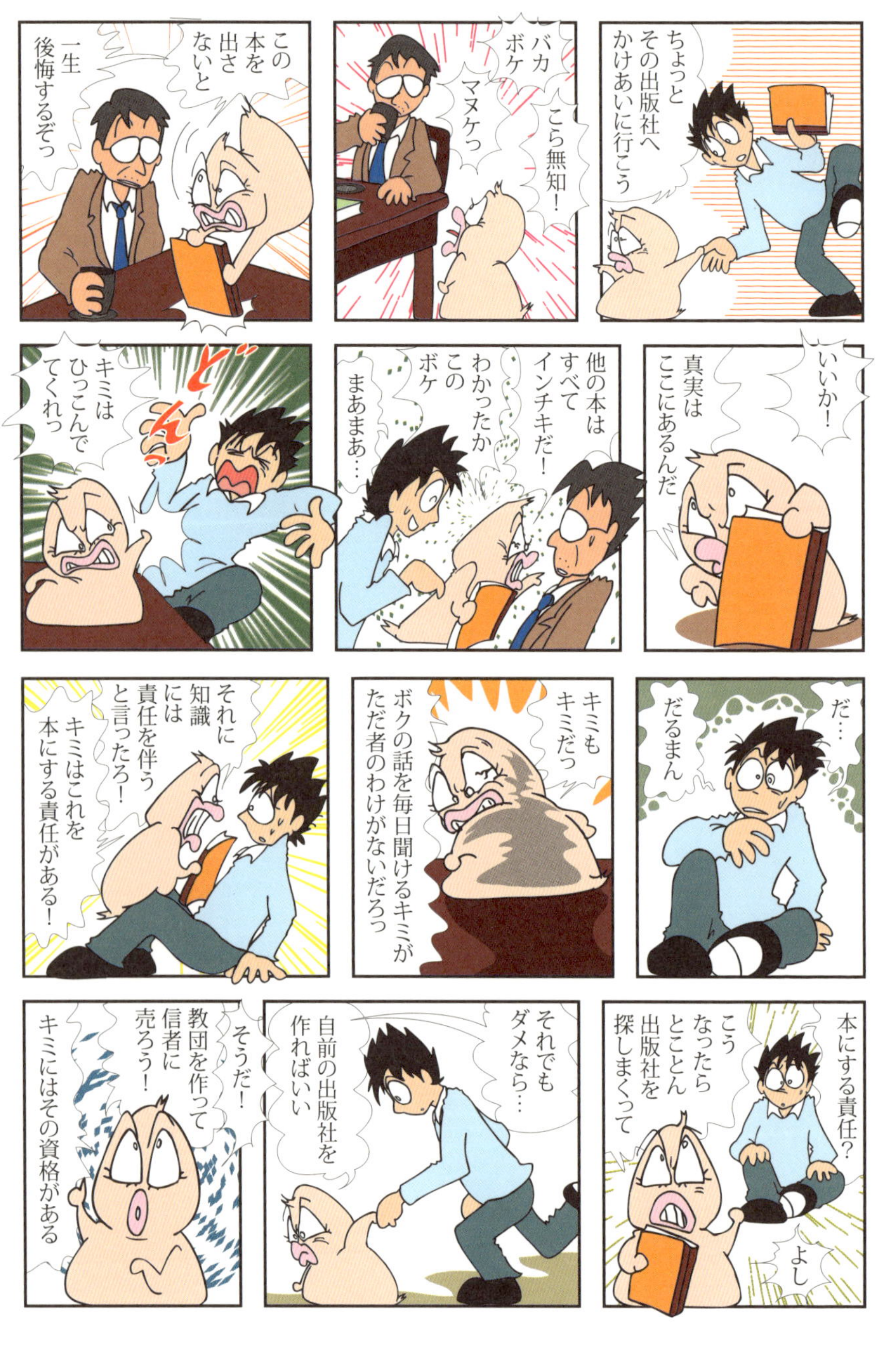

ちょっと
その出版社へ
かけあいに行こう
バカ
ボケ
マヌケっ
こら無知！
この
本を
出さ
ないと
一生
後悔するぞっ
いいか！
真実は
ここにあるんだ
他の本は
すべて
インチキだ！
わかったか
この
ボケ
まあまあ…
どん
キミは
ひっこんで
てくれっ
だ…
だるまん
キミも
キミだっ
ボクの話を毎日聞けるキミが
ただ者のわけがないだろっ
それに
知識
には
責任を伴う
と言ったろ！
キミはこれを
本にする責任がある！
本にする責任？
こう
なったら
とことん
出版社を
探しまくって
よし
それでも
ダメなら…
自前の出版社を
作ればいい
そうだ！
教団を作って
信者に
売ろう！
キミにはその資格がある

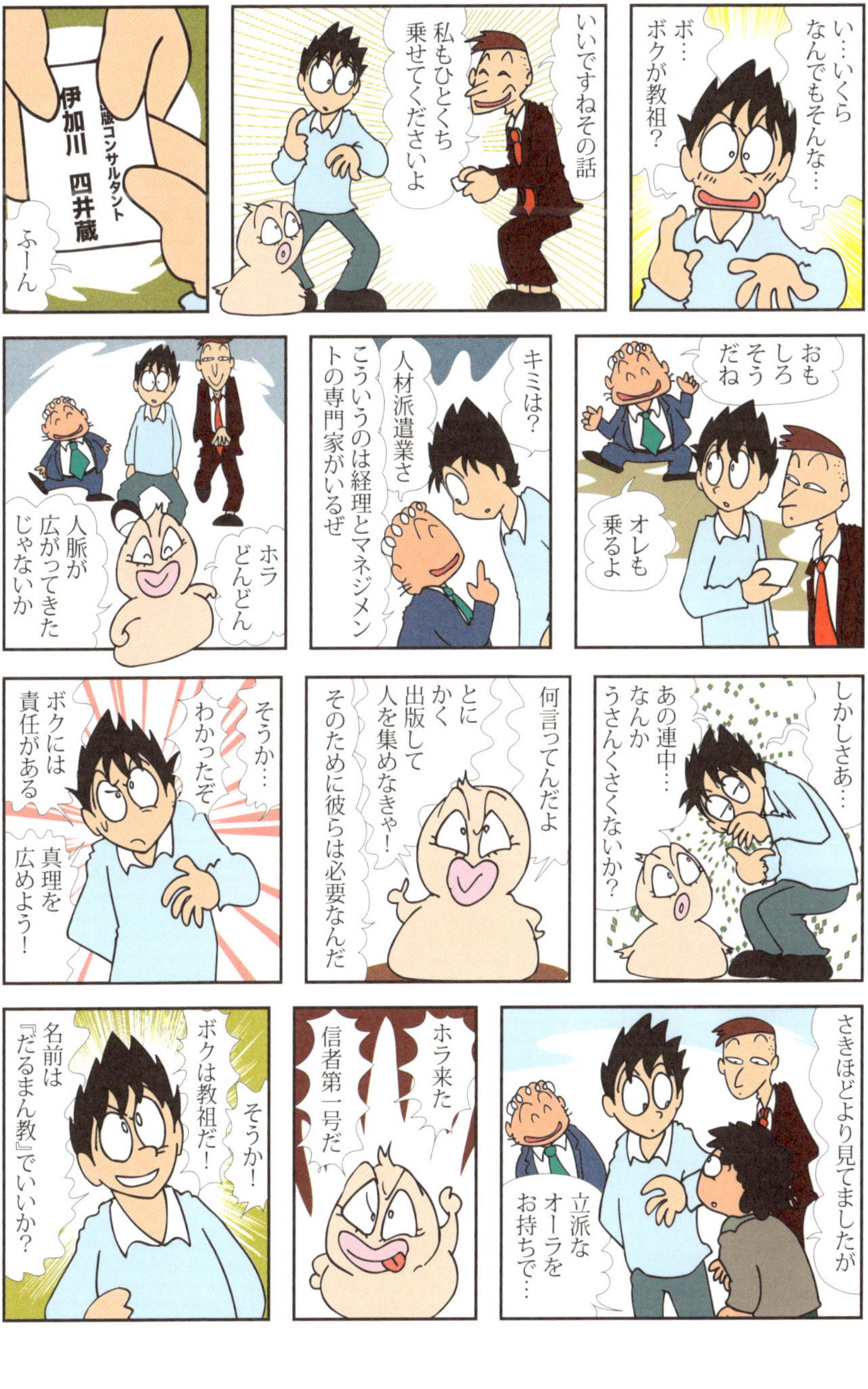
い…いくらなんでもそんな…
ボ…ボクが教祖？
いいですねその話
私もひとくち乗せてくださいよ
版コンサルタント
伊加川　四井蔵
ふーん
おもしろそうだね
オレも乗るよ
キミは？
人材派遣業さ
こういうのは経理とマネジメントの専門家がいるぜ
ホラどんどん
人脈が広がってきたじゃないか
しかしさあ…
あの連中…なんかうさんくさくないか？
何言ってんだよ
とにかく出版して人を集めなきゃ！
そのために彼らは必要なんだ
そうか…わかったぞ
ボクには責任がある
真理を広めよう！
さきほどより見てましたが
立派なオーラをお持ちで…
ホラ来た
信者第一号だ
そうか！
ボクは教祖だ！
名前は『だるまん教』でいいか？

だるまん?
だれ?それ
ボクは『にくまん』だぜ
に
にくまん?
そ
もぐもぐ
あ いた いた
どわっ!
やっぱりここか
だ…
だるまんが二人ぃ?
どう なってんのぉ
おい またやったな
デヘヘ
オカマのオニ~っ!
失礼ね
ジェニーちゃんって呼んでよ!
わーっ
…と
いうことはボクの居るココは…?
わあ~っ
「土」のるつぼの中だぁ~っ
また遊んでね~っ
…ったくしょーがないなあキミは
ど…どーして
こういうことになったんだろ…
自分で考えてごらん
キミはノートをとってるうちに変な気分になってきたんじゃないの?

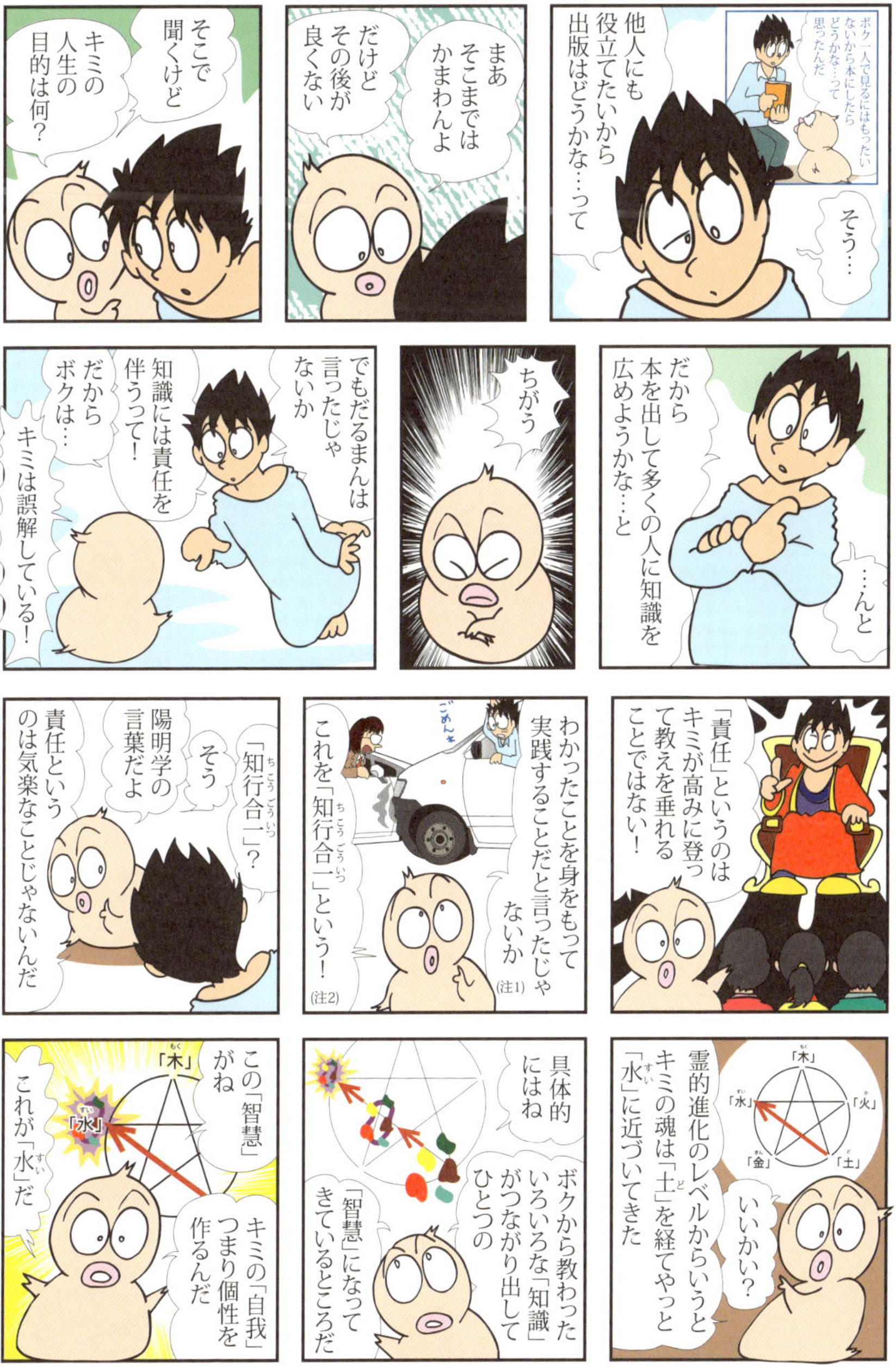

(注1)第33話参照。　(注2)中国の明時代に王陽明が唱えた「知識は行動を伴うべき」という教え。宋の朱熹の先知後行説に対して唱えられた。

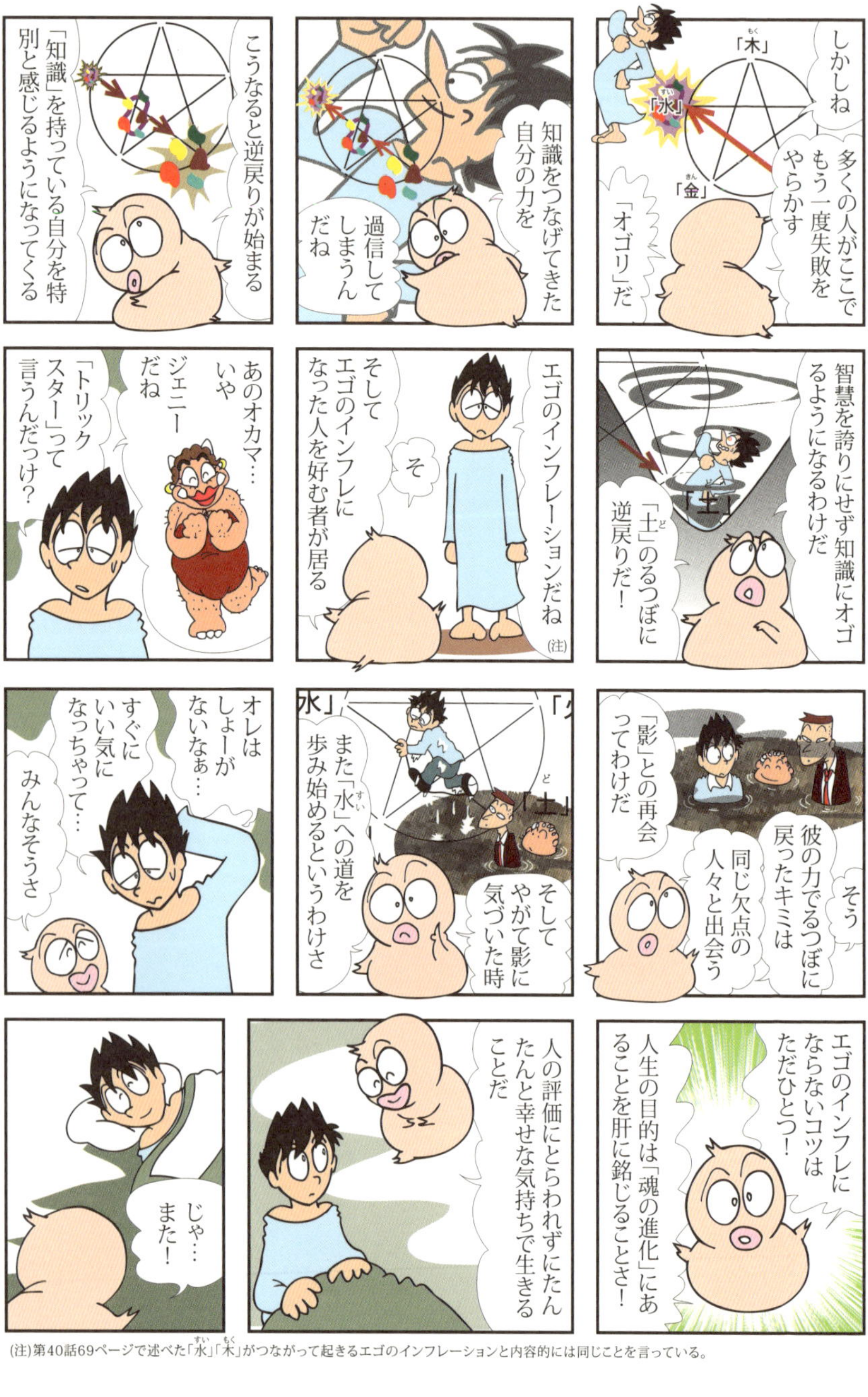

(注)第40話69ページで述べた「水」「木」がつながって起きるエゴのインフレーションと内容的には同じことを言っている。

49. エーテルの反乱

(注)「火」の章 第115話参照。

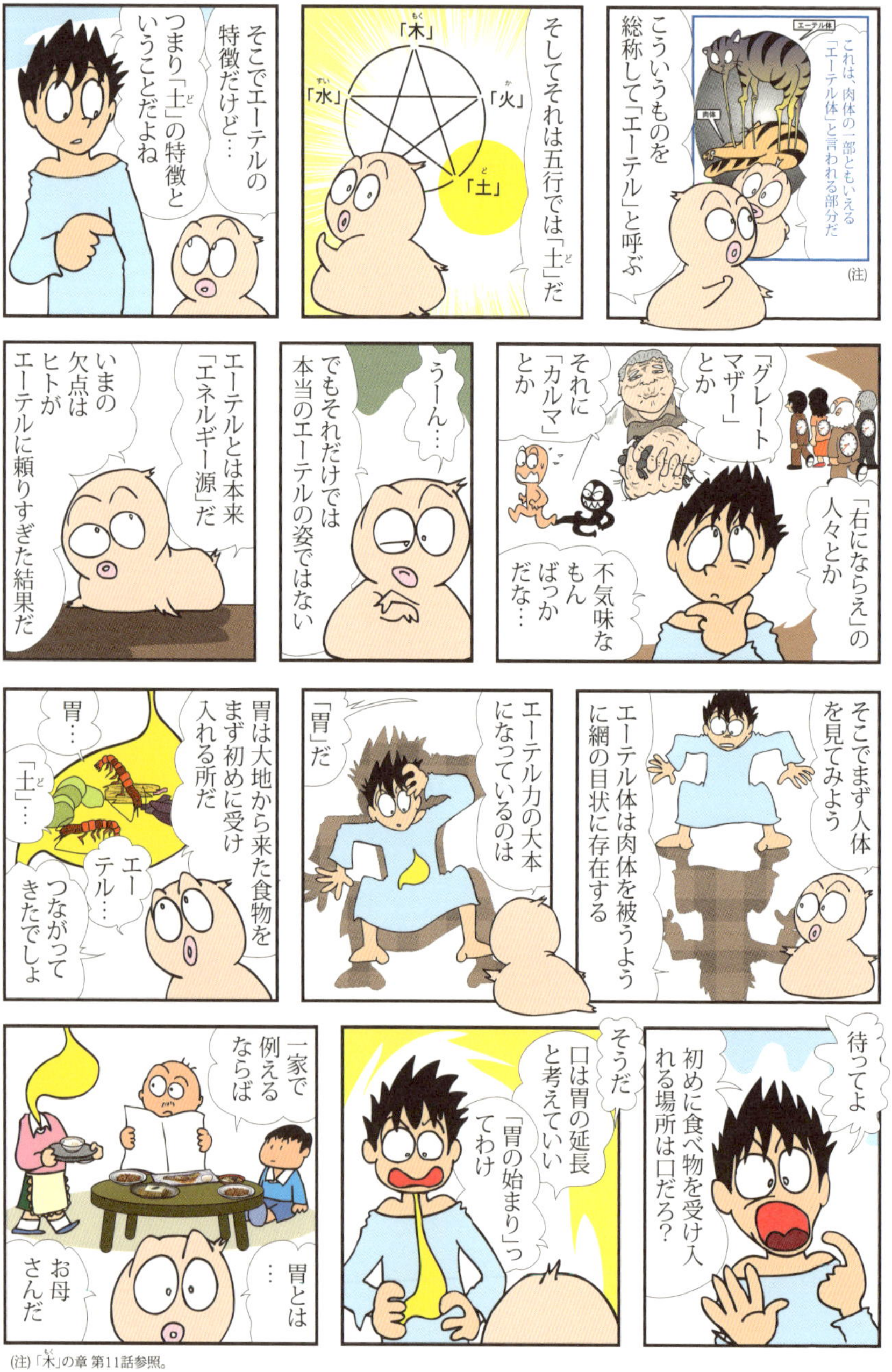

これは、肉体の一部ともいえる「エーテル体」と言われる部分だ
エーテル体
肉体
こういうものを総称して「エーテル」と呼ぶ
(注)
そしてそれは五行では「土」だ
「木」
「火」
「土」
「水」
そこでエーテルの特徴だけど…
つまり「土」の特徴ということだよね
「グレートマザー」とか
それに「カルマ」とか
「右にならえ」の人々とか
不気味なもんばっかだな…
うーん…
でもそれだけでは本当のエーテルの姿ではない
エーテルとは本来「エネルギー源」だ
いまの欠点はヒトがエーテルに頼りすぎた結果だ
そこでまず人体を見てみよう
エーテル体は肉体を被うように網の目状に存在する
エーテル力の大本になっているのは
「胃」だ
胃は大地から来た食物をまず初めに受け入れる所だ
胃…
「土」…
エーテル…
つながってきたでしょ
待ってよ
初めに食べ物を受け入れる場所は口だろ?
そうだ
口は胃の延長と考えていい
「胃の始まり」ってわけ
一家で例えるならば
胃とは…
お母さんだ

(注)「木」の章 第11話参照。

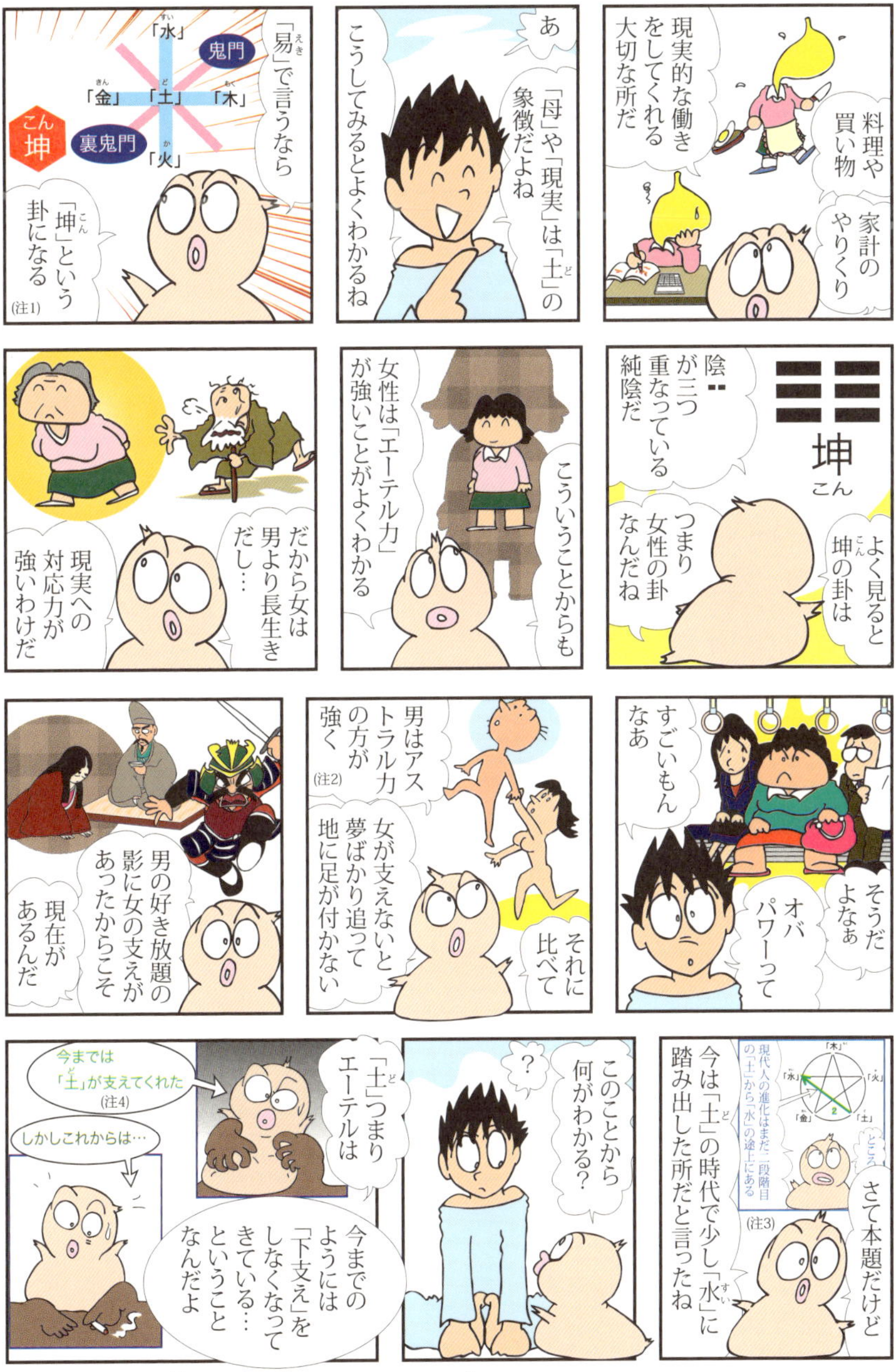

(注1) 第37話参照。 (注2)「木」の章第5話参照。 (注3) 第41話参照。 (注4)「火」の章 第115話参照。

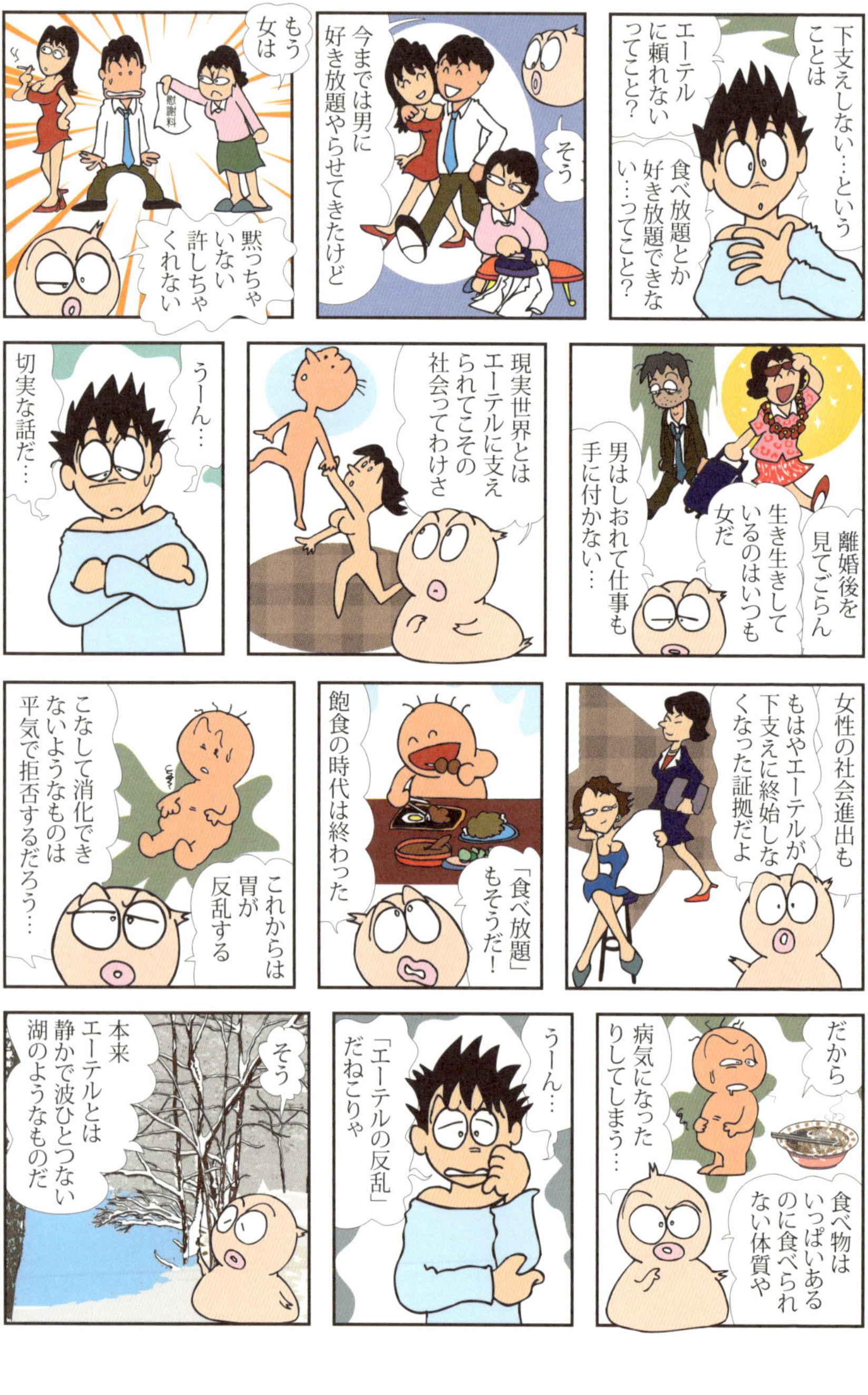
下支えしない…ということは
エーテルに頼れないってこと？
食べ放題とか好き放題できない…ってこと？
そう
今までは男に好き放題やらせてきたけど
もう女は
慰謝料
黙っちゃいない許しちゃくれない
離婚後を見てごらん
生き生きしているのはいつも女だ
男はしおれて仕事も手に付かない…
現実世界とはエーテルに支えられてこその社会ってわけさ
うーん…
切実な話だ…
女性の社会進出も
もはやエーテルが下支えに終始しなくなった証拠だよ
「食べ放題」もそうだ！
飽食の時代は終わった
これからは胃が反乱する
こなして消化できないようなものは平気で拒否するだろう…
だから
食べ物はいっぱいあるのに食べられない体質や
病気になったりしてしまう…
うーん…
「エーテルの反乱」だねこりゃ
そう
本来エーテルとは静かで波ひとつない湖のようなものだ

(注1)「火」の章 第105話参照。 (注2) 社会的な「土」(エーテル)とはあたかも花壇や植木鉢が植物の種を育むように一定の枠で囲まれた土の働きをする。人間的には社会的な常識やルールを作り個人の暴走を防ぐ働きをする。しかしこれがマイナスに働くと必要な個人の成長を妨げることになる。

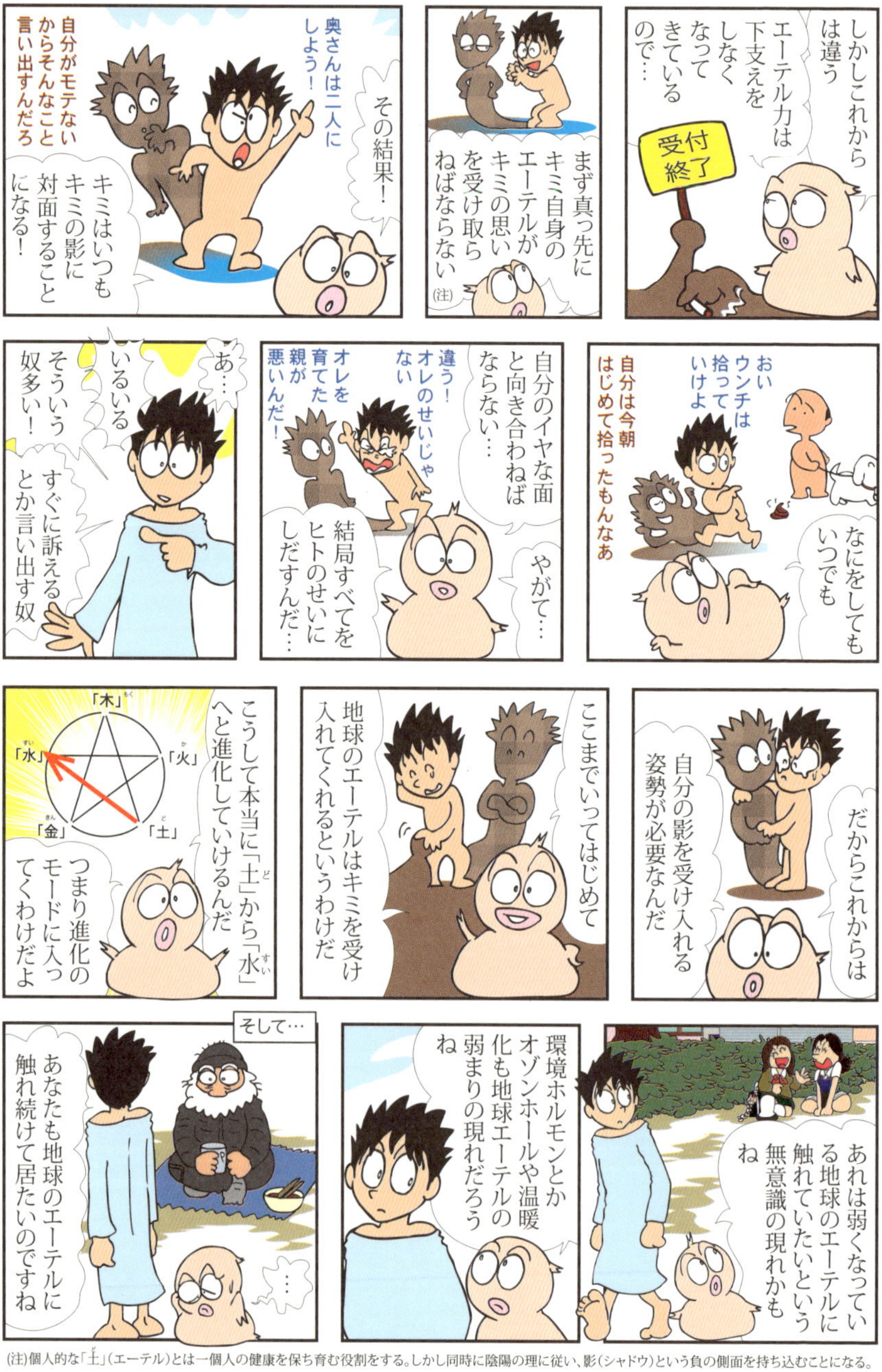
しかしこれからは違う
エーテル力は下支えをしなくなってきているので…
受付終了
まず真っ先にキミ自身のエーテルがキミの思いを受け取らねばならない(注)
その結果！
奥さんは二人にしよう！
自分がモテないからそんなこと言い出すんだろ
キミはいつもキミの影に対面することになる！
おいウンチは拾っていけよ
自分は今朝はじめて拾ったもんなぁ
なにをしてもいつでも
自分のイヤな面と向き合わねばならない…
やがて…
違う！オレのせいじゃない
オレを育てた親が悪いんだ！
結局すべてをヒトのせいにしだすんだ…
あ…
いるいる
そういう奴多い！
すぐに訴えるとか言い出す奴
だからこれからは
自分の影を受け入れる姿勢が必要なんだ
ここまでいってはじめて
地球のエーテルはキミを受け入れてくれるというわけだ
「木」
「火」
「土」
「金」
「水」
こうして本当に「土」から「水」へと進化していけるんだ
つまり進化のモードに入ってくわけだよ
あれは弱くなっている地球のエーテルに触れていたいという無意識の現れかもね
環境ホルモンとかオゾンホールや温暖化も地球エーテルの弱まりの現れだろうね
そして…
あなたも地球のエーテルに触れ続けて居たいのですね
…

(注)個人的な「土」(エーテル)とは一個人の健康を保ち育む役割をする。しかし同時に陰陽の理に従い、影(シャドウ)という負の側面を持ち込むことになる。東洋医学では肉体面に現れる病的な影を「邪気」と表現する。

50. インスピレーションはどこから来るか？

(注1) 第31話参照。 (注2)「木」の章 第28話参照。

今彼はミステリーを考案中だが
そう！
たとえば
氷と殺人…
そう言ったらキミは何を考える？
凶器なき殺人！
証拠が残らないもんね
ダメダメ
そんなありふれた発想じゃ作家にゃなれんよ
彼がどうしたか見てごらん
どれどれ
ちょうど番人がパズルをはめたところだ
なんだありゃ？
水質汚染
ナルホドねぇ
氷の元になった水が特定の地域の汚染水で…
そこから犯人のアシがつく…というわけだ
なぜ殺人現場のカーペットから特殊な汚染水が検出されたのか…
おもしろそうだね
なるほど
こういうふうに
記憶の倉庫から独特なつながりをつくって…
物語などを作っていくのは「土」から「水」への働きだと言ったよね
「木」
「火」
「土」
「金」
「水」

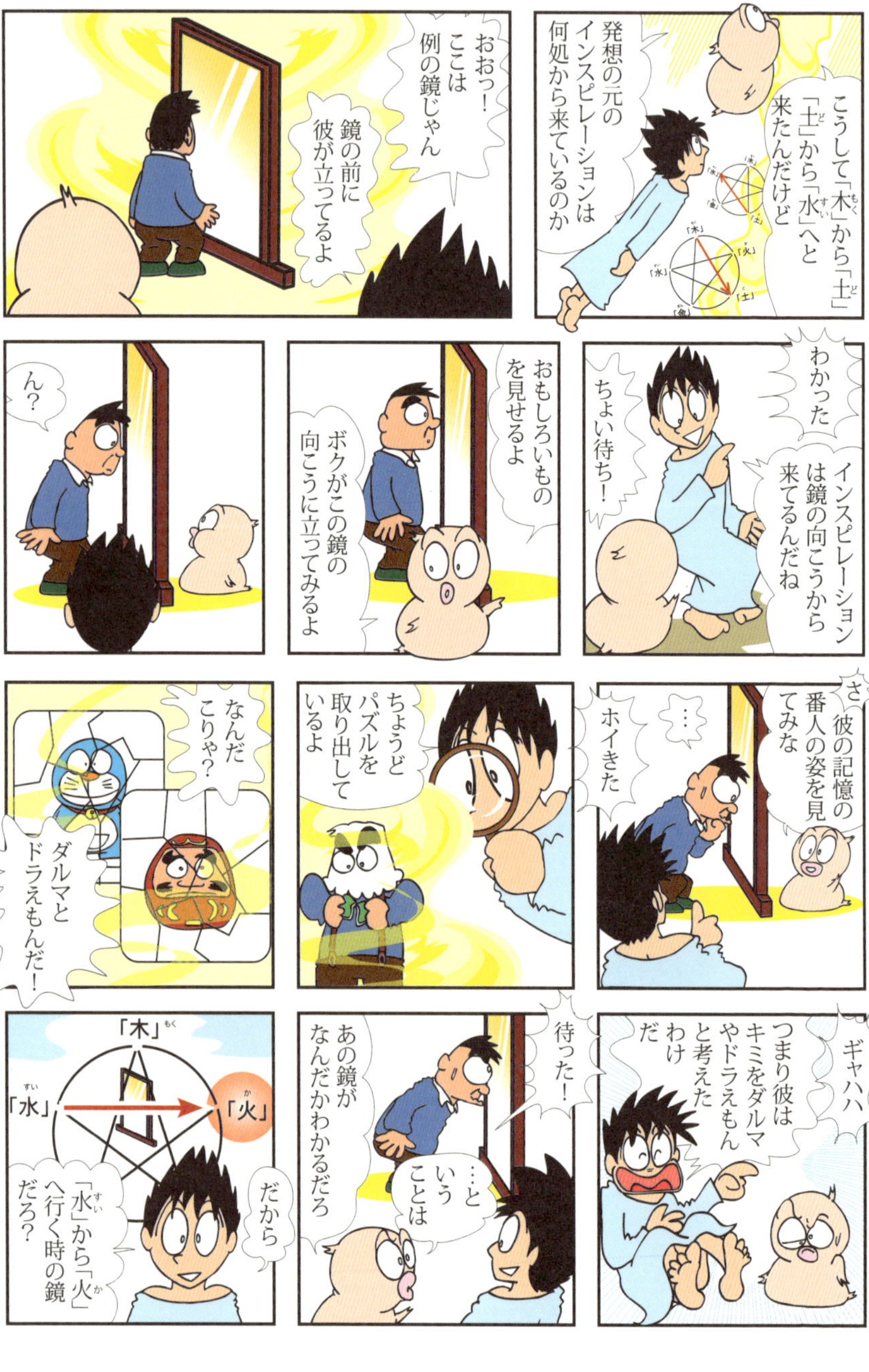
こうして「木」から「土」
「土」から「水」へと来たんだけど
発想の元のインスピレーションは何処から来ているのか
おおっ！ここは例の鏡じゃん
鏡の前に彼が立ってるよ
わかった
インスピレーションは鏡の向こうから来てるんだね
ちょい待ち！
おもしろいものを見せるよ
ボクがこの鏡の向こうに立ってみるよ
ん？
さ 彼の記憶の番人の姿を見てみな
……
ホイきた
ちょうどパズルを取り出しているよ
なんだこりゃ？
ダルマとドラえもんだ！
ギャハハ
つまり彼はキミをダルマやドラえもんと考えたわけだ
待った！
あの鏡がなんだかわかるだろ
…ということは
「木」
「水」
「火」
だから
「水」から「火」へ行く時の鏡だろ？

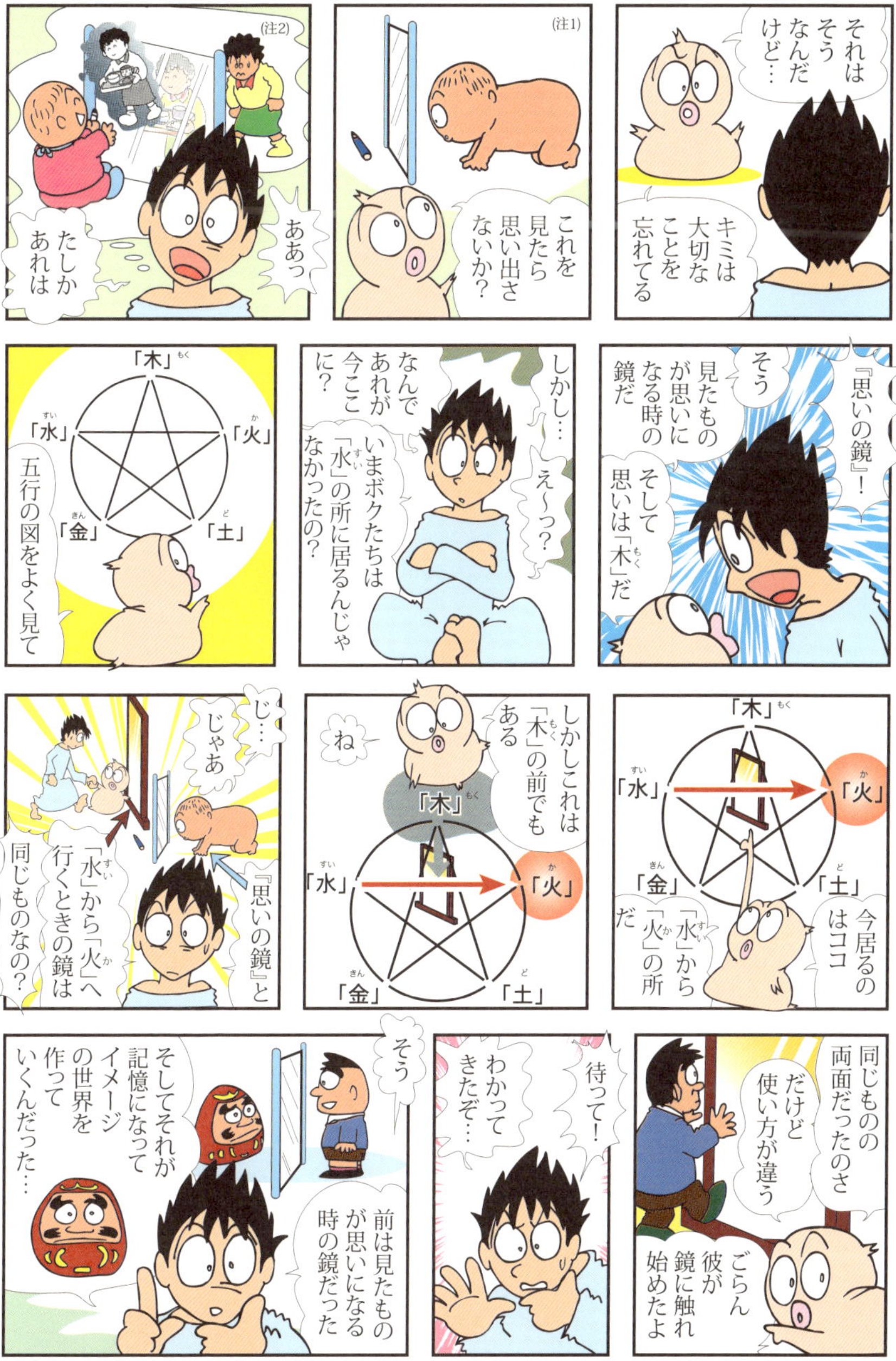

(注1)「木」の章 第6話参照。 (注2)「木」の章 第7話参照。

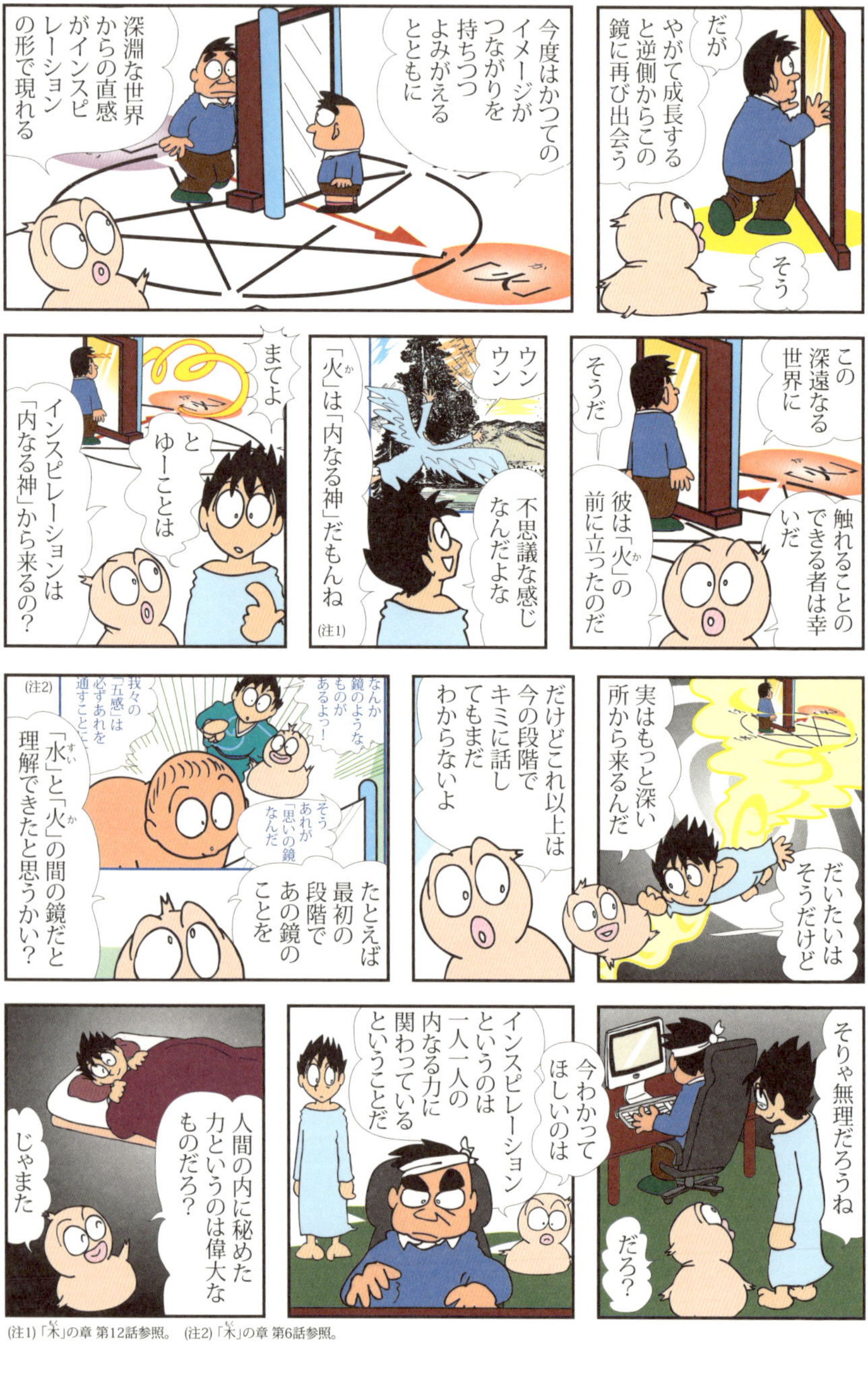

(注1)「木」の章 第12話参照。 (注2)「木」の章 第6話参照。

51. ジェニーの悩み

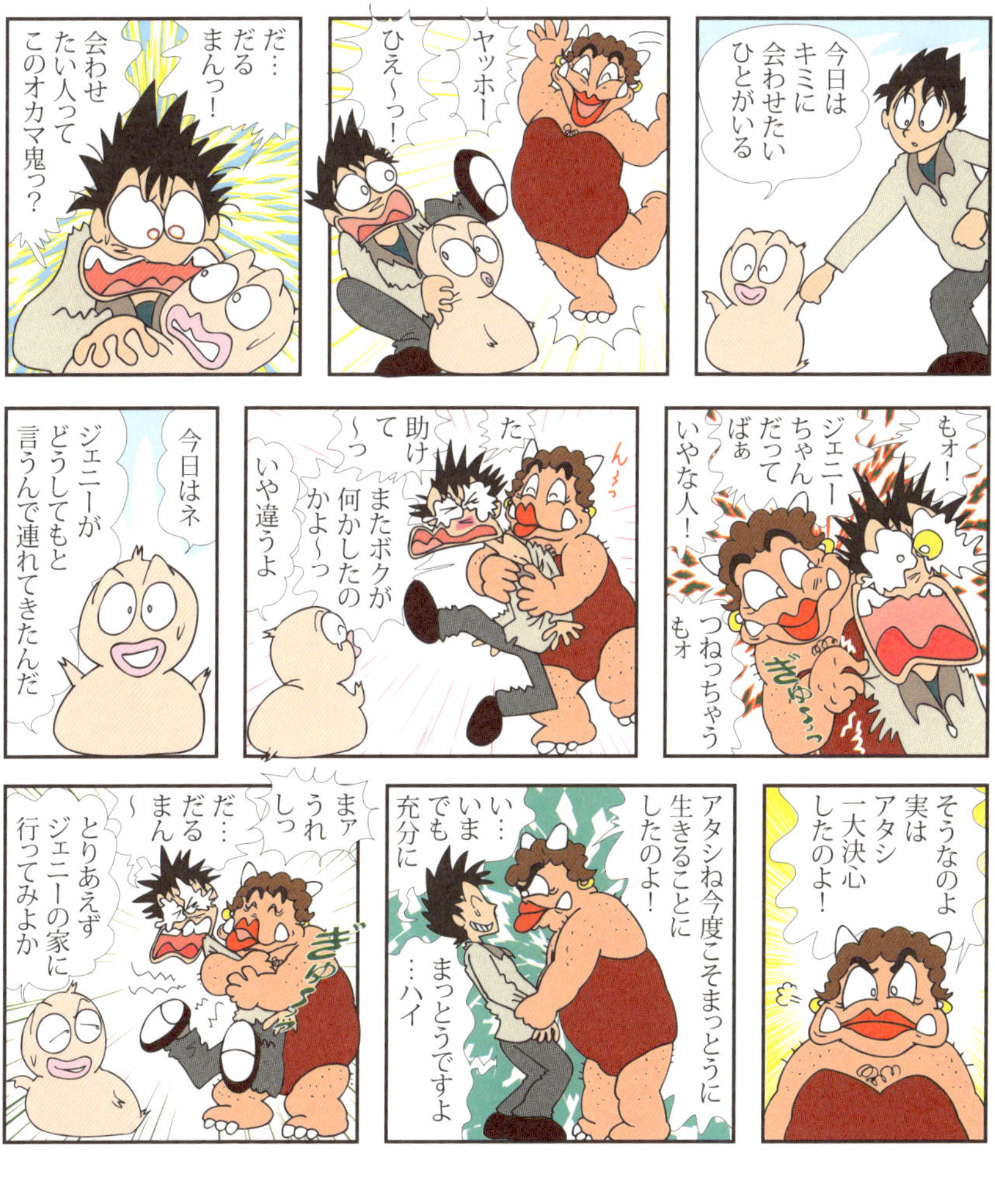
今日はキミに会わせたいひとがいる
ヤッホー
ひえ～っ!
だ…だるまんっ!
会わせたい人ってこのオカマ鬼っ?
もォ! ジェニーちゃんだってばぁ いやな人!
つねっちゃうもォ
た助けて～っ
またボクが何かしたのかよ～っ
いや違うよ
今日はネ
ジェニーがどうしてもと言うんで連れてきたんだ
そうなのよ実はアタシ一大決心したのよ!
アタシね今度こそまっとうに生きることにしたのよ!
い…いまでも充分にまっとうですよ
…ハイ
まァうれしっ
だ…だるまん～
とりあえずジェニーの家に行ってみよか

え
あそこなの？
ジェニーの家は「土」のるつぼの中じゃなかったの？
いや違うよ あそこはね
本当はジェニーにとって一番苦手な所でもあるんだ
そう 気づくとあそこに居るのよ
もうイヤ！
コーヒーになさる？
おビールがいいかしら？
ジェニーにとってのすべてはね
この窓の向こうにあるんだ
あ！あれは
「思いの鏡」じゃないかっ
そうなんだ
ということは…
しっ
誰か来たよ
何を見ているのかな
あの人の見ているのは「毒」だね
え？なんのこと？
POISON
こっちを見てごらん
あの人の現実が見えるから
なんだ 本当は八百屋で大根を見ているんじゃないか
と、ゆーことは？

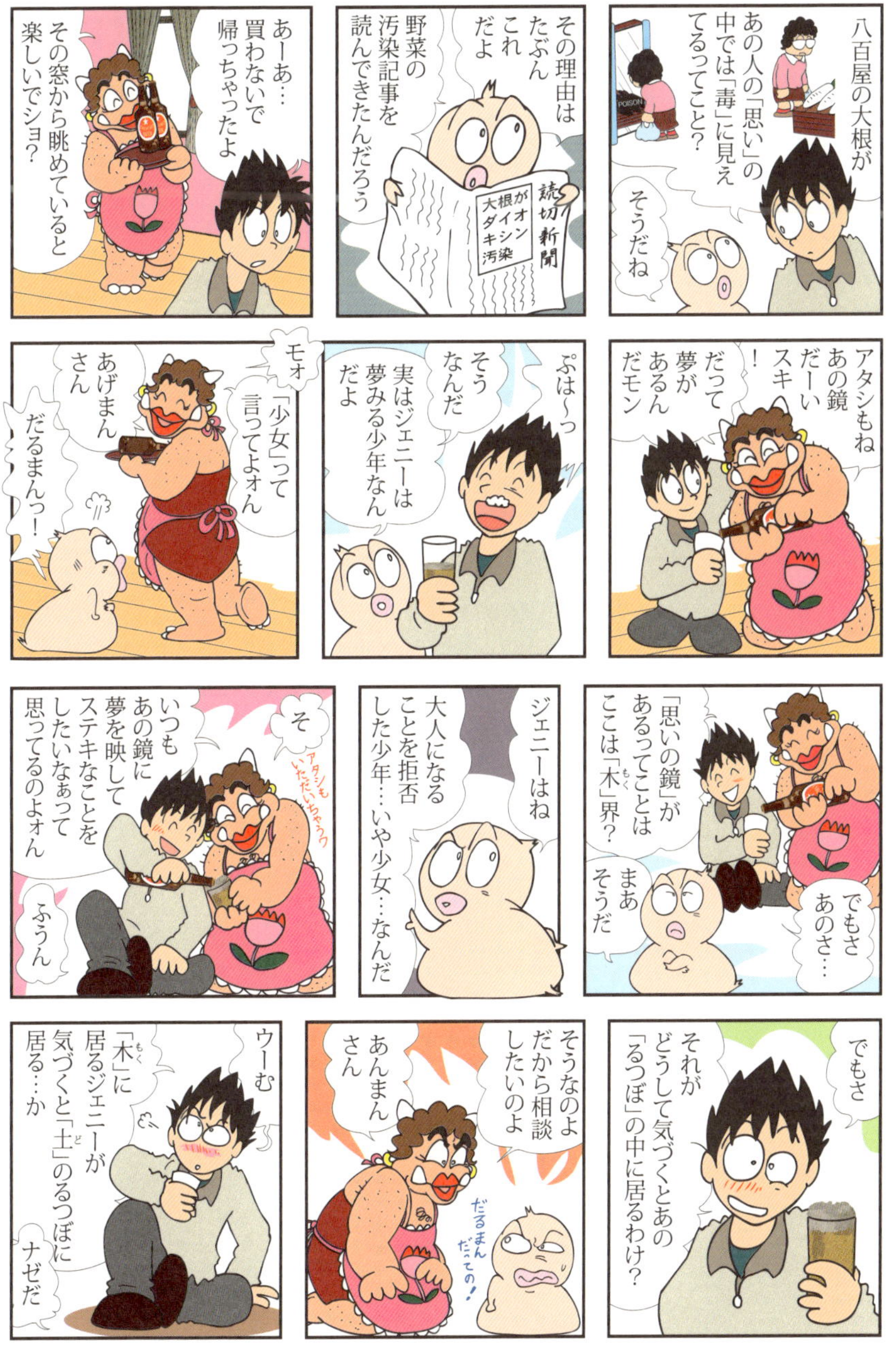
八百屋の大根があの人の「思い」の中では「毒」に見えてるってこと？
POISON
そうだね
その理由はたぶんこれだよ
読切新聞
大根がダイオキシン汚染
野菜の汚染記事を読んできたんだろう
あーあ…買わないで帰っちゃったよ
その窓から眺めていると楽しいでショ？
アタシもねあの鏡だーいスキ！
だって夢があるんだモン
ぷは〜っ
そうなんだ
実はジェニーは夢みる少年なんだよ
モォ
「少女」って言ってよォん
あげまんさん
だるまんっ！
「思いの鏡」があるってことはここは「木」界？
まあそうだ
でもさあのさ…
ジェニーはね
大人になることを拒否した少年…いや少女…なんだ
そ
アタシもいただいちゃうウ
いつもあの鏡に夢を映してステキなことをしたいなぁって思ってるのよォん
ふうん
でもさ
それがどうして気づくとあの「るつぼ」の中に居るわけ？
そうなのよだから相談したいのよ
あんまんさん
だるまんだっての！
ウーむ
「木」に居るジェニーが気づくと「土」のるつぼに居る…か
ナゼだ

もうひとつ重要なナゾがある
「木」
「火」
「土」
「金」
「水」
ジェニーはね「水」と「木」の間でエゴのインフレーションをおこしている人に妙にひかれる(注)
そうそう!
「木」
「火」
「土」
「水」
あげくの果ては
そうだった
気づくとやはり
「土」のるつぼの中だった…
ウーム…
ムズカシイ
「水」にひかれて「土」に行く…かぁ
まぁ〜っ
わかった!
ジェニーは水商売に向いてるってことだよ
飲ませ上手だもんなぁ
うれチー!
どんどんいって!
デッヘッヘ
…
すっかりでき上がっちゃって…
くるっ
ハイ!
もう宴会は終わりっ!
なによりこの姿が一番効くわね
この人たちには…
さて
ジェニーのことだけど
「木」
「火」
「土」
「金」
「水」
大人になることを拒否してる…これは五行の何処に当てはまる態度かしら?
「木」だ!
だからジェニーのおうちは「木」界にある
地に足が着いてないもんな
そうね
では
「木」
「火」
「土」
「金」
「水」
大人になることはどこに当てはまる?
言い換えると「現実を受け入れる」ということだね

(注) 第40話参照。

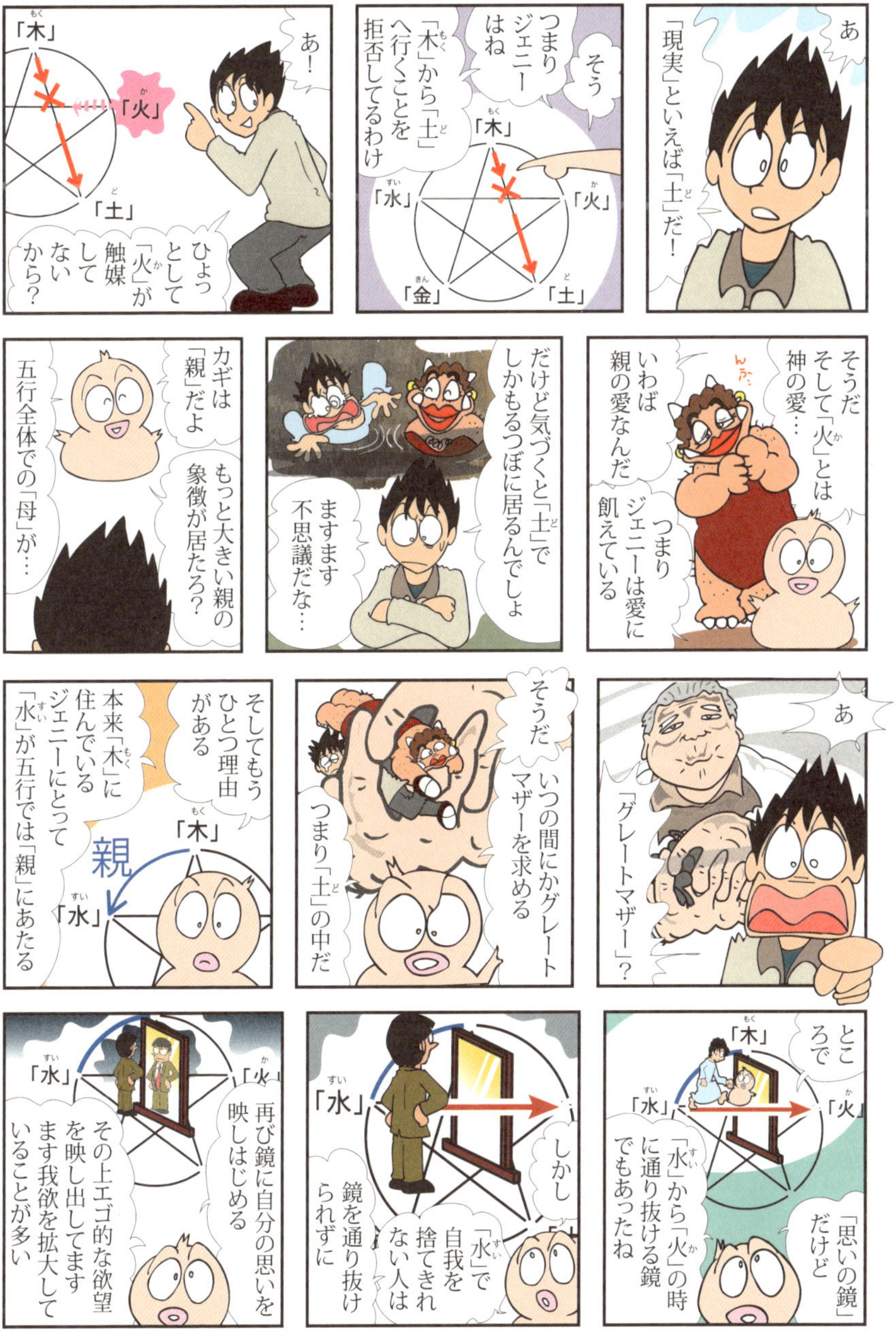
あ
「現実」といえば「土」だ！
そう
つまりジェニーはね
「木」から「土」へ行くことを拒否してるわけ
「木」
「火」
「水」
「金」
「土」
あ！
「木」
「火」
「土」
ひょっとして「火」が触媒してないから？
そうだ
そして「火」とは神の愛…
いわば親の愛なんだ
つまりジェニーは愛に飢えている
だけど気づくと「土」でしかもるつぼに居るんでしょ
ますます不思議だな…
カギは「親」だよ
もっと大きい親の象徴が居たろ？
五行全体での「母」が…
あ
「グレートマザー」？
そうだ
いつの間にかグレートマザーを求める
つまり「土」の中だ
そしてもうひとつ理由がある
「木」
親
「水」
本来「木」に住んでいるジェニーにとって「水」が五行では「親」にあたる
ところで
「木」
「水」
「火」
「水」から「火」の時に通り抜ける鏡でもあったね
「思いの鏡」だけど
しかし
「水」
「水」で自我を捨てきれない人は
鏡を通り抜けられずに
「水」
「火」
再び鏡に自分の思いを映しはじめる
その上エゴ的な欲望を映し出してますます我欲を拡大していることが多い

（注1）「水」「木」間を十字五行（8ページの図参照）の方位で見ると北東つまり「鬼門」となる。つまりは人生の分水嶺にあたるということ。　（注2）「東洋医学」の章　第175話参照。

52. 月と「金(きん)」

今日はまず走るよ
なんだよいきなり
体を使って学ぶのもひとつだ
だってね
体を使ってわかったことしかわからない奴ってのもいるんだ
動物だってそうだろ
ぶたれたりしてはじめて言うことを聞くようになるものも多い
言ってみりゃあ
戦争だって同じことさ
そこまでやってやっと平和を知る
賭事だって同じことさ
大事なものを賭けて体験しないとスイッチが入らないのは初学者の特徴だよ
え?
傷みを伴わないと学びにならないってことさ
走るよ!
ところが魂が純化してくるといちいち体を使わなくても理解度が高まってくる
「象徴」で学べるってことさ
わかる?
五行はそこに役立つ!

(注)「土(ど)」の章 第35話参照。

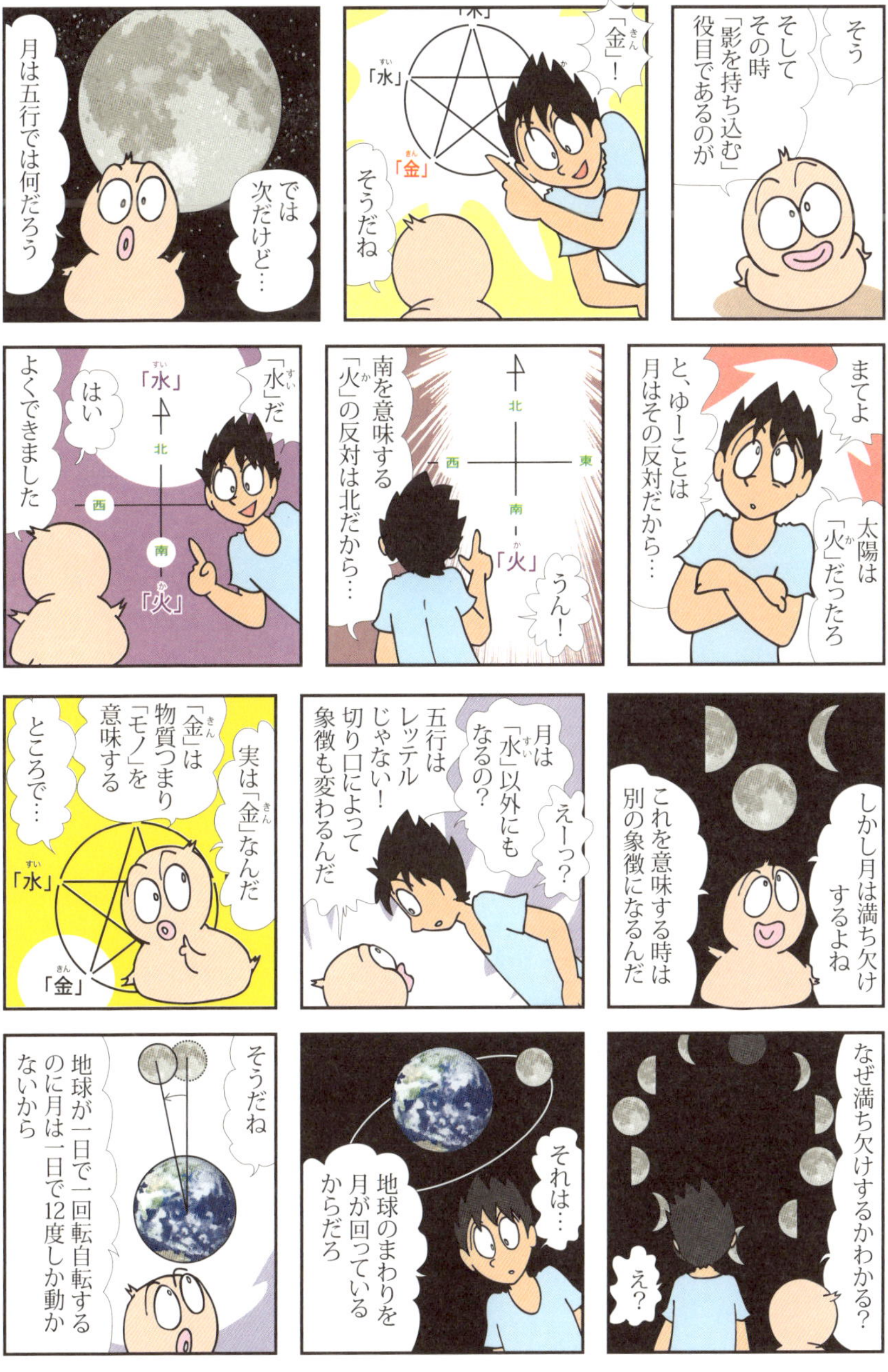

そう
そして
その時
「影を持ち込む」
役目であるのが
「金」!
「水」
「金」
そうだね
では
次だけど…
月は五行では何だろう
まてよ
太陽は
「火」だったろ
と、ゆーことは
月はその反対だから…
北
西
東
南
「火」
南を意味する
「火」の反対は北だから…
うん!
「水」だ
「水」
北
西
南
「火」
はい
よくできました
しかし月は満ち欠け
するよね
これを意味する時は
別の象徴になるんだ
えーっ?
月は
「水」以外にも
なるの?
五行は
レッテル
じゃない!
切り口によって
象徴も変わるんだ
実は「金」なんだ
「金」は
物質つまり
「モノ」を
意味する
ところで…
「水」
「金」
なぜ満ち欠けするかわかる?
え?
それは…
地球のまわりを
月が回っている
からだろ
そうだね
地球が一日で一回転自転する
のに月は一日で12度しか動か
ないから

日によって太陽が月面に作る影で月の形を変えるんだね
○月○日 半月
×月×日 満月
これってまるで表情を変えるみたいに見える…
不思議だよね
だけど知ってる?
月はいつも地球に同じ面だけを向けて回っているってことを
だから月の裏側の写真は衛星とかシャトルでしか撮れない
らしいね
だけどここで気づかない?
同じ顔しか向けてないのにさまざまな顔なのはなぜか?
だからそれは
太陽の作る影で
月の形が違って見えるだけで…
だからそれは見たままの話だろ
ボクが言ってるのは象徴なんだ!
そこから何を感じ取れるかだ
じゃあこうしよう
もし地球が自転しなかったらどうなるか
ひと月の半分くらいは月が拝めなくなるよな
んー
それだけじゃないよ
同じ面を向けて公転するから
地球は昼だけと夜だけの国ができてしまう!
あそうか…
昼ばかりで月の見えない国もできるんだ
さらにだよ
地球が自転しないということは…
地球の引力も弱くなるから月もそばに居れなくなるかもね

まあ細かいことは抜きにしてもだ
…ウン
見れる月のパターンはわずかで一定化するよね
つまり
地球は自転しているからこそ
いろんなシチュエーションでいろんな月が見られる
しかし!
表情を作っているのは太陽の光のおかげで
本当は月は同じ顔を地球に向けているだけ…
さあ
このことから何がわかる?
裏の意味だよ!
象徴だよ!
う〜ん…
…
さっき満ち欠けしてる月は「金」だと言ったでしょ
「金」とは「モノ」だった…
そこで…
ひどいことを言うようだけどね
初めは自分にとって他人とは「モノ」のようなものなんだ
だって他人も環境の一部だろ?
そこで「モノ」いやある美人が
キミにイミシンな微笑を向けたとする
かと思うと
シクシクしだした…
かと思うと
カッカと怒ったり
ばしっ
…ってまるで月じゃんいろいろ表情が変わって…
そうそう

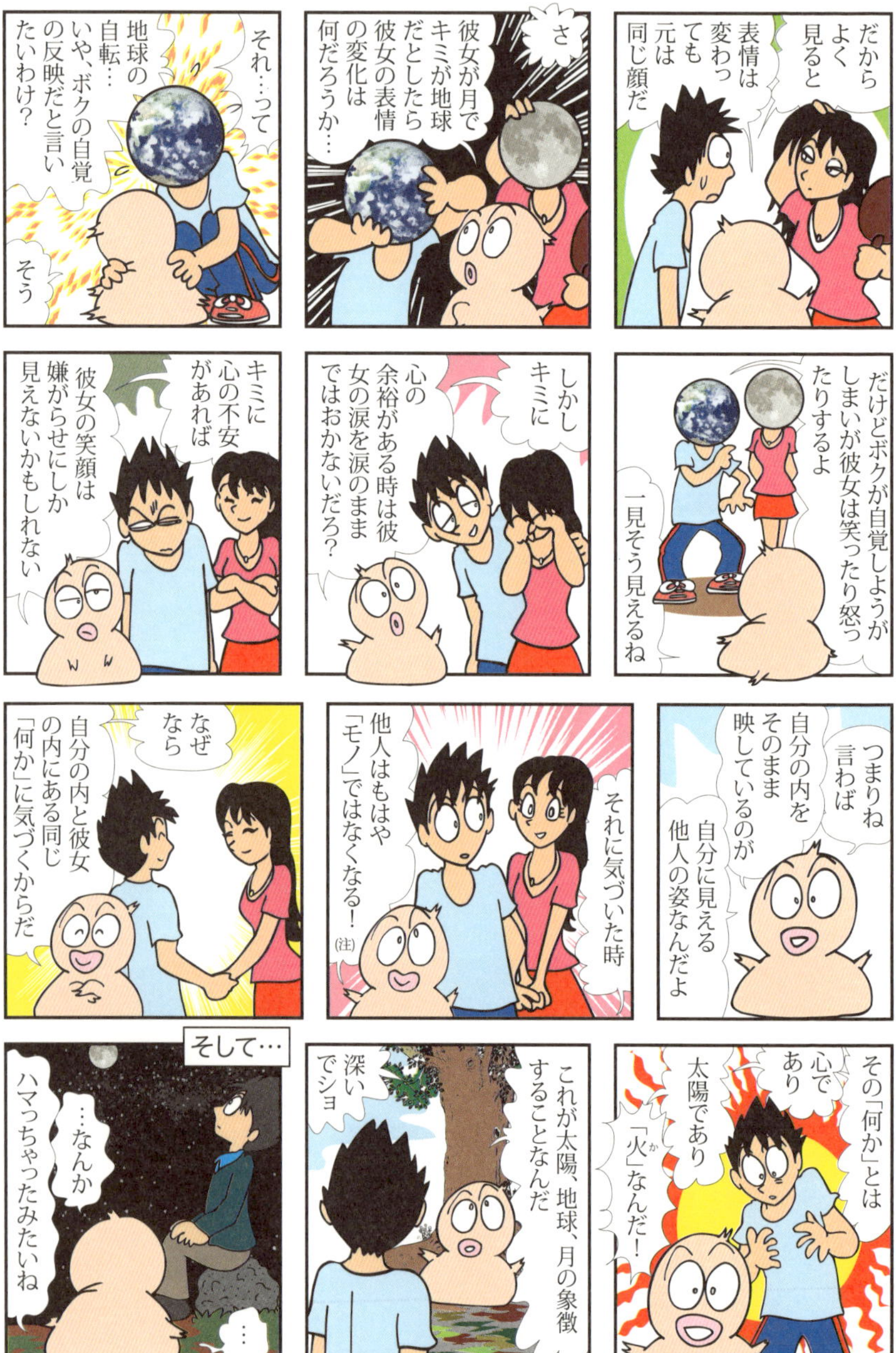

(注)月とは夜の象徴であり、その実体は肉眼には写らなくとも高貴なる何かの象徴であった。これは紀元前4000年以前の母系文化にて重視されていた。しかし1000年後に起きた父系文化では無慈悲な「モノ」へと格下げされた。同様のことが歴史的な女神崇拝にも言える。第58話参照。

53. マイナスゴールドの恐怖

(注) 第38話参照。

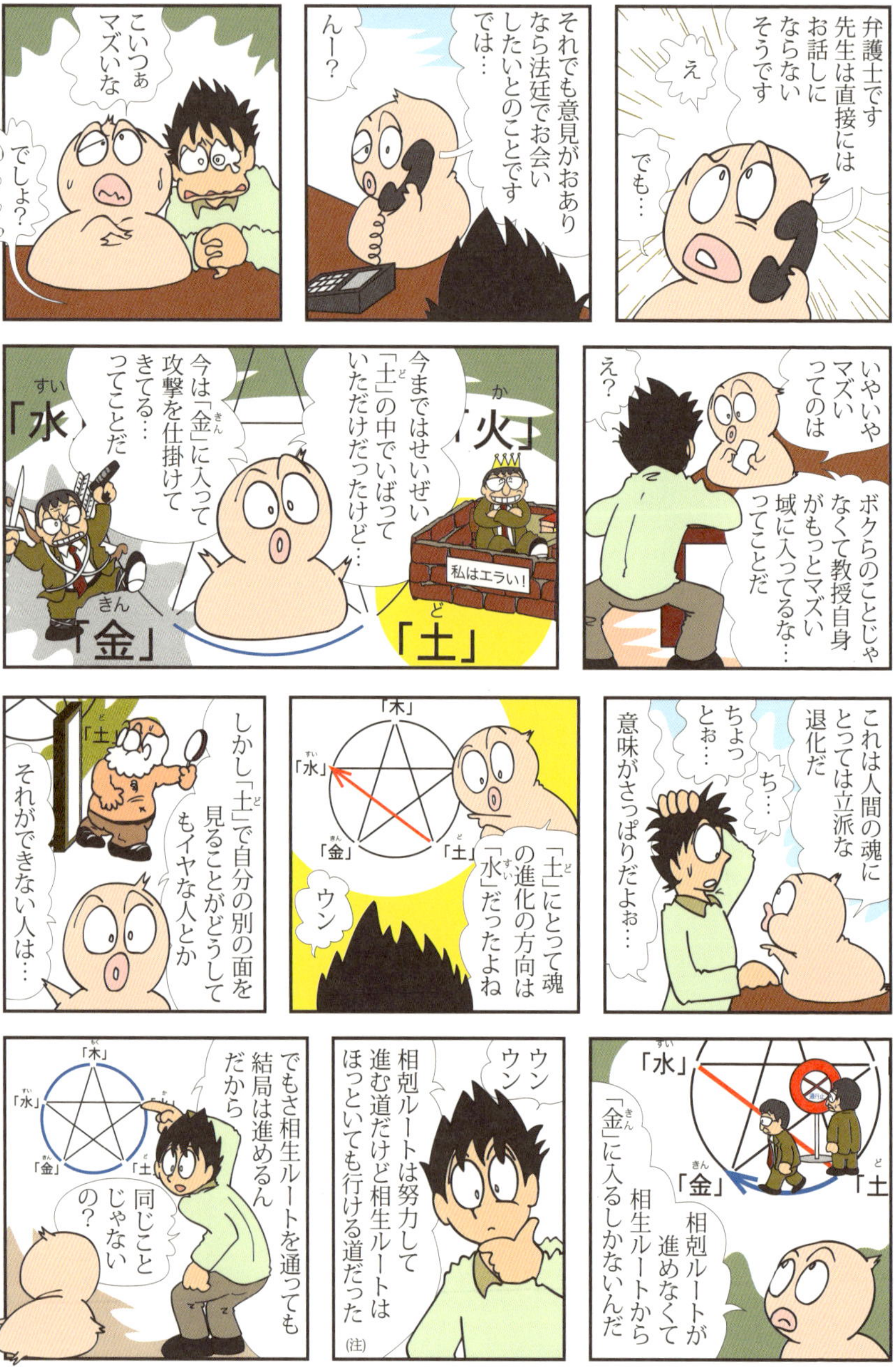

(注) 第40話66ページ参照。

「水」
「火」
「土」
「金」
ところがそう簡単じゃない
とくにこの場合だ
「金」の特徴を思い出してみて
スパッ
二つに物事をハッキリと分けたがるってのがあったろ
(注1)
つまり「土」で自分を省みぬまま「金」に陥った者にとっては
人生はすべて敵と味方しか居ないんだ
しかも「金」は
モノの象徴でもあった
「他人」の象徴でもあった
つまり彼らにとっては
悪いのはすべて他人
他人はヒトでなくてモノ
…となってしまう
そりゃひどい
「木」
「火」
「水」
「金」
「土」
すべては「土」で自分の「影」を拒否したことに起因する
こういう輩をボクは「マイナスゴールド」と呼んでいる
「金」のマイナス面しか持たないハラッサーだ
「金」のマイナス面?
そう
今の時代まだ「金」とは触媒的にかかわるものなんだ…
(注2)
「水」

「火」

「金」

「土」

これをあやまるとマイナス面が出やすい
「土」から「水」に行くには「金」が仲立ちすればいいんだっ!

「木」から「土」に行くのに「火」が仲立ちしたように
ピンポーン!

あ…

あれか…

だが心配することはない
マイナスゴールドには手の出せない相手が居る
それは
「木」

「水」

「火」

「金」

「土」

相剋ルートで「土」から「水」に向かう者だ

(注1)「火」の章　第127話参照。　(注2) 第40話65ページの注釈参照。

(注)正確に言うとマイナスゴールドが恐れているのは相剋ルートから「水」へと向かう者。なぜならマイナスゴールドといえども、いつかは相生ルートをつたって「水」に至るからである。しかしそれは相剋ルートから来た「水」とは本質的に異るということは、これまでに述べられた通り。217ページの注釈を参照。

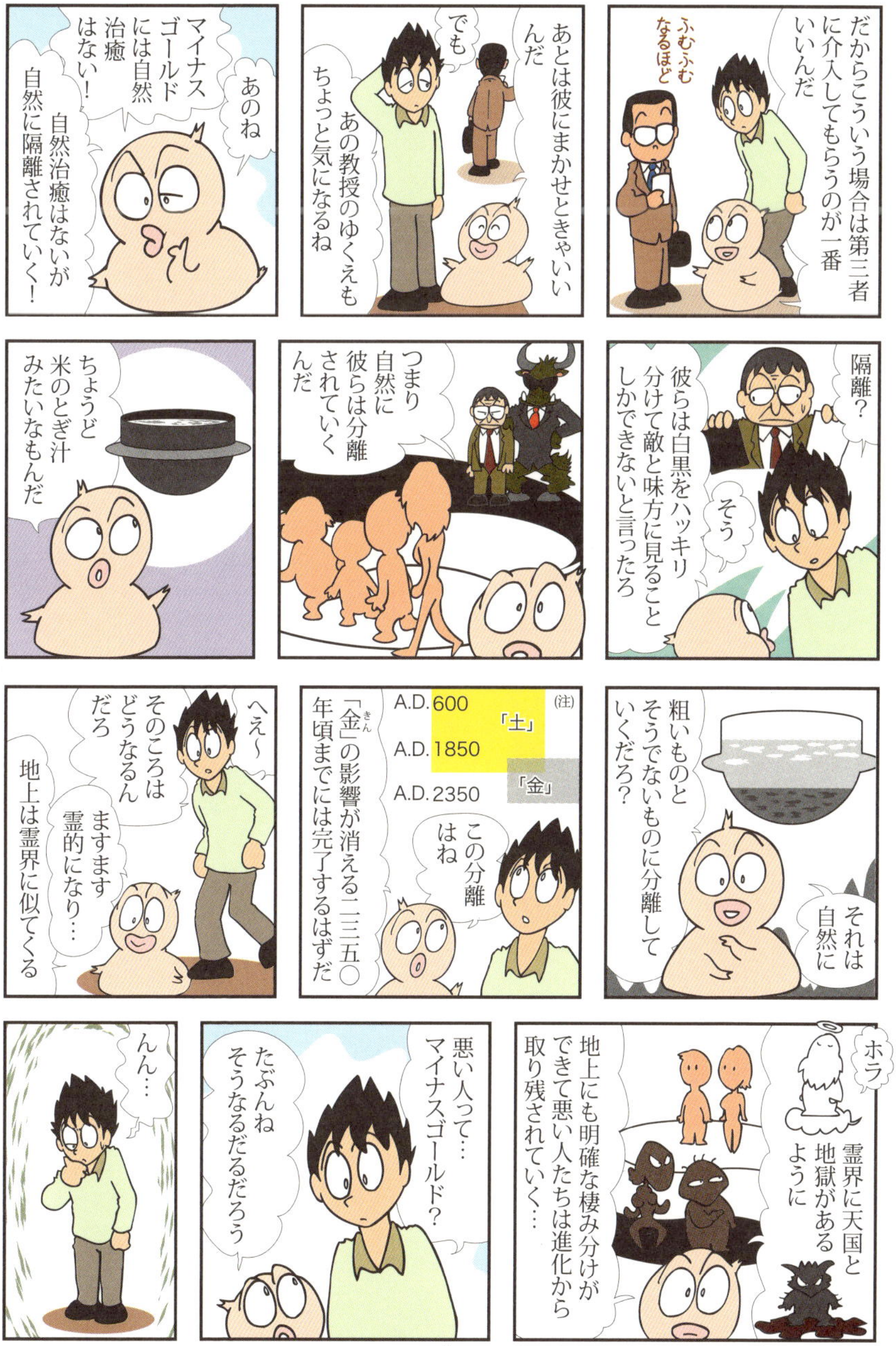

(注)五行による日本史時代区分（116ページ参照）では1850年から2350年の「金」の時代とは触媒的な時期なので、前半の2100年までは前にある「土」の時代の、後半では後ろに来る「水」の時代の影響が強い。

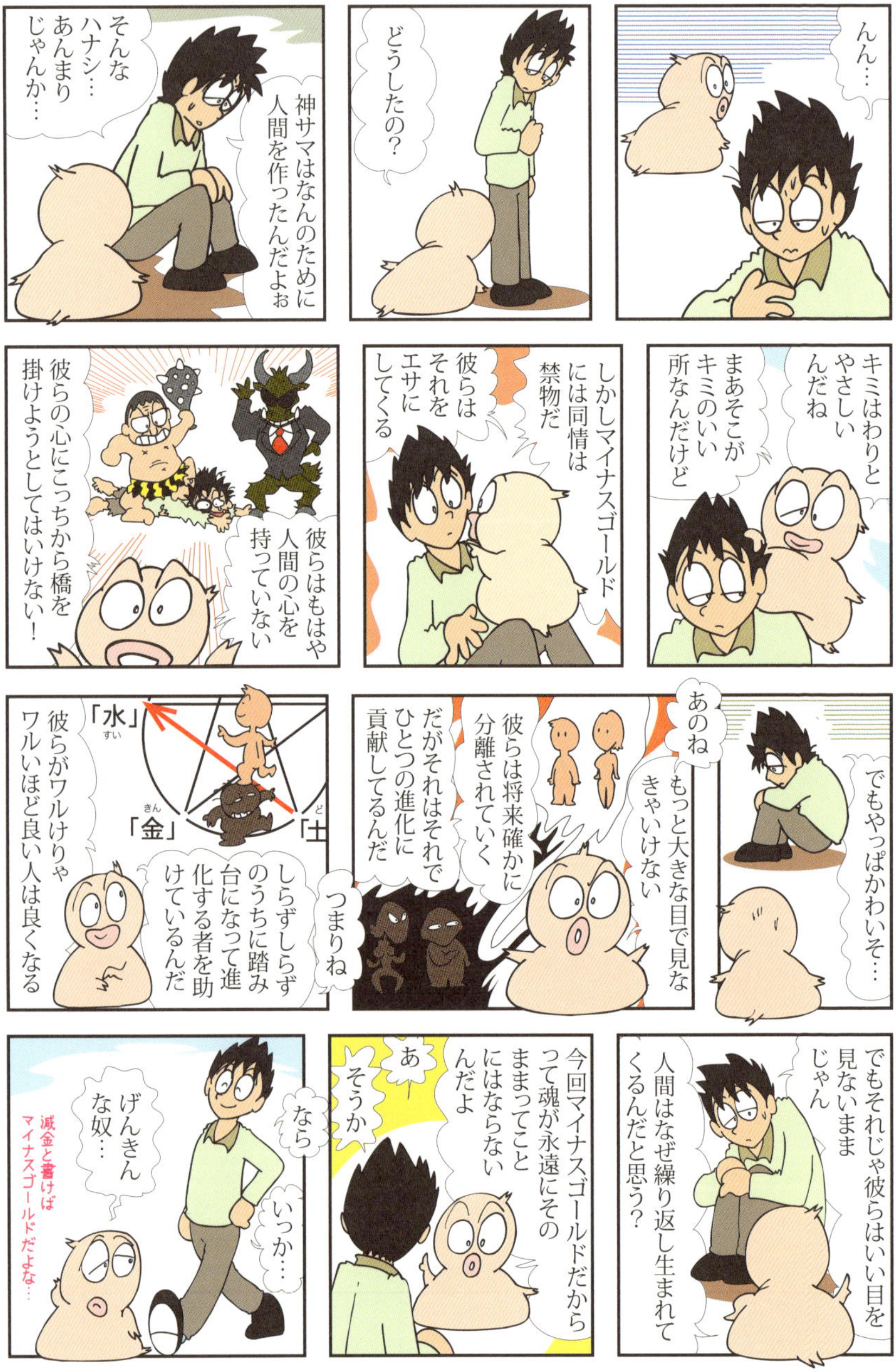

んん…
どうしたの?
神サマはなんのために人間を作ったんだよぉ
そんなハナシ…あんまりじゃんか…
キミはわりとやさしいんだね
まあそこがキミのいい所なんだけど
しかしマイナスゴールドには同情は禁物だ
彼らはそれをエサにしてくる
彼らはもはや人間の心を持っていない
彼らの心にこっちから橋を掛けようとしてはいけない!
でもやっぱかわいそ…
あのね
もっと大きな目で見なきゃいけない
彼らは将来確かに分離されていく
だがそれはそれでひとつの進化に貢献してるんだ
つまりね
「水」すい
「金」きん
「土」ど
しらずしらずのうちに踏み台になって進化する者を助けているんだ
彼らがワルけりゃワルいほど良い人は良くなる
でもそれじゃ彼らはいい目を見ないままじゃん
人間はなぜ繰り返し生まれてくるんだと思う?
今回マイナスゴールドだからって魂が永遠にそのままってことにはならないんだよ
あ
そうか
なら
いっか…
げんきんな奴…
減金と書けばマイナスゴールドだよな…

4節

「土（ど）」と地母神

第4節では、私たち人間存在の上をゆく存在に目を向けてみたい。これを神と呼ぼうが宇宙と呼ぼうが自由だが、母なる地球と呼ぶのが一番現代的かもしれない。昔の人々はその力を地母神と呼び、崇拝の対象としていた。空には恵みの太陽があり、足下には食物や水や居場所を与えてくる大地がある。私たちの肉体は大地の賜物である以上、私たちは地球を母と呼ぶのに何の抵抗もないだろう。そして私たちの観念には地球の分身として、母の力を持つ女神たちが多く存在している。いや、「…いた」と表現したほうがよいのかもしれない。人間を慈しみ育てる女神を中心とした母系文化は紀元前三千年ごろを境に消えうせ、母なる大地を男どもが奪い合う父系社会が台頭してきたためである。

さて、では女神はもう居ないのだろうか?そんなことはない。私たちが生まれるためにはいつも母は存在する。私たちの観念の表舞台から一応身を引いているだけで、地母神としての女神は私たちの意識の奥に存在している。こうした状況を五行で表現すると、『もう一段奥の「土」』ということになる。詳しくは本編をお読みいただきたいが、ここまでに出てきた「土」と地母神としての「土」の関係は五行の図式を使うととても理解しやすいことに気づかれると思う。そしてその上で神話や古代の儀式を眺めてみると、その意味不明な不合理性がなんとなく合理的に見えてくるから不思議である。

ここでもういちど「陰陽五行」という言葉を見つめ直していただきたい。私たちをとりまくすべては陰陽という二極に分かれている。夜と昼、右と左のようにだ。そして男と女もそうだ。男女の出会いは結婚につながるように、陰陽は分かれたままではいない。合一することが陰陽の目的なのだ。「土」という要素は五行の中心であるだけに分かれた二極を結びつける力も持っている。こうして忘れられてきた地母神もまた、陰陽をつなぐために再び動き始めるのだろう。

54. 新しき旅路

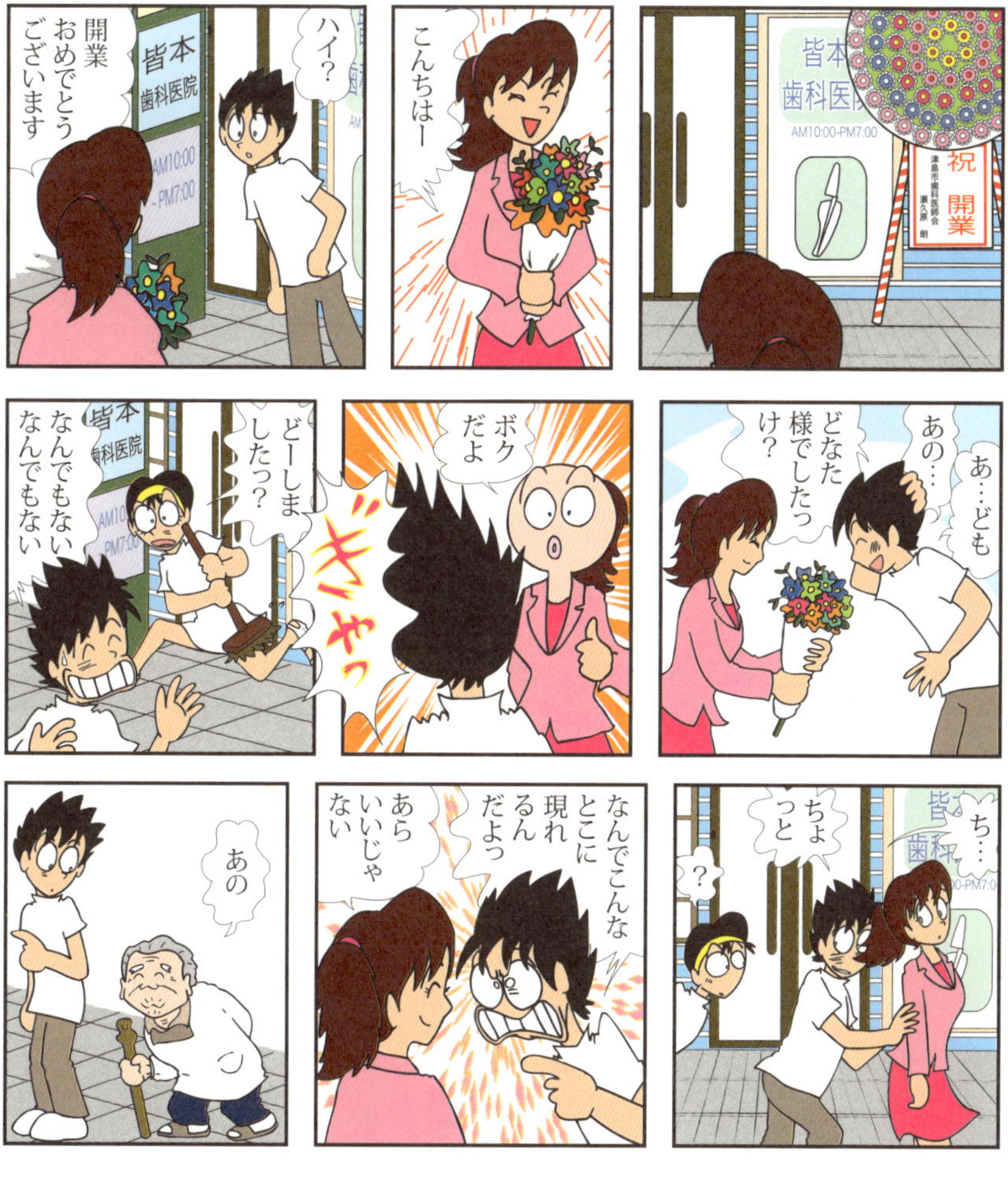
皆本
歯科医院
AM10:00-PM7:00
祝 開業
津島市歯科医師会
瀬久原 朗
こんちはー
ハイ？
開業おめでとうございます
皆本
歯科医院
AM10:00
-PM7:00
あ…ども
あの…
どなた様でしたっけ？
ボクだよ
ぎゃっ
どーしました？
なんでもないなんでもない
ち…
ちょっと
？
なんでこんなとこに現れるんだよっ
あらいいじゃない
あの

そろそろ…
お迎えにあがっただよ
おばあさん何をいきなり…
まだまだ長生きしてくださいよ
ね…誰?
え?
知らないおばあさんだよ
どこかで会ったことない?
そういえば…どこかで見たような
いえいえ違うだよ
あんたのお迎えだで
へ?
ん
こりゃちょうどいいだね
だるまんさんも手伝っておくれ
えっ
…
な
なんで正体知ってんだよ
…
あのバーサン
あ…
このおばあさんは
わかった…
センパーイ!
開業おめでとうございます
祝 開業
や
やあ…

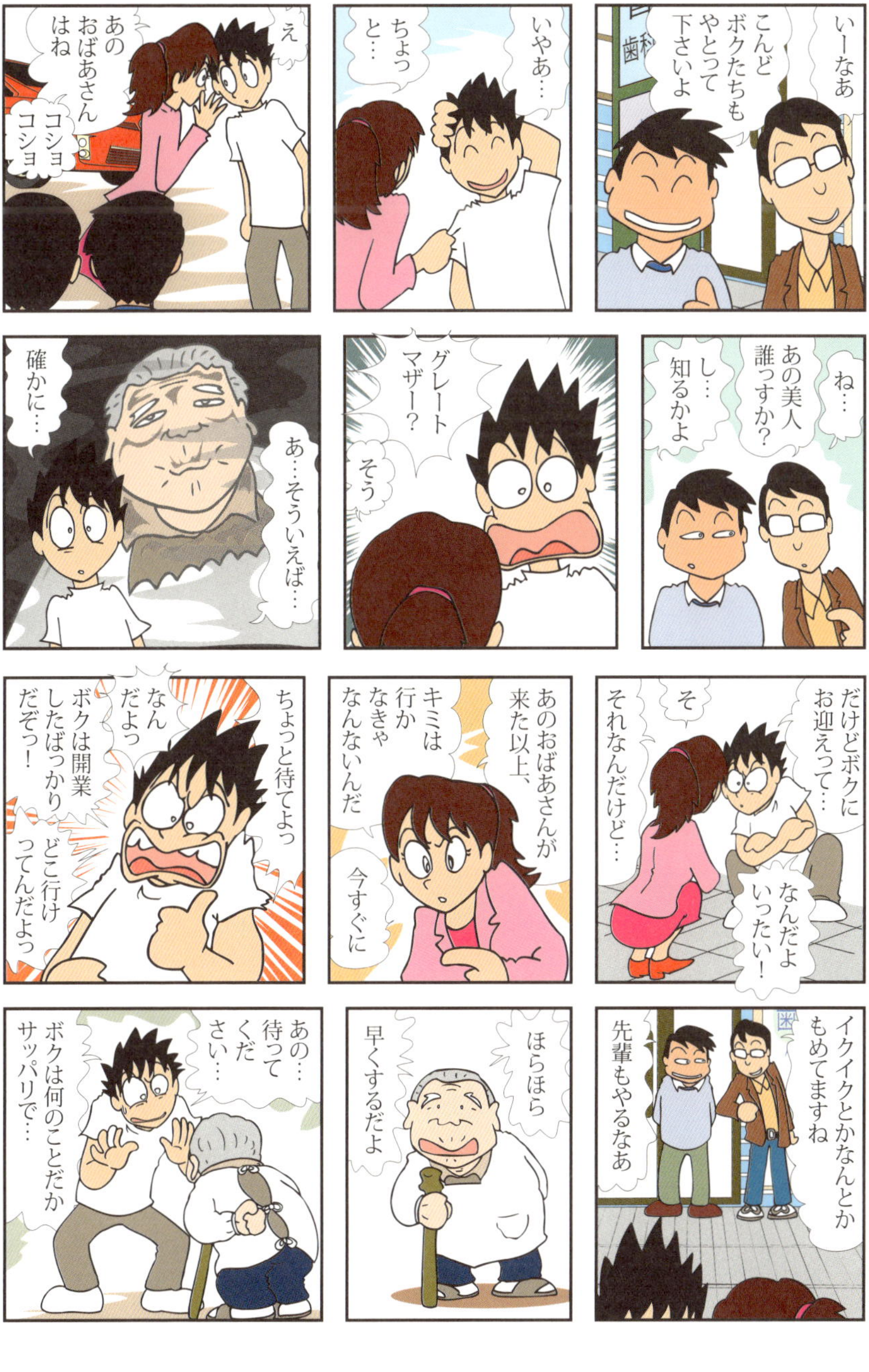
いーなあ
こんどボクたちもやとって下さいよ
いやあ…
ちょっと…
え
あのおばあさんはね
コショコショ
ね…
あの美人誰っすか?
し…知るかよ
グレートマザー?
そう
あ…そういえば…
確かに…
だけどボクにお迎えって…
そ
それなんだけど…
なんだよいったい!
あのおばあさんが来た以上、
キミは行かなきゃなんないんだ
今すぐに
ちょっと待てよっ
なんだよっ
ボクは開業したばっかりだぞっ!
どこ行けってんだよっ
イクイクとかなんとかもめてますね
先輩もやるなあ
ほらほら
早くするだよ
あの…待ってください…
ボクは何のことだかサッパリで…

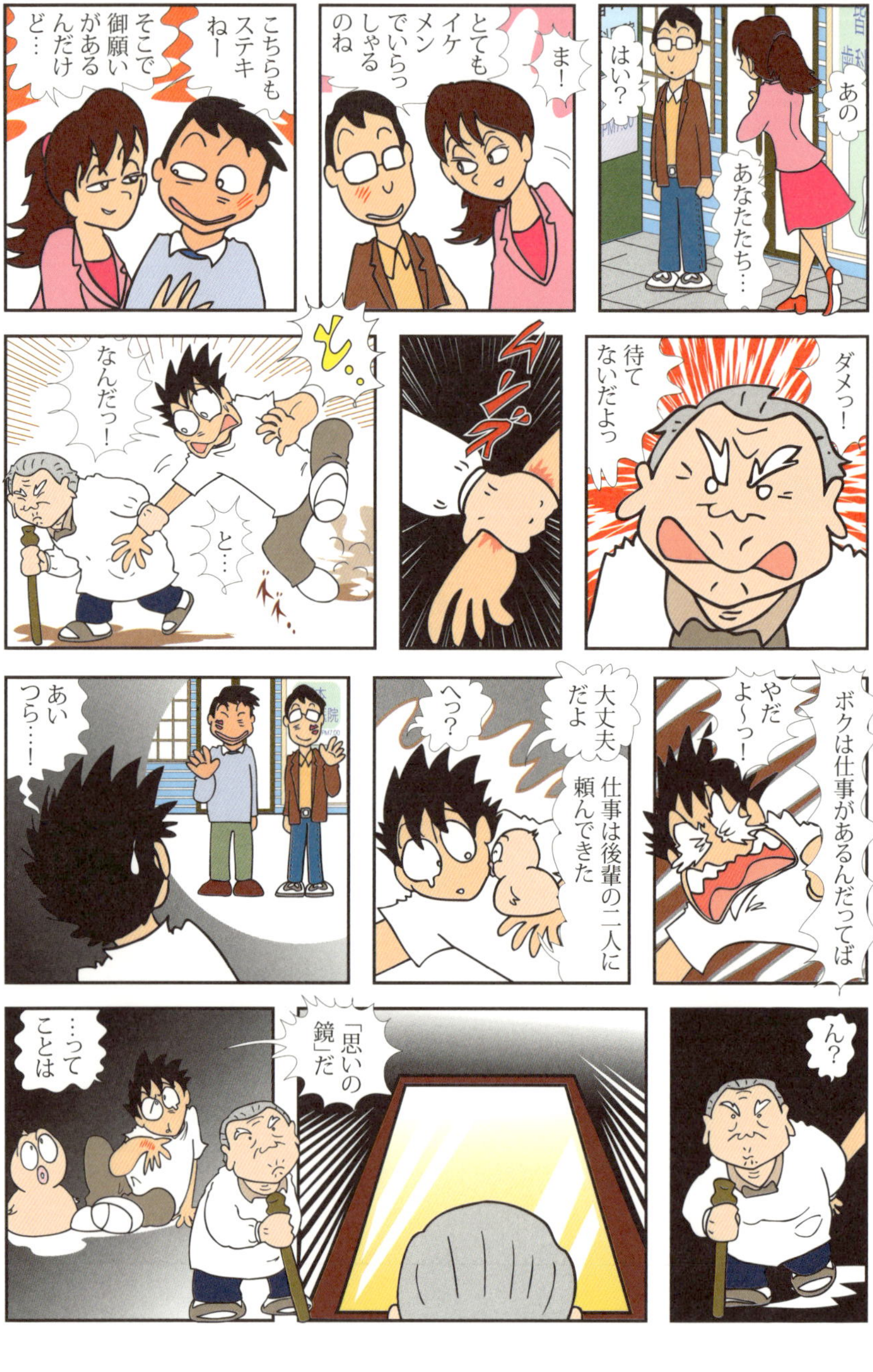
あの
あなたたち…
はい？
ま！
とてもイケメンでいらっしゃるのね
こちらもステキねー
そこで御願いがあるんだけど…
ダメっ！
待てないだよっ
ムンズ
と…
なんだっ！
と…
ボクは仕事があるんだってば
やだよ～っ！
大丈夫だよ
仕事は後輩の二人に頼んできた
へっ？
あいつら…！
ん？
「思いの鏡」だ
…ってことは

「木」
「水」
「火」
「金」
「土」
「水」と「火」の間の
「木」の所まで来たんだ
あのバアサン人間じゃないね？
すごい力だし…
グレートマザーだからね
なんやら表面を触ってるね
鏡の向こうに行きたいの？
そう簡単じゃないからね
何言ってんだよ
ボクらは簡単に通過したじゃん (注)
言ったろう
あの時は特別に許可をもらってたんだ
普通はどうするのかというと…
ピ
グルルル…
え
な…なにか来るよ…！
ピー

(注) 第39話参照。

ピタッ
じるる…
ちびったヨ…
ホレ
早く乗るだよ
…
いいか しっかりつかまってるだよ
スーッ
おーっ!
あのネ ちょっと言っておくことがあるんだ
黙ってたけど…
いつかはこの日が来ることになってたんだ
キミがボクと会話できるってことは…
いのちっ?
キミは地母神に命を捧げねばならない
バカ騒ぐんじゃねえだ
おい! だるまんっ!
地母神ってなんだよっ
暴れると落ちるだぞっ
おい じょーだんじゃないよっ

55. 死にゆく神

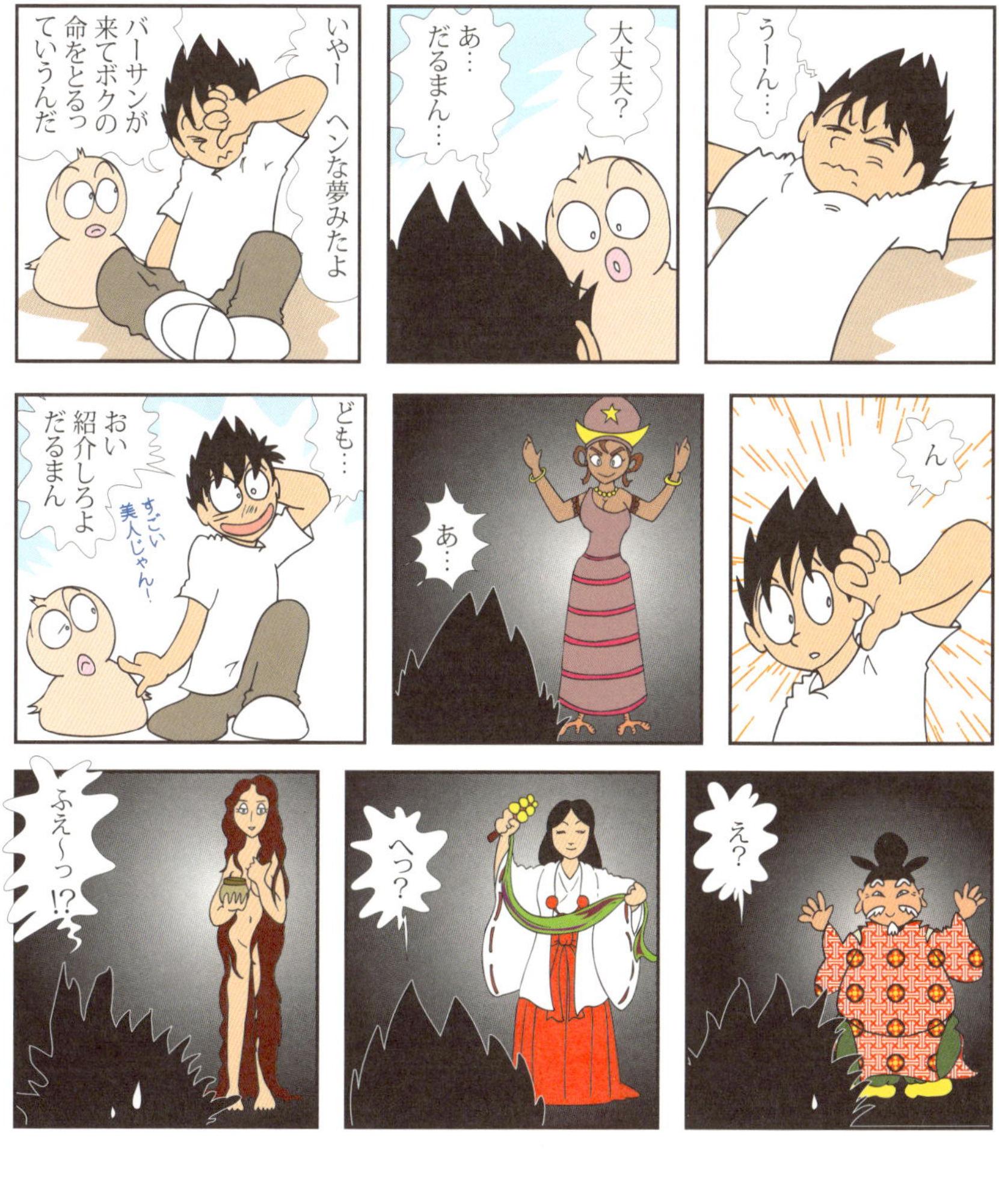

うーん…
大丈夫？
あ…だるまん…
いやー　ヘンな夢みたよ
バーサンが来てボクの命をとるっていうんだ
ん
あ…
ども…
おい紹介しろよだるまん
すごい美人じゃん！
え？
へっ？
ふえ～っ!?

だるまんっ
ボカぁついにおかしくなったらしい
なにが
なにがってあの美人が次々に別のヒトに見えて…
どうしたね
ひっ
そう夢じゃないんだ
正式に紹介しよう
こちらは地母神さまだ
ち…
ちぼしん？
地母神は正確な姿は持たないからいろいろに見えるんだ
でも…このバーサンがいるってことはやっぱボクは…
そう…死なねばならない
うっそぉ～
でも大丈夫だよそのあと復活するから
ホントぉ～？
ちーん
たぶんね
たぶん…って
ボクたちは今まで
①「木」↓②「土」↓③「水」と学んできたね
これはいわば「ヒトの道」だ
①「木」
「火」
「土」②
③「水」
(注)

(注)たびたび述べているように、これは相剋ルートで示されている。

(注)次いで8番目の「水」は太極あるいは北極星を意味する。もはや人智を超えた存在である。

(注)「火」の章第130話にあるように、ある程度の魂の進化がないとここは通過できない。

神とはね
「火」から「金」で一度死ぬんだ
地母神はその仲介をする！
「木」
「火」
「土」
「金」
「水」
一度死ぬぅ？
たとえばエジプトの神
オシリスは一度殺され
そのあと…
復活する！
イエス・キリストだって
殺されて
そのあと
INRI
復活する！
古代シュメールの
イナンナ神の
場合も
殺されて
復活する！
この復活こそは
「金」から「木」だ
この「木」は
二巡目だね
「木」
「火」
「金」
「水」
そして次の「土」で
自らも地母神へと
進化するんだ
「木」
「土」
はー
しかしボクは
神じゃないし…
なんで死ななきゃ…

ゴチャゴチャと
うざいっての!
ぴっ
今よりお前は次元をまたぐ
まずは仮眠に至れ!
大丈夫?
ふら…
ごめんね黙ってて…
でも体験しとかにゃならないんだ
くた…
なんとかクリアーしてくれよ
…
他に言い残すことはある?
だ…るま…ん
え?
ま…また…あ…会えるよ…ね
う…
会える!
…と思うヨ
ちーん
お…もう…かよ
よし!
今から始める!
かくっ

56. イナンナ女神の冥界下り

時は紀元前四千年の昔
四大文明発祥の地のひとつ…
チグリス・ユーフラテス川のあたりに
シュメールという文化が栄えた
黒海
カスピ海
トルコ
チグリス川
地中海
イラク
ユーフラテス川
ペルシャ湾
サウジアラビア
エジプト
紅海
シュメール神話に登場する女神のひとり…
そこで
イナンナ神に（注）お話をうかがおう
アタイが地母神になる前
んーと…
つまりすごい昔のことだけど…
お？
気づいた？
うーん
バッ
あんたはアタイの夫ドゥムジ
でも出番はこれからだかんね
さて
その「ずっと昔」の話…
「火」
「金」
「土」
アタイがやっと「火」の世界に入って神の自覚を持った頃…
アタイは急になんか大きな力に突き動かされて

（注）ニンフルサグ。シュメールの後に起きたバビロニア文明ではイシュタル女神と言われる。

(注)エレキシュガルは実はイナンナと一心同体とされ、「土」の二面性の象徴である。

んーと…
んーと…
いちいち うざいんだよ おまえはっ
えーい!
パカッ
神は「火」から「金」で一度死ぬっておすわったろ!
「木」
「水」
「金」
「火」から「金」で一度死ぬん
地母神はその仲介をする
あ
そーだった…
しかし すでに死にそ…
だけどアタイの死を知った父のエンキ神は
アタイを救い出したんだ
あ めでたく復活したんスね
そーだよ
文句あっかよ
ひょっとしてそれって…
「木」
「火」
「水」
「金」
今が「金」だったから「木」になったってこと?
んー?
けっこうわかってきたじゃん
ほめてやるよ
へへ…
へへ…
「木」
「水」
火
「金」
「土」
大3
大2
その「木」は二巡目の「木」だからいわば大学3年と同じで
ついに本格的なカミに近づいたんだよね
んー?

あんた
けっこう
イケて
るじゃん
さすが
アタイの夫
ちーん
だけどあんたやっぱ
もうすぐ死ぬかんね
楽しみだろ
ズズン
さて
アタイはこうして
復活は
果たした
ものの…
ひえっ
パッ
そこには
ガルラという死神
がついてきたんだ
復活には
条件があるで
ワレの
身代わりを
よこすんや
さあ誰に
するんや
よこすまで
帰せへんど
まるで借金取りだ
ヤナ奴ですねー
んじゃ…
こいつで！
ガッ
こうして
救われたってわけ
アタイは
バイバーイ
はい
メデタシ
メデタシ
THE END

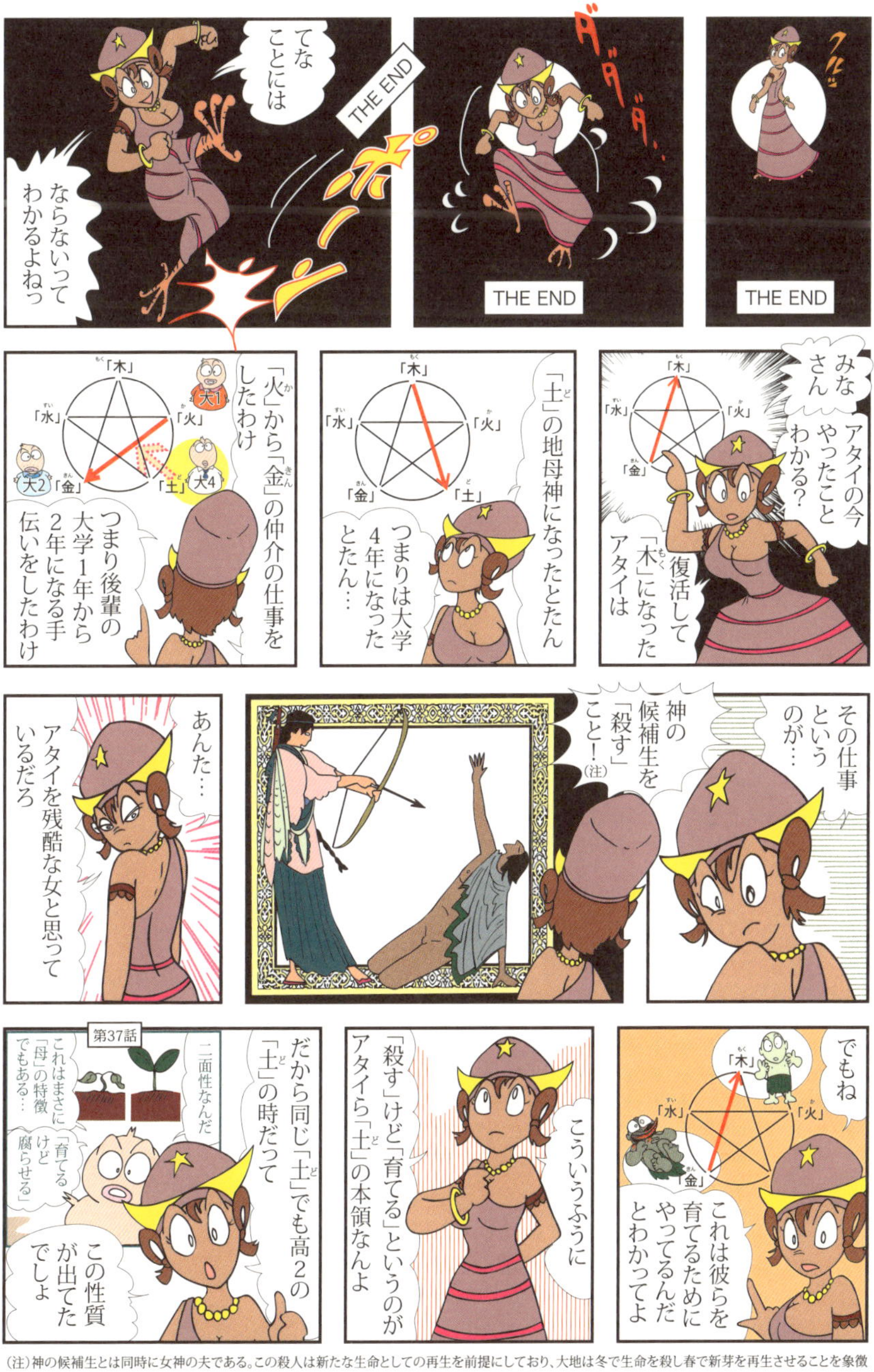

(注)神の候補生とは同時に女神の夫である。この殺人は新たな生命としての再生を前提にしており、大地は冬で生命を殺し春で新芽を再生させることを象徴している。古代の秘儀ではこれを聖婚 Hieros Gamos と言い、死と再生を司る母神の力とした。夫は女神の息子として再生する。従って人間社会においても女祭司の存在が聖王の誕生には不可欠であったとされる。第60話参照。

さて
「木」
「火」
「土」
「金」
そろそろ夫の様子をうかがうか
あー
まだ死んどるわ
んー
おいっ
それ抜いたらまた他の身代わりがいるで
やるってか!
うぉ?
あんだよっ
「木」
「水」
「金」
この男は復活して「金」から「木」へ行く!
その間にあるのは何だ!
「木」
「水」
「火」
「金」
え?
「水」やろ?
「木」
「水」
「金」
「金」から「木」の援助をするのは「水」だ
おまえたちは「水」に身代わりを求めよ!
さ
いくよ
す…
「木」
「水」
「金」
「水」てかぁ…
ボクは復活したんです…か…
ボ…
グルルル…
んっ
待って!
向こうになんか居るっ
ポカ ポカ
えーい
こわい〜っ
復活そうそううざいんだって

57. 「卑」なる称号

グルルル…
ひぎゃーっ
ピーッ
ミケっ
ミケじゃないのっ！
会いたかったぁ
おまえがここに居るということは…
「木」
アタイたちは「木」まで戻ってきたんだね
おめでとう
あんたは死と再生の試練をクリアーしたってことさ

じゃボクもこの後は「土」に行けば
「木」
「火」
「土」
「金」
「水」
地母神になれるってことですね
そう簡単ではないじょ
えっ？
？
？
なにしとるじょ？
な…
イナンナさんが急に消えたんで…
そりゃワシじょ
忘れたか？
ワシら地母神は
変幻自在だということを
…で
さっき何と言ってたっけ
あの…
ボクも
もうすぐ地母神になれるかって…
れ？
戻ってる？
ああそれね
ちとついてくるじょ
お
そこのへんなオキナ！
餌をやろう
エサ！
もらうじょ

おっと
ほしけりゃ踊ってみせい
これで
いいかじょ？
らん
らん
え
らん
らん
あのヒト…
地母神だよな
なんであんな…
ホホホホ
ガバ
たわけものめ〜っ！
スタスタ
どうした？
行くじょ
あ
ハイ
あの…
あなた何であの…
ん？

(注)この神はマタラ神、守宮神などと呼ばれるが定まった名は持たない。ちなみに「matarah」(サンスクリット語)は「母たち」の意になる。「火」の章103話参照。

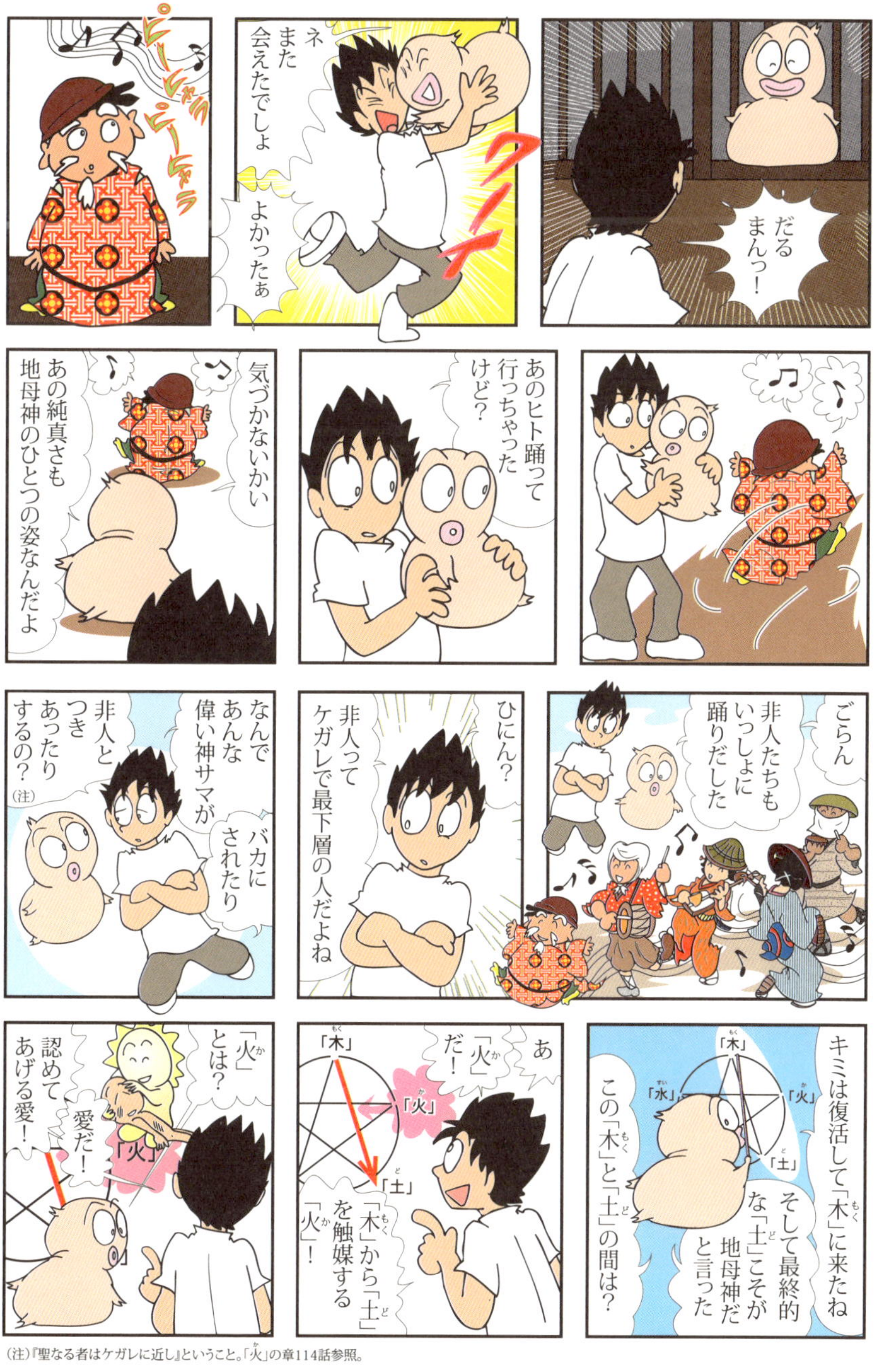

（注）『聖なる者はケガレに近し』ということ。「火」の章114話参照。

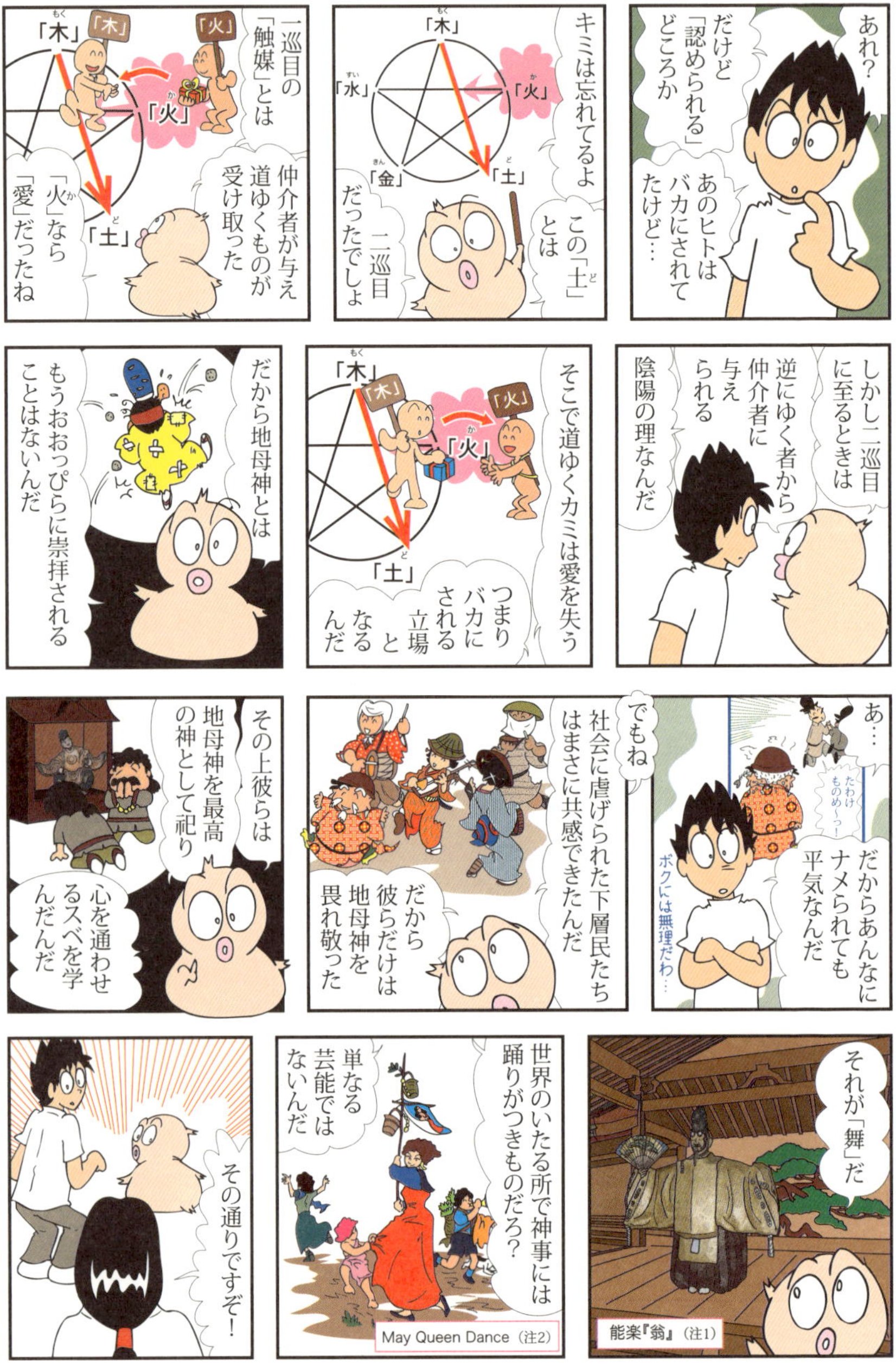

能楽『翁』（注1）
May Queen Dance（注2）

（注1）マタラ神に捧げるものとも言われ、現在でも演者は潔斎した上でないと舞台に立てない。（注2）地中海沿岸で初夏に植物生育の神を祀るために行う。

58. 黒い聖母の系譜（ブラック マドンナ）

申し遅れました
わらわはアマノウズメぞ
また地母神が姿を変えたんだ
あの方はね…
ヒョー♪
言葉より舞の方が得意なんだ
舞の神様として有名だ
ヒョーン♪
へんなおっさんが出てきたぞ
ウズメの夫神だよ
あれはサルタヒコ神だ
おい
なんか始まっちゃったよ
どーも神サマたちはボクらと常識が違うんでまいるよ
向こうもたぶん同じ意見だよ
ポン！
うおっ？

さすが地母神っ
もう生まれたネ
ウズメの後継者は
猿女と言われ…
のちの猿楽の元となった
それが現在の「能」だ
能だけじゃないよ
神楽や
日舞
いろんな舞のすべてのルーツはウズメのもとにある
舞とはそもそも地母神との交信の手段だった
だから舞い手とは本来…
巫女だったんだ
一説によれば日本が大昔、朝鮮半島と地続きだった頃…
日本は大陸から突き出た岬だったとされる
あ！
それって
サルタヒコの鼻みたいだね
岬とは異界との接点だから(注)
だから日本とは大いなるサルタヒコとも言えるんだ
そうだ
そして
その場で披露される舞とはそのまま神の言葉だったといえる
そこには大いなる巫女が居たんだ
その巫女というのは…
神話では大日孁貴といわれる

(注)岬（みさき）は御先（みさき）であり、地と海との接点であることから、異界への入り口とされる。「火」の章第130話参照。

(注)「火」の章 104 話参照。裸体とか性器を見せることは地母神への祈願を示すことになる。ファリシズム（性器崇拝）はこの流れを汲んでおり、性器に似た形状の自然物を祀る風習は現代でも各地に見られる。

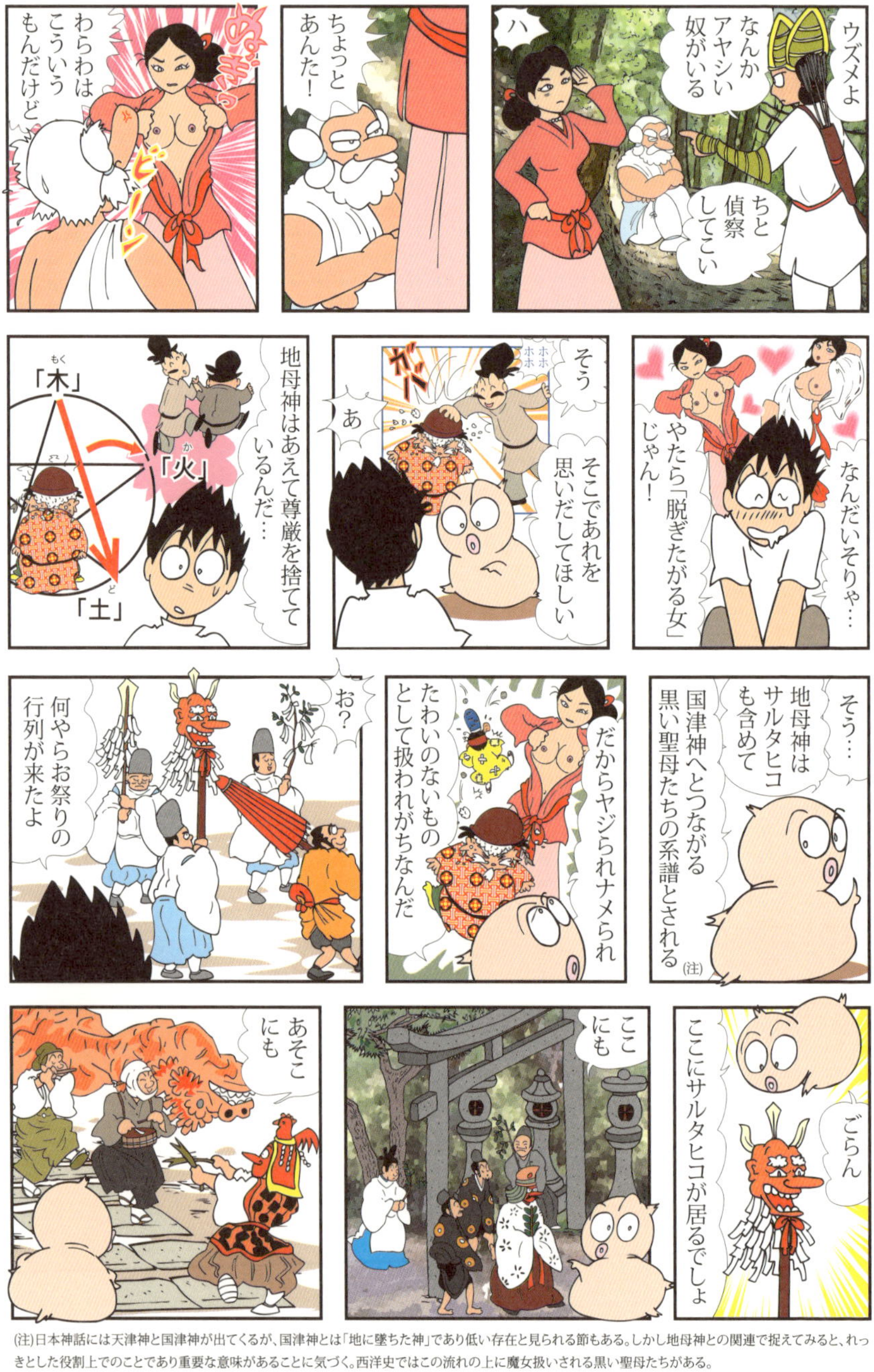

(注)日本神話には天津神と国津神が出てくるが、国津神とは「地に墜ちた神」であり低い存在と見られる節もある。しかし地母神との関連で捉えてみると、れっきとした役割上でのことであり重要な意味があることに気づく。西洋史ではこの流れの上に魔女扱いされる黒い聖母たちがある。

（注）国譲り神話。「火」の章129話参照。

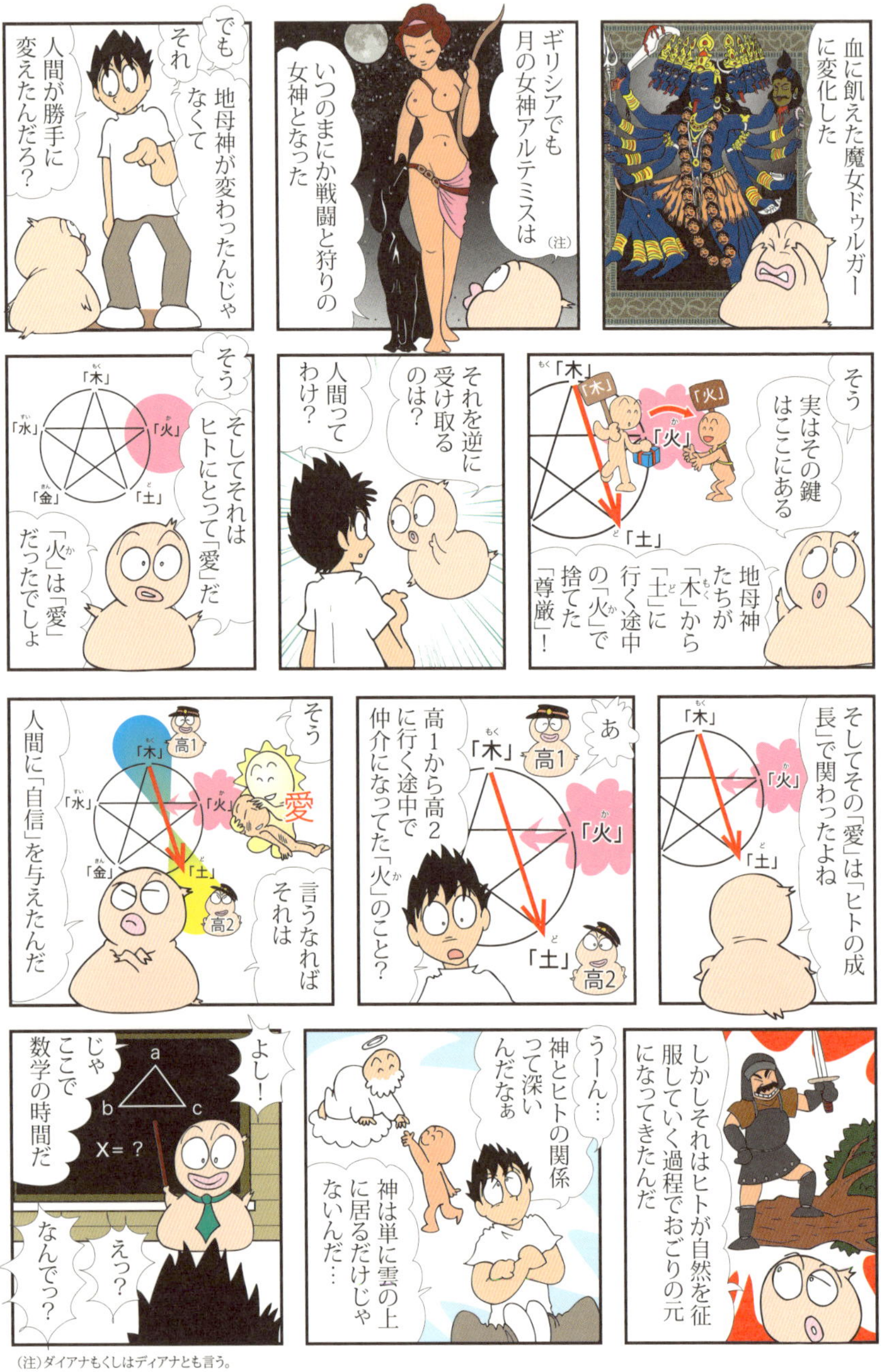
血に飢えた魔女ドゥルガーに変化した
ギリシアでも月の女神アルテミスは(注)
いつのまにか戦闘と狩りの女神となった
でもそれ
地母神が変わったんじゃなくて
人間が勝手に変えたんだろ？
そう
実はその鍵はここにある
「木」
「火」
「土」
地母神たちが「木」から「土」に行く途中の「火」で捨てた「尊厳」！
それを逆に受け取るのは？
人間ってわけ？
そう
「木」
「水」
「火」
「金」
「土」
そしてそれはヒトにとって「愛」だ
「火」は「愛」だったでしょ
そしてその「愛」は「ヒトの成長」で関わったよね
「木」
「火」
「土」
あ
「木」
高1
「火」
「土」
高2
高1から高2に行く途中で仲介になってた「火」のこと？
そう
「木」
高1
「水」
「火」
愛
「金」
「土」
高2
言うなればそれは
人間に「自信」を与えたんだ
しかしそれはヒトが自然を征服していく過程でおごりの元になってきたんだ
うーん…
神とヒトの関係って深いんだなぁ
神は単に雲の上に居るだけじゃないんだ…
よし！
じゃここで数学の時間だ
a
b
c
X=？
えっ？
なんでっ？

(注)ダイアナもくしはディアナとも言う。

59. 神とヒト

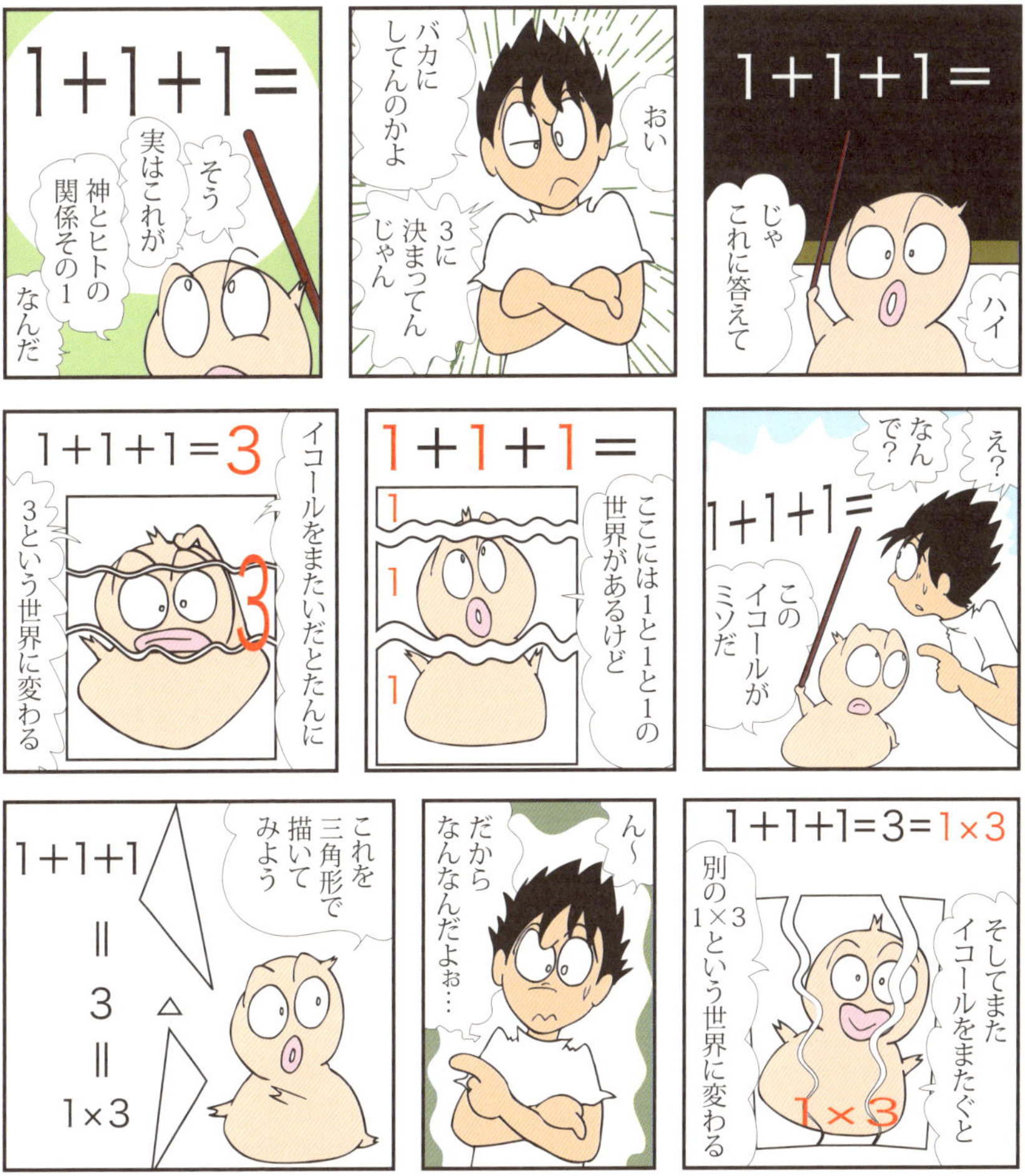
1+1+1=
じゃ これに答えて
ハイ
おい
バカにしてんのかよ
3に決まってんじゃん
1+1+1=
そう
実はこれが神とヒトの関係その1なんだ
え？
なんで？
1+1+1=
このイコールがミソだ
1+1+1=
ここには1と1と1の世界があるけど
1
1
1
1+1+1=3
イコールをまたいだとたんに
3という世界に変わる
3
1+1+1=3=1×3
そしてまたイコールをまたぐと
別の1×3という世界に変わる
1×3
ん～
だからなんなんだよぉ…
これを三角形で描いてみよう
1+1+1
=
3
=
1×3
△

(注)インド哲学「ヴェーダ」では内なる神アートマンと絶対神ブラフマンは次元を異にするが本質的には同じものと認識する。「梵我一如」のこと。

えっ？
五行図で表すとこうだ！
BとB´はそれらを含んでひとつのゾーンだ
ネ
同じものなんだ
五行では
「木」「土」「水」だったね
いわば高1から高3だと言った
そこでだね
まずヒトの道だ
神
ヒト
これって五行と同じだったの？
そうだ
説明の仕方の違いだけだ
五行だと
「火」「金」「木」だったね
これは大学1年から3年だった
そして神の道だけど
三角図だとこうだ
三角図だとこうなる
そしてこれがイコールだというのが神とヒトの関…
もう
それはわかったって！
だけど…
そのイコールってのが…
なんかまだスッキリしないっていうか…

(注1)神智学ではこれを「コーザル体」という。 (注2)第50話参照。

(注1)神智学ではこれを「モナド」という。(注2)中世の秘儀伝授者に伝えられるヘルメス的格言でヘルメス文書による。「木」の章第24話参照。(注3)広義には「高我」全体をハイアーセルフと呼ぶが、狭義にはその入り口となる「火」をそう呼ぶこともある。

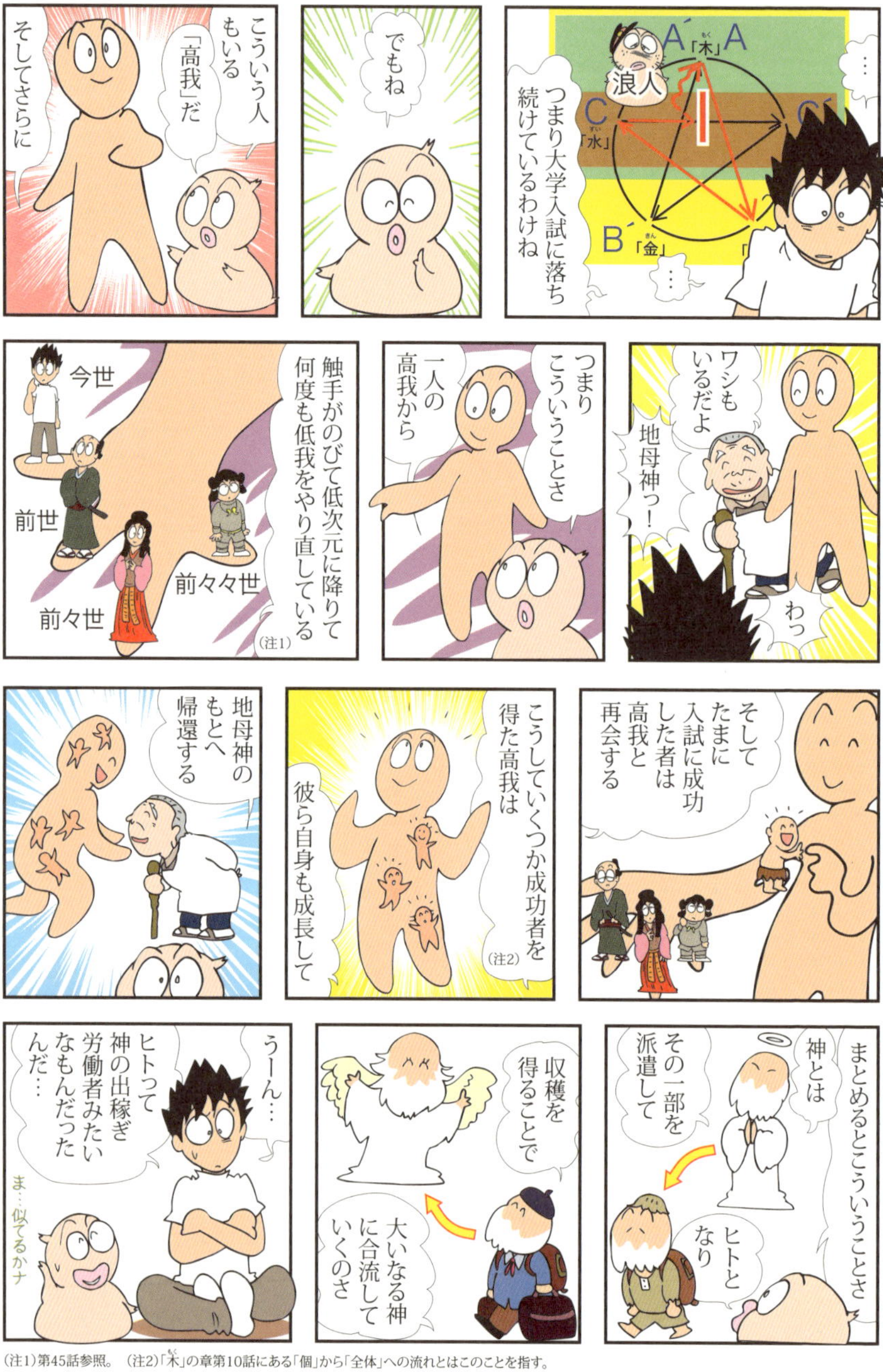
…
つまり大学入試に落ち続けているわけね
浪人
A´
「木」
A
C
「水」
C´
B´
「金」
…
でもね
こういう人もいる
「高我」だ
そしてさらに
ワシもいるだよ
地母神っ！
わっ
つまりこういうことさ
一人の高我から
触手がのびて低次元に降りて何度も低我をやり直している
(注1)
今世
前世
前々世
前々々世
そしてたまに入試に成功した者は高我と再会する
こうしていくつか成功者を得た高我は
(注2)
彼ら自身も成長して
地母神のもとへ帰還する
まとめるとこういうことさ
神とは
その一部を派遣して
ヒトとなり
収穫を得ることで
大いなる神に合流していくのさ
う〜ん…
ヒトって神の出稼ぎ労働者みたいなもんだったんだ…
ま…似てるかナ

(注1)第45話参照。　(注2)「木」の章第10話にある「個」から「全体」への流れとはこのことを指す。

60. 助っ人の登場

ところで…
もうそろそろ帰りたいんスけど…
死ぬ体験もしたし…
もういいでショ
まだダメだ
まだ肝心な話が残ってる
トン
プクーン
さ
来るだよ
…
お
あれだで
金星！
いたいた
ヤッホーイ
おおっ
ひさしぶりぃ
こちらこそ

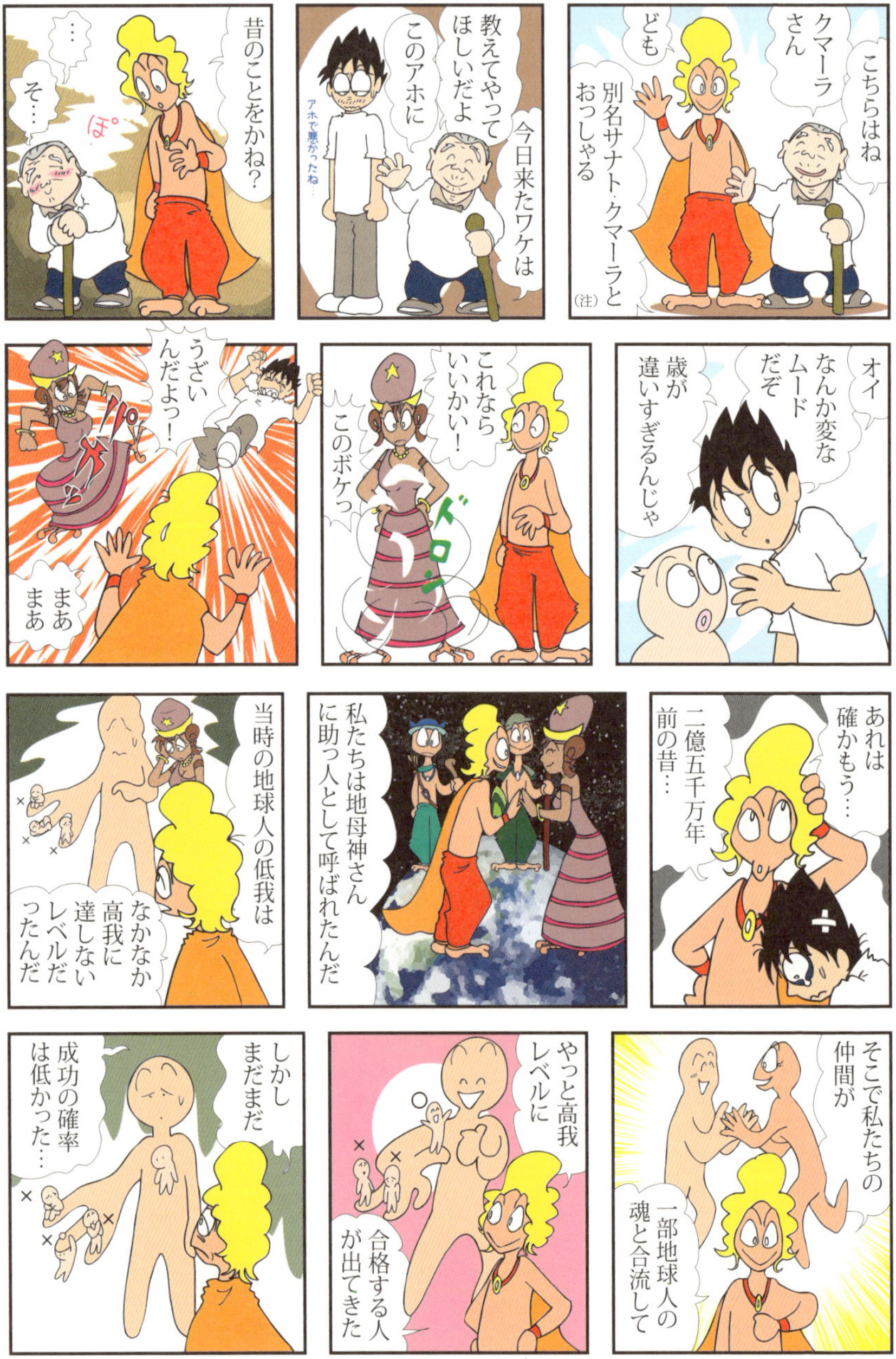

(注)サナト・クマーラの伝承は日本の鞍馬寺魔王殿とかインドのシヴァ神にも現れている。「火」の章第111話参照。

そのとき高我レベルで「火」のある存在がこう言ったんだ
私がなんとかやってみましょう
私を「金」へと墜としてください
私は一度死ぬことになるでしょうが
「木」
「火」
「土」
「金」
「水」
復活して「木」に戻ってみせます
これが地球全体のレベルアップにつながるはずです
「火」から「金」への仲介は
地母神つまり「土」の存在にしかできないんだ
「木」
「火」
「土」
「金」
そうしてアタイはなくなく彼に裏切り者の烙印をつけて墜としたんだ
彼の名はルックスフォルスと言った(注)
やがてルックスフォルスは「金」で目覚めた
いつしか彼は金星出身の私たちに似た顔になっていた
それから彼は「木」への道を探し続けた
もく
木
モク
そしてついにその道を見つけたのだが
木
あかんっ
こっから先は通行料をもらうで
通行料って?
おまえの身代わりやないか
代わりよこせっちゅーとんねん!

(注)別名ルシファー。ルシファーは悪魔として有名だがその理由は後述。

(注)「精」とは多くは地から取り込むエネルギーなので、地に頼れなくなるぶん自立を促されるということ。

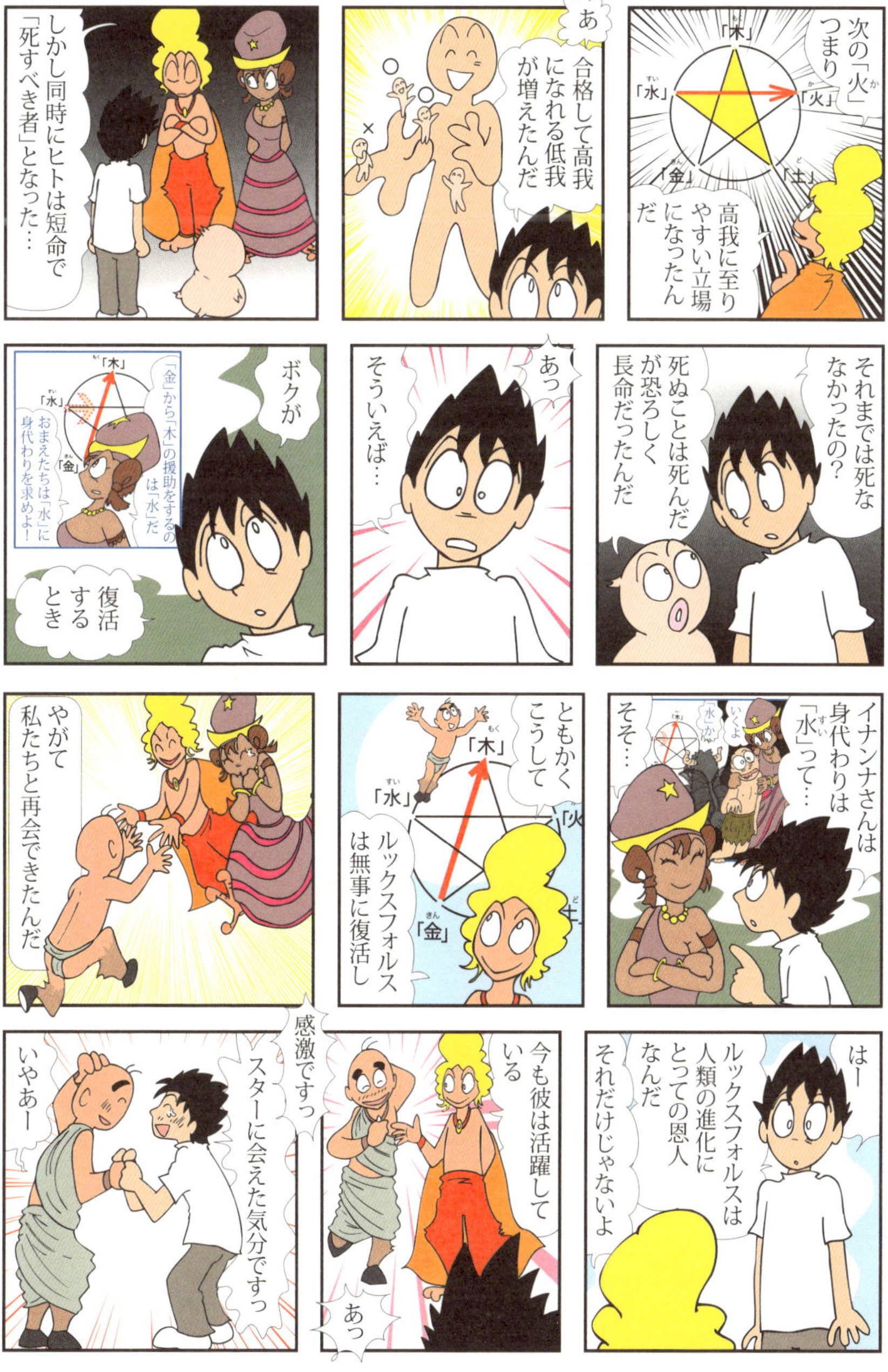

次の「火」つまり
「木」
「火」
「土」
「金」
「水」
高我に至りやすい立場になったんだ
あ
合格して高我になれる低我が増えたんだ
しかし同時にヒトは短命で「死すべき者」となった…
それまでは死ななかったの?
死ぬことは死んだが恐ろしく長命だったんだ
あっ
そういえば…
ボクが
「木」
「水」
「金」
「金」から「木」の援助をするのは「水」だ
おまえたちは「水」に身代わりを求めよ!
復活するとき
イナンナさんは身代わりは「水」って…
「水」か…
いくよ
そそ…
ともかくこうして
「木」
「水」
「金」
ルックスフォルスは無事に復活し
やがて私たちと再会できたんだ
はー
ルックスフォルスは人類の進化にとっての恩人なんだ
それだけじゃないよ
今も彼は活躍している
あっ
感激ですっ
スターに会えた気分ですっ
いやあー

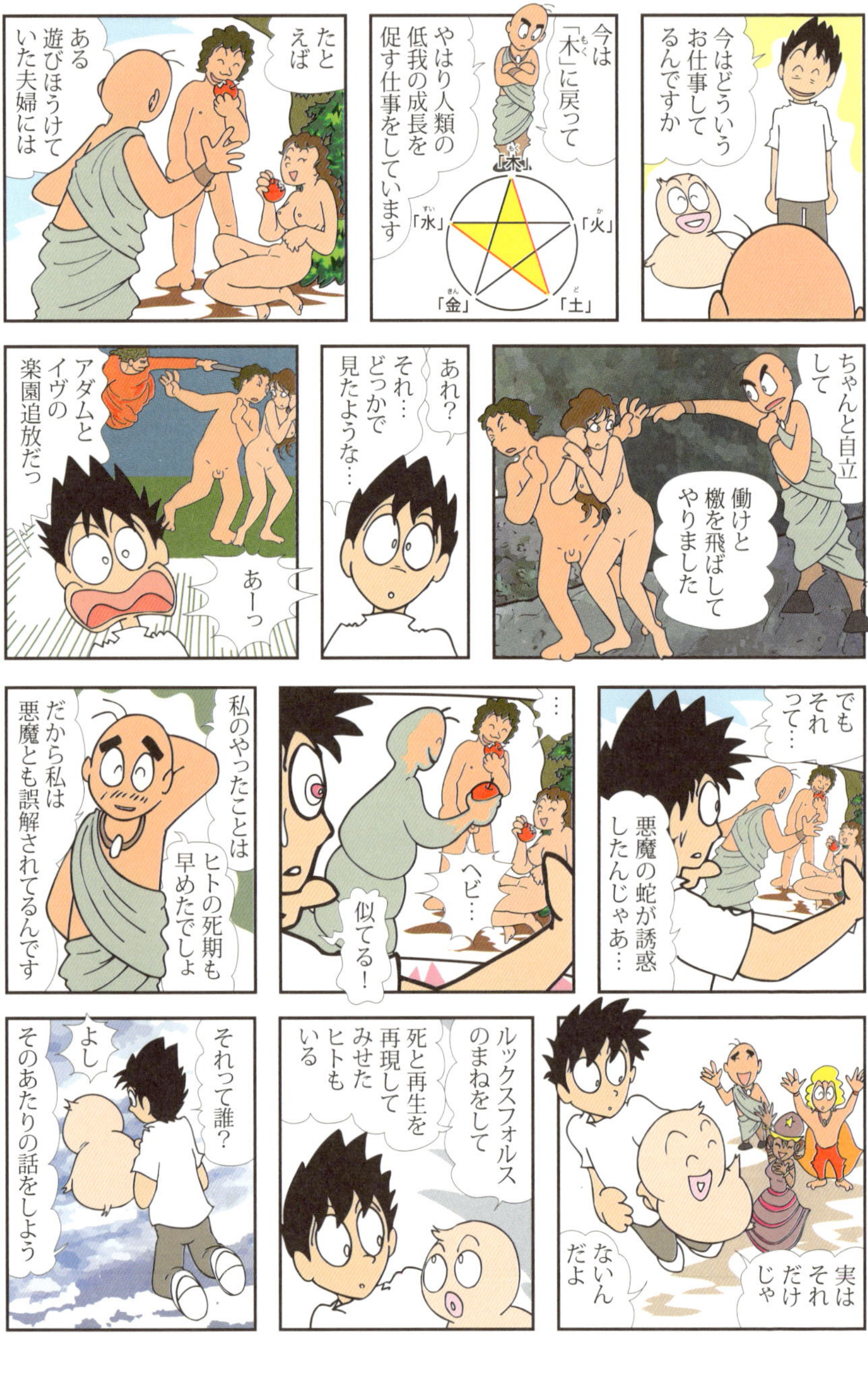
今はどういうお仕事してるんですか
今は「木」に戻って
やはり人類の低我の成長を促す仕事をしています
「木」
「火」
「土」
「金」
「水」
たとえば
ある遊びほうけていた夫婦には
ちゃんと自立して
働けと檄を飛ばしてやりました
あれ？
それ…どっかで見たような…
アダムとイヴの楽園追放だっ
あーっ
でもそれって…
悪魔の蛇が誘惑したんじゃあ…
…
ヘビ…
似てる！
私のやったことは
ヒトの死期も早めたでしょ
だから私は悪魔とも誤解されてるんです
実はそれだけじゃ
ないんだよ
ルックスフォルスのまねをして
死と再生を再現してみせたヒトもいる
それって誰？
よし
そのあたりの話をしよう

61. 聖なる婚姻
ヒエロス　ガモス

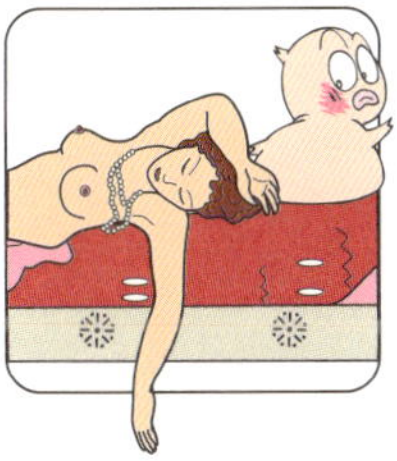

紀元前のバビロニア
アフロディテの神殿には
神殿娼婦と言われる娘たちが
居た
といっても
ごく普通の娘たちで
この国の女たちはすべて
一生に一度はこの神殿において
チャリーン
ミュリッタ様の御名にかけて
お相手を願いたい
(注)
見知らぬ男と
交わらねばならなかったのだ
男のほうもこれを経ることで
かつての少年は死に
一人前の男性の誕生として
認められたんだ
なんで？
まあまあ…
後の世ではこの役は神殿巫女
という神職にひきつがれ
お相手も
王の
候補者
のみと
なった
逆に言うとこの巫女の力なし
には男は王位に就けることは
なかったのだ

(注)アフロディテのこと。ウェヌス、ヴィーナスでもある。

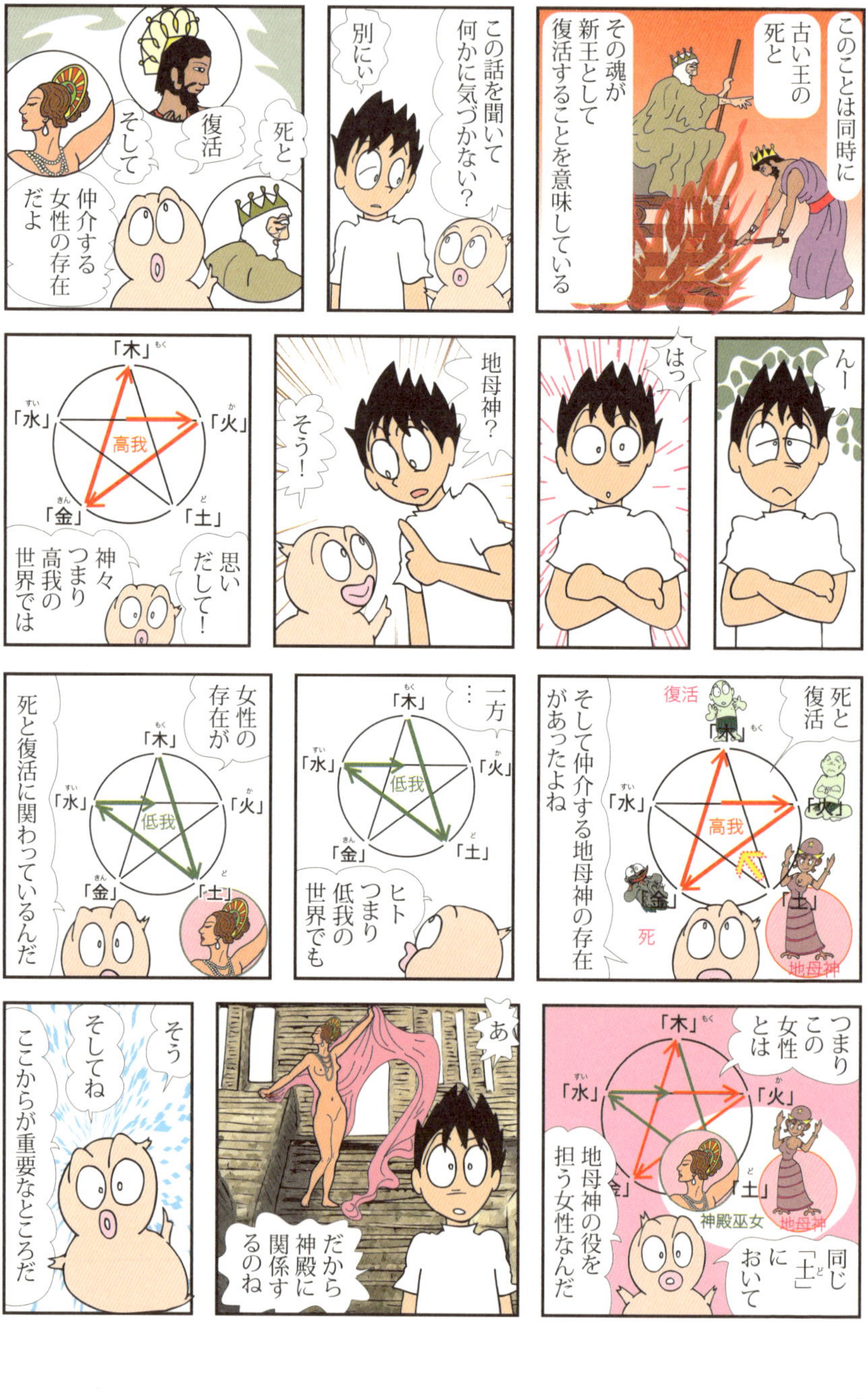

このことは同時に
古い王の死と
その魂が新王として復活することを意味している
この話を聞いて何かに気づかない？
別にぃ
死と
復活
そして
仲介する女性の存在だよ
んー
はっ
地母神？
そう！
「木」
「火」
「土」
「金」
「水」
高我
思いだして！
神々つまり高我の世界では
死と復活
復活
死
地母神
そして仲介する地母神の存在があったよね
一方…
低我
ヒトつまり低我の世界でも
女性の存在が
死と復活に関わっているんだ
つまりこの女性とは
同じ「土」において
神殿巫女
地母神
地母神の役を担う女性なんだ
あ
だから神殿に関係するのね
そう
そしてね
ここからが重要なところだ

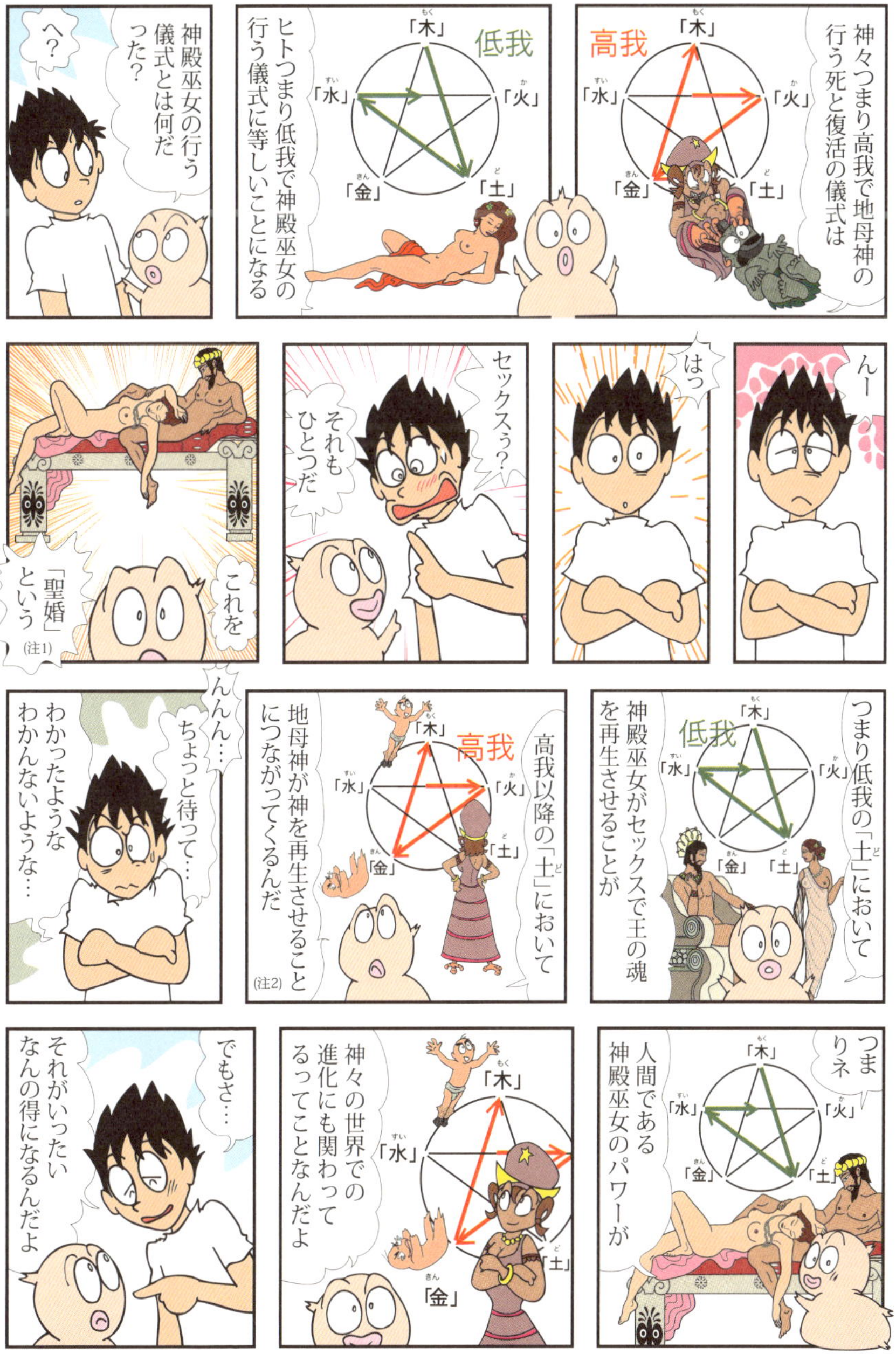

(注1)171ページの注釈参照。　(注2)フレイザー著『金枝篇』には以下の記述がある。「女神には神格はもつが死ぬべき運命にある愛人がいる。そして、神話に描かれたこの聖なる男女の交わりは、女神の聖所における人間の男女の本物の交わりによって現世において模倣され、それによって大地を豊かにし人間と動物を増やすというのである」。

(注)マグダラのマリアに関してはベタニアのマリアとの同一人物説もあり、その仕事と役割に関しても諸説が存在する。

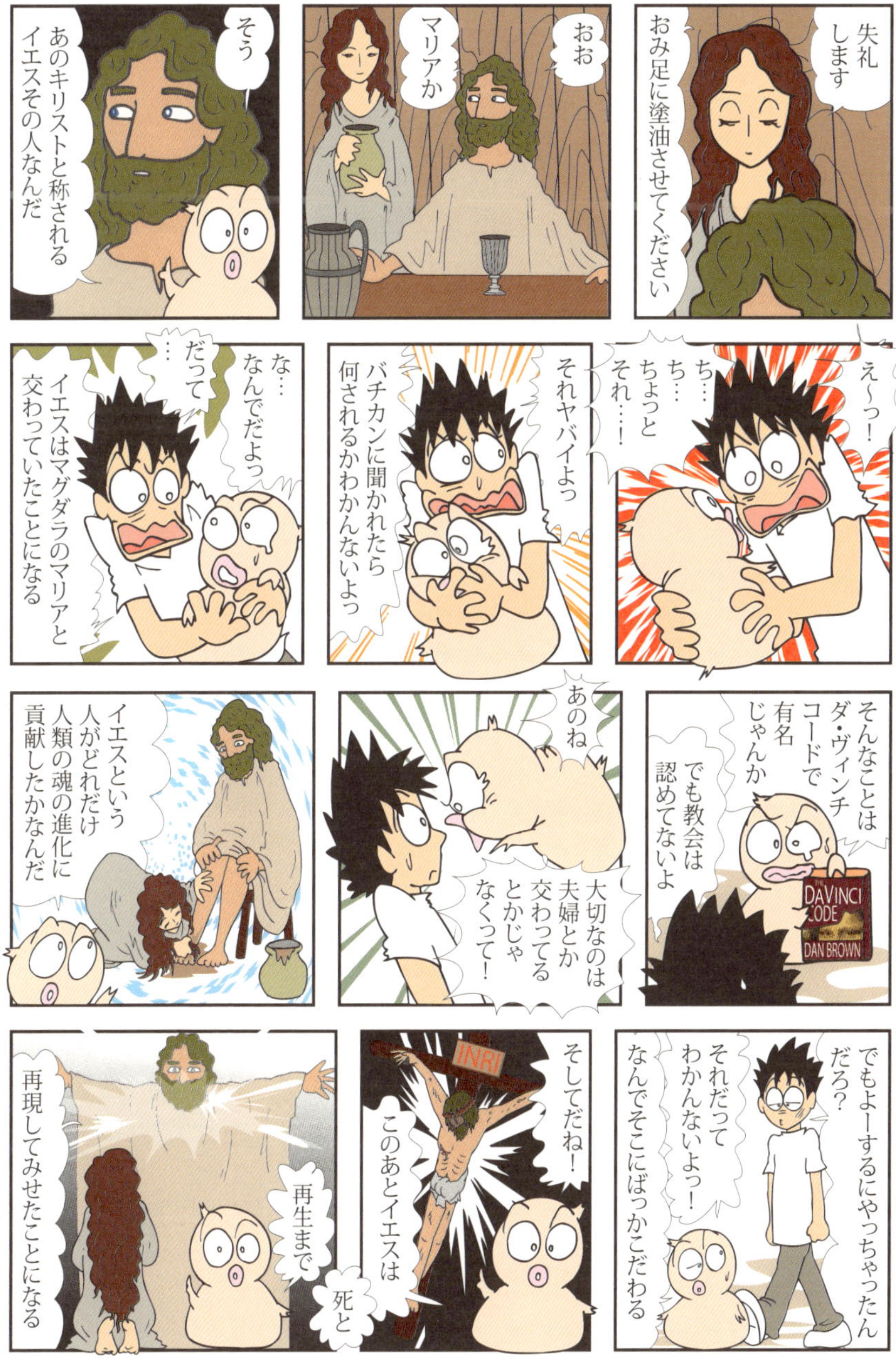

失礼
します
おみ足に塗油させてください
おお
マリアか
そう
あのキリストと称される
イエスその人なんだ
え～っ！
ち…
ち…
ちょっと
それ…！
それヤバイよっ
バチカンに聞かれたら
何されるかわかんないよっ
な…
なんでだよっ
だって
…
イエスはマグダラのマリアと
交わっていたことになる
そんなことは
ダ・ヴィンチ
コードで
有名
じゃんか
でも教会は
認めてないよ
THE DA VINCI CODE
DAN BROWN
あのね
大切なのは
夫婦とか
交わってる
とかじゃ
なくって！
イエスという
人がどれだけ
人類の魂の進化に
貢献したかなんだ
でもよーするにやっちゃったん
だろ？
それだって
わかんないよっ！
なんでそこにばっかこだわる
そしてだね！
このあとイエスは
INRI
死と
再生まで
再現してみせたことになる

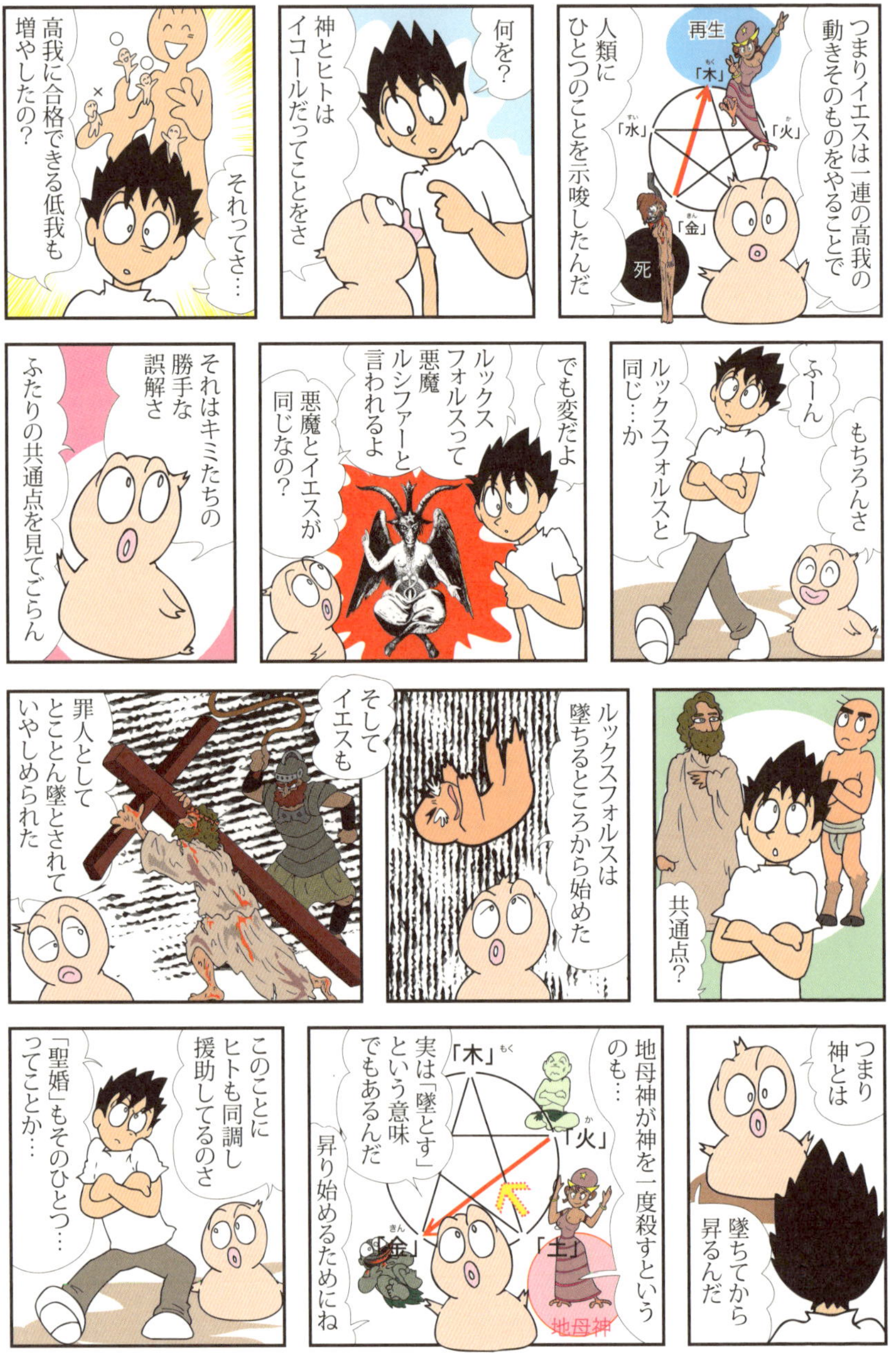

つまりイエスは一連の高我の動きそのものをやることで
再生
「木」
「火」
「水」
「金」
死
人類にひとつのことを示唆したんだ
何を？
神とヒトはイコールだってことをさ
それってさ…
高我に合格できる低我も増やしたの？
もちろんさ
ふーん
ルックスフォルスと同じ…か
でも変だよ
ルックスフォルスって悪魔ルシファーと言われるよ
悪魔とイエスが同じなの？
それはキミたちの勝手な誤解さ
ふたりの共通点を見てごらん
共通点？
ルックスフォルスは墜ちるところから始めた
そしてイエスも
罪人としてとことん墜とされていやしめられた
つまり神とは
墜ちてから昇るんだ
地母神が神を一度殺すというのも…
「木」
「火」
「金」
「土」
地母神
実は「墜とす」という意味でもあるんだ
昇り始めるためにね
このことにヒトも同調し援助してるのさ
「聖婚」もそのひとつ…ってことか…

62. 墜ちて昇る

ところで
聖婚はただの結婚とは違う
そこにあるのは性欲よりも敬意だ
女性は男性への育敬を
男性は女性への畏敬をだ
これと似た像として「歓喜天」がある
なんでゾウの像なの？
まさかシャレじゃ…
インドの説話にこんなのがある
とある魔王が
水の女神十一面観音の威光に触れて改心した
また女神も魔王に美しい心を育む決意をして
二人は深く抱きあったという…
ネ
育敬と畏敬でしょ
だからなんでゾウなのよっ！
これだよ
墜ちて昇る！
神が動物にまで身を墜とすってこと？
そうでないと魔王を受け入れられないでしょ
そう
神は一度墜ちてから
復活する…かぁ
復活
「木」
「水」
「金」
死

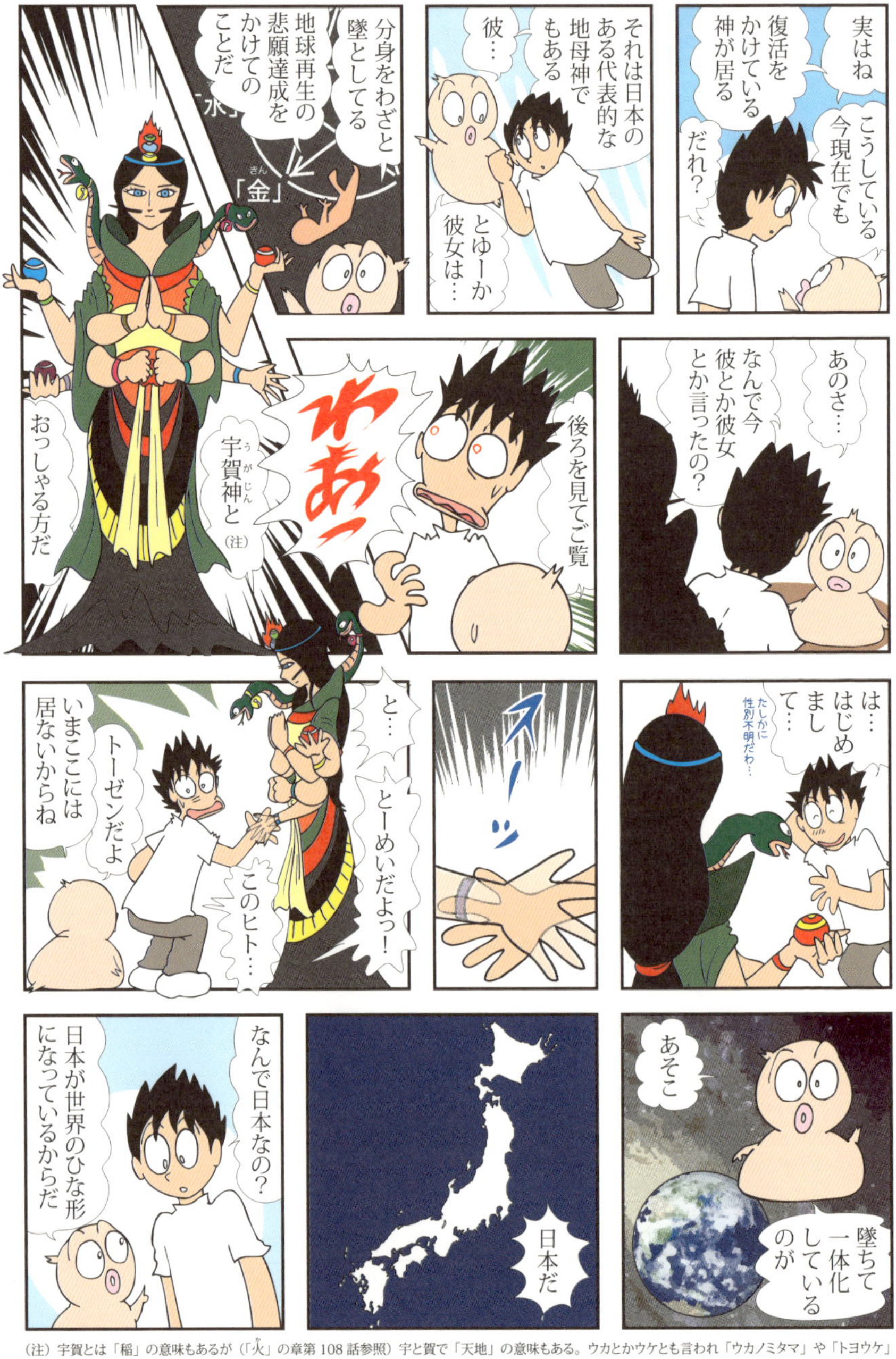

（注）宇賀とは「稲」の意味もあるが（「火」の章第108話参照）宇と賀で「天地」の意味もある。ウカとかウケとも言われ「ウカノミタマ」や「トヨウケ」など多数存在する類似した名称の神々との関連もあるらしい。

(注)これは外来文化を優先する日本人の劣等感にも似た性質にも見られる。例えば明治の初代文部大臣である森有礼は英語を、昭和の作家である志賀直哉はフランス語を日本国語として採用しようとしたという。

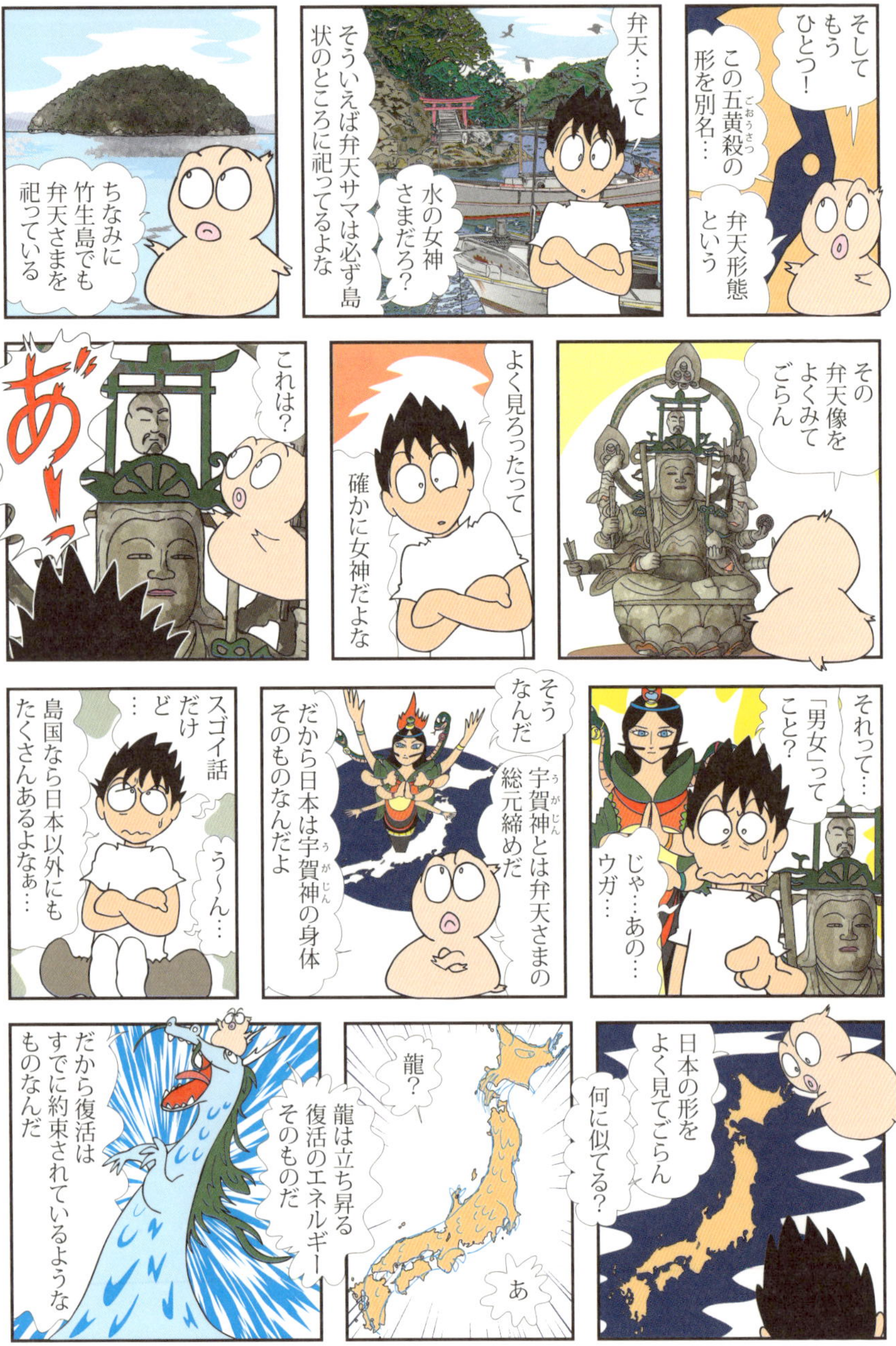
そして もう ひとつ！
この五黄殺の 形を別名…
弁天形態 という
弁天…って
そういえば弁天サマは必ず島 状のところに祀ってるよな
水の女神 さまだろ？
ちなみに 竹生島でも 弁天さまを 祀っている
その 弁天像を よくみて ごらん
よく見ろったって
確かに女神だよな
これは？
あ゛！っ
それって…
「男女」って こと？
じゃ…あの… ウガ…
そう なんだ
宇賀神とは弁天さまの 総元締めだ
だから日本は宇賀神の身体 そのものなんだよ
スゴイ話 だけ ど…
う〜ん…
島国なら日本以外にも たくさんあるよなぁ…
日本の形を よく見てごらん
何に似てる？
あ
龍？
龍は立ち昇る 復活のエネルギー そのものだ
だから復活は すでに約束されているような ものなんだ

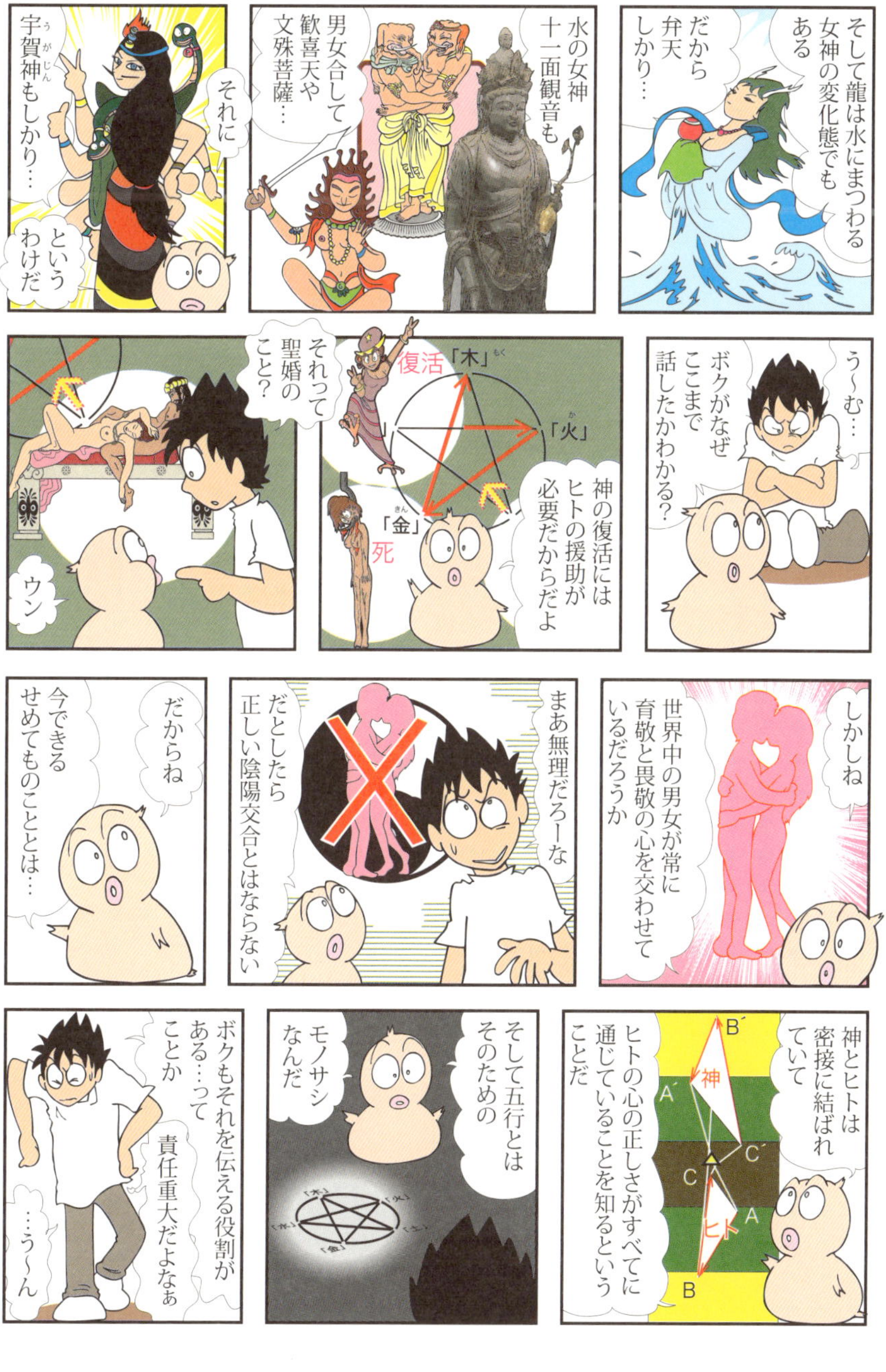
そして龍は水にまつわる女神の変化態でもある
だから弁天しかり…
水の女神十一面観音も
男女合して歓喜天や文殊菩薩…
それに
宇賀神もしかり…
というわけだ
う～む…
ボクがなぜここまで話したかわかる？
神の復活にはヒトの援助が必要だからだよ
「木」
復活
「火」
「金」
死
それって聖婚のこと？
ウン
しかしね
世界中の男女が常に育敬と畏敬の心を交わせているだろうか
まあ無理だろーな
だとしたら正しい陰陽交合とはならない
だからね
今できるせめてものこととは…
神とヒトは密接に結ばれていて
ヒトの心の正しさがすべてに通じていることを知るということだ
B´
神
A´
C´
C
A
ヒト
B
そして五行とはそのための
モノサシなんだ
ボクもそれを伝える役割がある…ってことか
責任重大だよなぁ
…う～ん

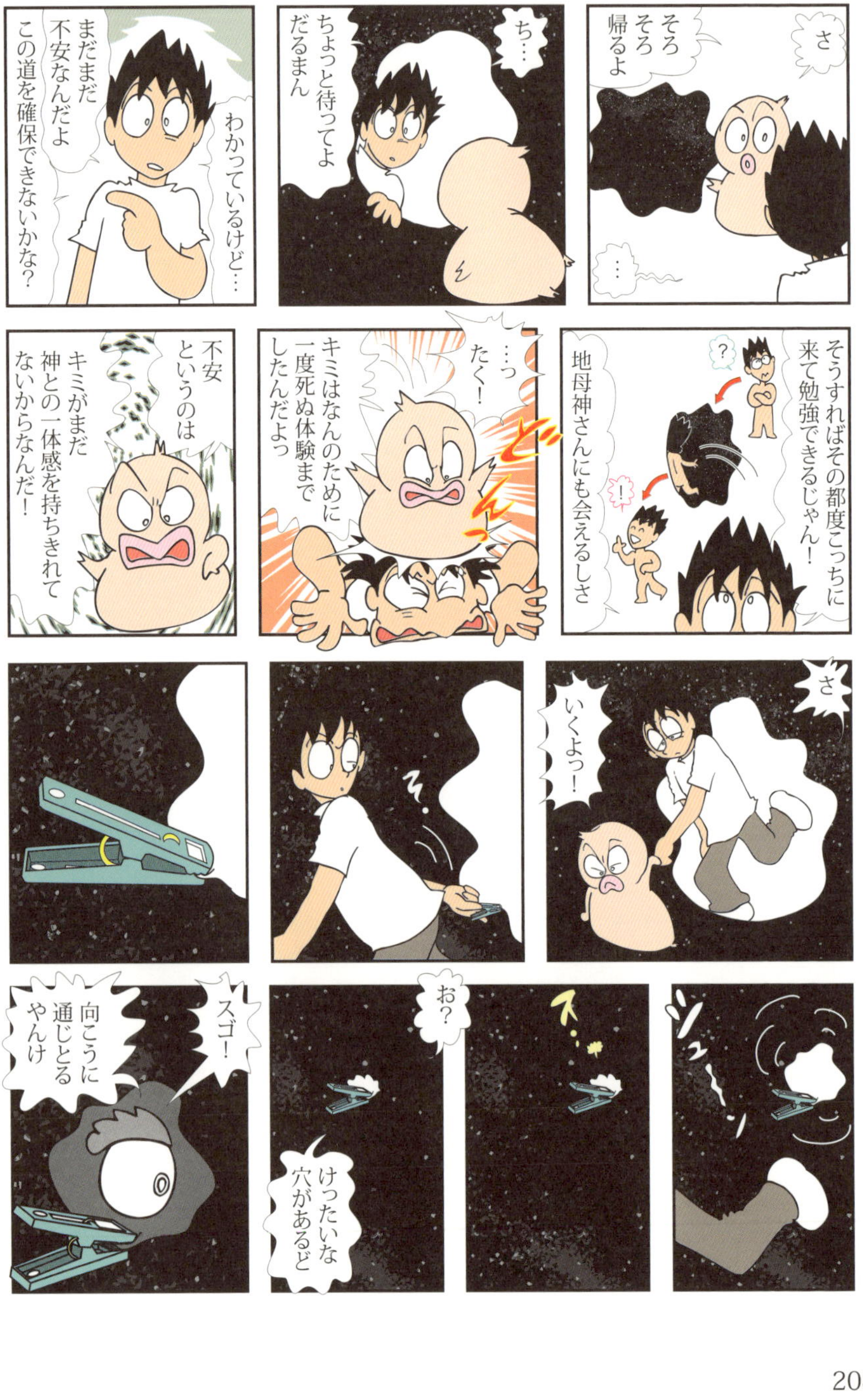
さ
そろそろ帰るよ
…
ち…
ちょっと待ってよだるまん
わかっているけど…
まだまだ不安なんだよ
この道を確保できないかな？
そうすればその都度こっちに来て勉強できるじゃん！
？
！
地母神さんにも会えるしさ
…ったく！
どんっ
キミはなんのために一度死ぬ体験までしたんだよっ
不安というのは
キミがまだ神との一体感を持ちきれてないからなんだ！
さ
いくよっ！
お？
けったいな穴があるど
スゴ！
向こうに通じとるやんけ

63.　欲張りの報酬

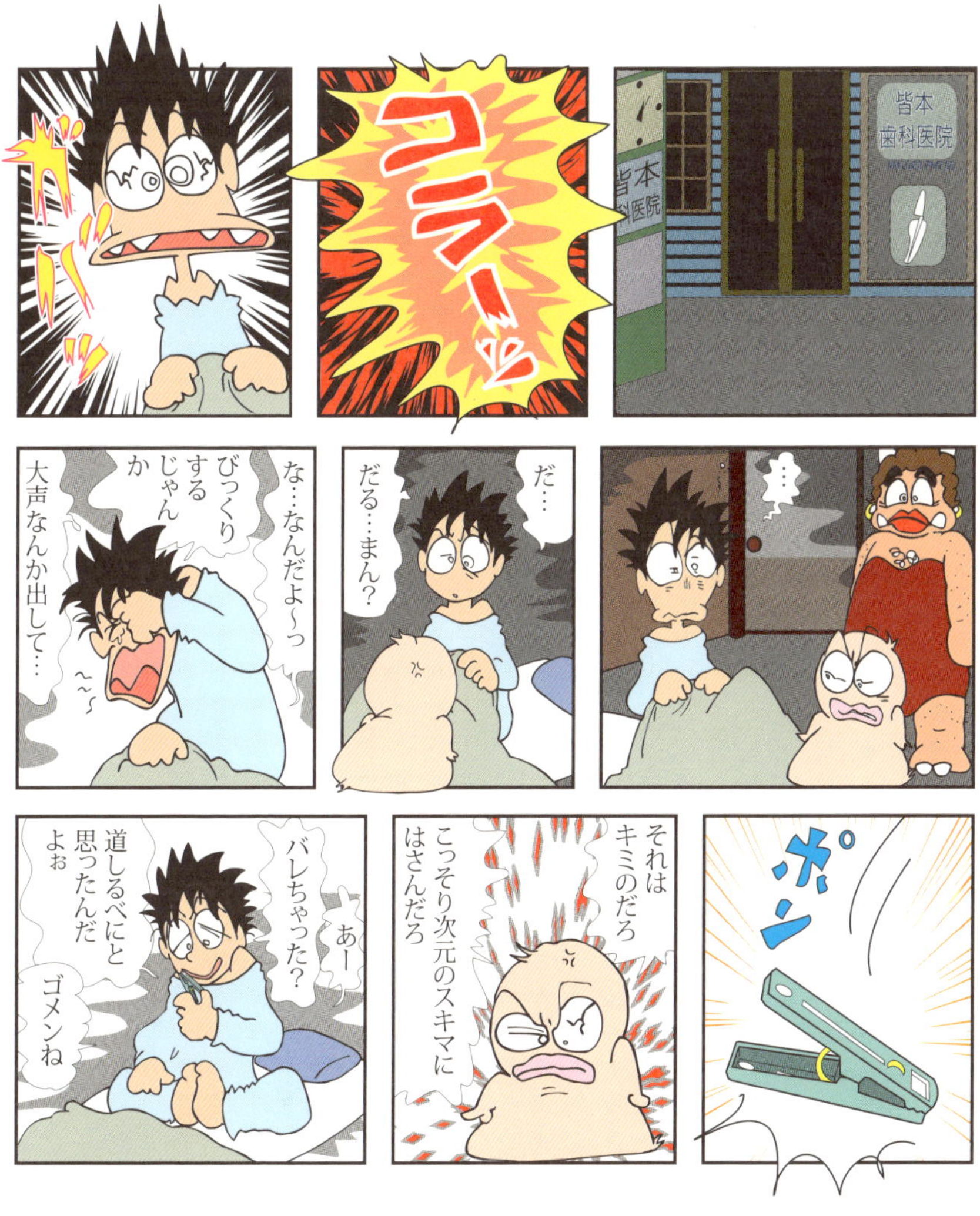
ガバッ
コラ～ッ
皆本 歯科医院
皆本 歯科医院
な…なんだよ～っ
びっくりするじゃんか
大声なんか出して…
だ…
だる…まん？
…
それはキミのだろ
こっそり次元のスキマにはさんだろ
あー
バレちゃった？
道しるべにと思ったんだよぉ
ゴメンね
ポン

もぉ
ばか
ばか
ポカ
ポカ
バカっ!
大変なことになってんだぞオ!
そうよ
アタシが見つけたからいいようなものを
ジェニーの話によると
スキマから何人かの影がこっちに侵入したそうだ
かげ?
なにそれ
もーいいっ!
間に合わないッ
キミは隠れてっ!
さ!
早くっ
ち…近づくなよォ
来たっ
ズズズ
…
おまえが皆本か?
ハ…ハイ…そうすけど?
おまえは地母神に会ったろ
ハ…ハイ
聞きたいことがある
ついてきてもらおう

(注)男女の性交によって即身成仏を目指す真言密教の一派。鎌倉時代に任寛（にんかん）によって開かれたという。その後南北朝時代に大成させたのが文観（もんかん）である。文殊と観音を信仰し、ダキニ天を祀り後醍醐天皇に仕えたという。

(注)12世紀の十字軍派遣後、聖地の保護目的で結成された修道会。しかしその活動には謎が多く、エルサレム神殿から何かを掘りだして莫大な富を得、金融機関のはしりとして国王や教皇をも脅かす存在になったという。実は洗礼者ヨハネを崇拝していたといわれている。

たすけてーっ!!
まってくれーっ
帰れなくなるゥ
ジュワーン
…
フウ
まあ
ドロン
これで済んでよかったよ
すべてはキミのミスだぞ!
ごめん
ホントにごめん
…であいつら何なの?
文観は立川流という真言宗の坊主で
後醍醐天皇に聖婚の仕組みを伝えたらしいんだ
一方テンプル騎士団は
聖婚を知っていた洗礼者ヨハネを崇拝したんだ
ともに…
「木」
「火」
「土」
「金」
「水」
それによっておきる神の復活する力を
我がものにしようとしたんだ
権力や財宝無限の命としてね
しかし彼らには
どーしてもわからない謎があった
それは…
力を手中に収めようとすればするほど
逆に精力が衰えてしまうってことだ

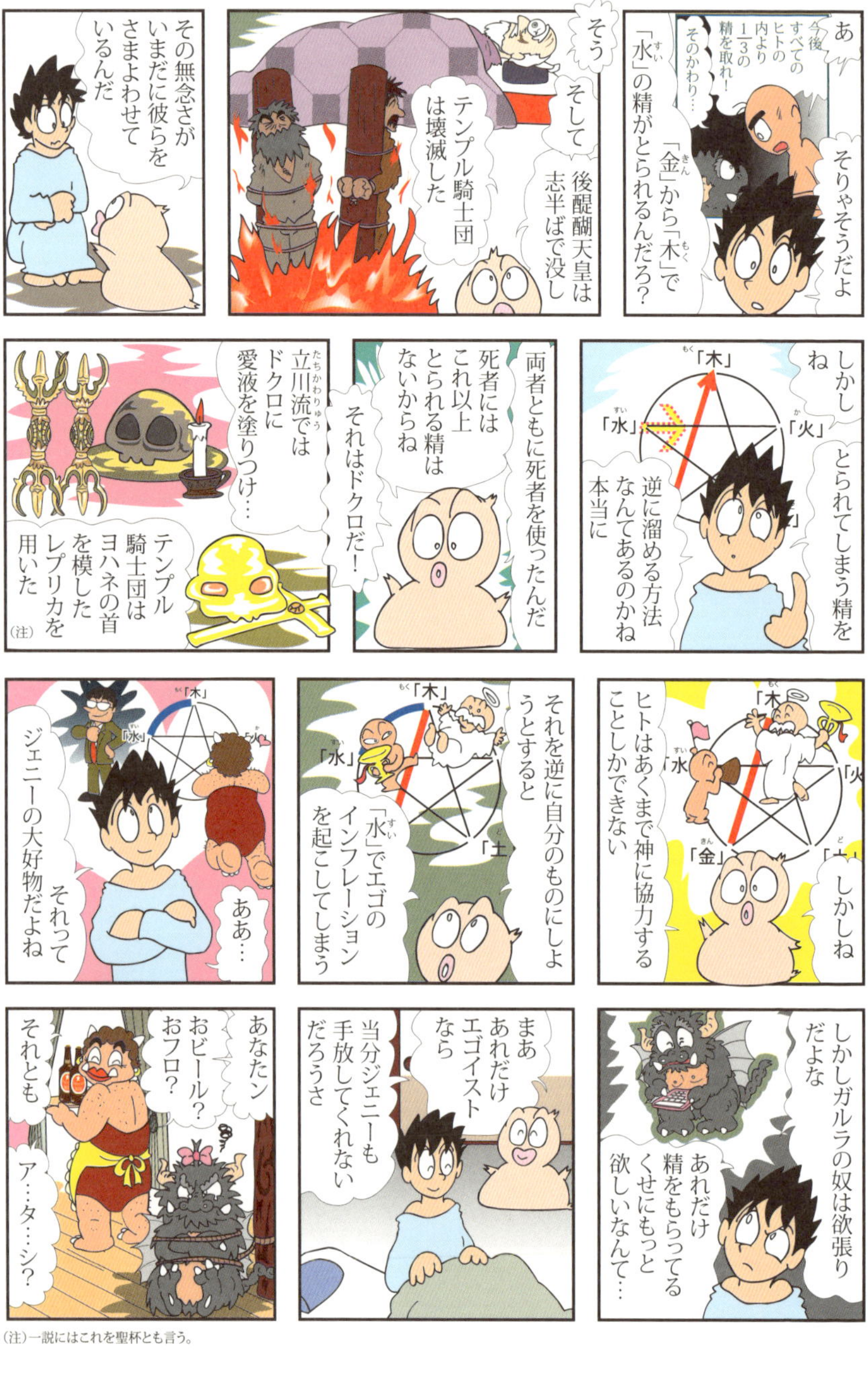

（注）一説にはこれを聖杯とも言う。

64. 「水」の門前にて

さて
ここはどこだと思う?
「水」
「金」
キミの魂の成長のレベルによると
ついにここまでやってきた
「水」の入り口だね
「水」
そう
そして一般的に言っても
いまや時代は
「水」の入り口にさしかかっている
A.D.600
「土」
A.D.1850
「金」
A.D.2350
「水」
つまり現代とは
「土」と「水」の
境であって
「金」の触媒する
「水」
「金」
「土
時代というわけだ
「金」って
「捨てる」ことだったよね
何を捨てるんだっけ?
オーケー
総まとめといこう
あの人は何をしてるんだっけ?

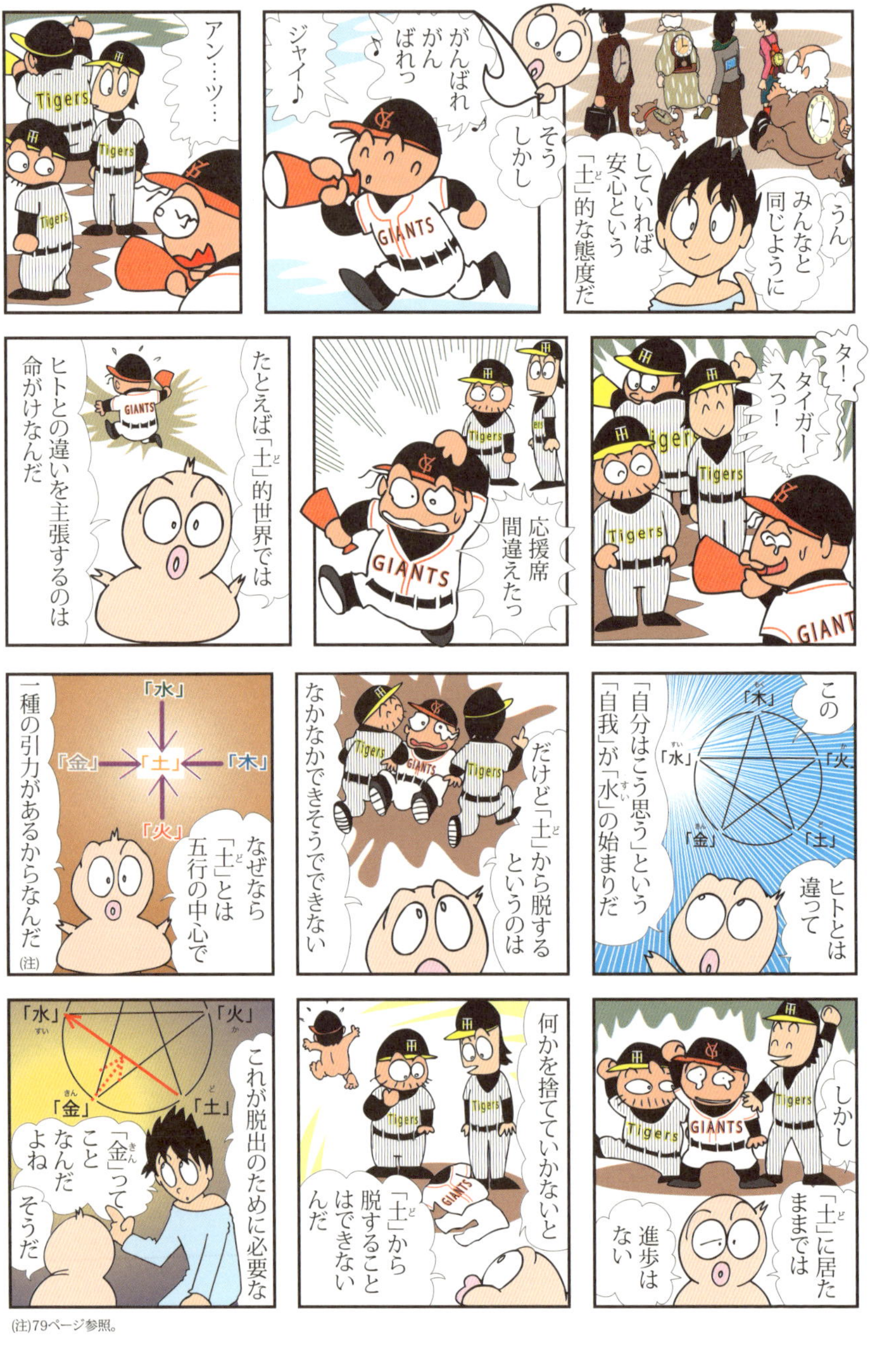
うん
みんなと同じようにしていれば安心という「土」的な態度だ
そう
しかし
がんばれがんばれっ♪
ジャイ♪
アン…ツ…
タ！タイガースっ！
応援席間違えたっ
たとえば「土」的世界では
ヒトとの違いを主張するのは命がけなんだ
この
「木」
「火」
「土」
「金」
「水」
「自分はこう思う」という「自我」が「水」の始まりだ
ヒトとは違って
だけど「土」から脱するというのは
なかなかできそうでできない
「水」
「木」
「火」
「金」
「土」
なぜなら「土」とは五行の中心で
一種の引力があるからなんだ(注)
しかし
「土」に居たままでは
進歩はない
何かを捨てていかないと
「土」から脱することはできないんだ
「水」
「火」
「金」
「土」
これが脱出のために必要な
「金」ってことなんだよね
そうだ

(注)79ページ参照。

(注)相剋ルートで「土」から「水」へ進むには自らの影を認める姿勢が必要。これを認めない者は認めた者を攻撃し出す。そういう人でも相生ルートで「土」から「水」へ歩むことはできる。だが影を認めない分、「水」で得る「自我」とは思い上がりに浸ったニセの自我にすぎない。150ページの注釈を参照。

つまりね
「才」とは「断ち切る」という意味なんだ
ちなみに木を断ち切ったものを
木「材」と言うだろ
な～る
木へんに才かぁ
「水」
「火」
「金」
だから「水」に行くために「金」で「捨てる」こととは
「断ち切る」ことでもある
たとえば
「水」玄武
「木」青龍
「金」白虎
「火」朱雀
「金」の神獣である「白虎」とは
態度のあいまいな者を
噛み切ってしまうと言われている
また「土」とは
育むことでもあるので
そこに居るとらくちんでもある
だからといって
そのままで居続けることは
何の進歩にもならない
そこで「金」は
それを断ち切ろうとする
それが「金神」だ
だからね
平安時代の貴族は
金神を恐れて祀りその分現状への安住を望んだんだ
でもね金神の方だって大変なんだ
そーなんよ

なんでよ
カミの世界とヒトの世界では次元が違うだろ
ヒトの次元にわざわざ墜ちることで
ん？
イデデ…
金神だあ～っ
はじめて金神としての
仕事ができるからなんだ
「水」
「火」
「金」
「土」
ああ…
それは神にとっては「神の死」と言われるんだよね
「水」
これで本当に捨てるべきものがわかったろ
さあ
「金」
だからプライドじゃないの？
それじゃ半分しか当たってない
それがわからないと
正式にここに立つことはできないよ
う～ん…
なんだろう？
おっ
さっきもあんな人が居たよ
見るからに賢者だね
そうだ 賢者さんに聞いてみよう
それでいいと思うかい？

うんっ？
彼だっ！
彼もいるよっ！
お～いっ
あ
あなたは…
よかったね～
「水」の入り口まで来れたんだね
あなたのおかげですよ
ところで相談なんだけどね
「土」の何を捨てたらここまで来れたの？
え？
私に聞くんですか？
あなたが？
そうか…
私はあなたより早く成長したわけか
私もまんざらじゃないね
よろしい
教えてしんぜよう
それはね
わぁっ
見た？
プライドを起こしたとたん…
金神に「土」に連れ戻されちゃったよ
…
ここはぜひとも自分で答を出さなきゃね
なんとしてもね…

65. 自分に抱かれる（セルフ・ハグ）

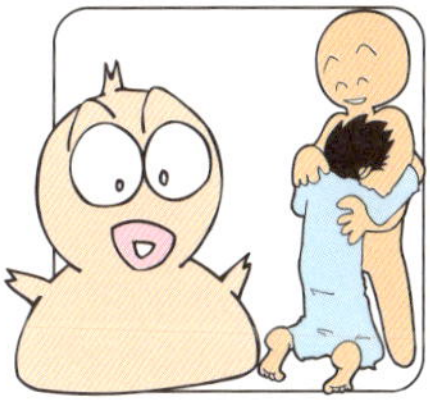

…
どう？
答は出た？
全然ダメだよ
どうしよう…
う〜ん…
あの人…
おサイフ拾ってるね
ありゃ落した自分のを拾っただけだろ
そんなことよりさあ
ダメだよ
今度ばっかりは教えられない
フウ
弱ったなあ…

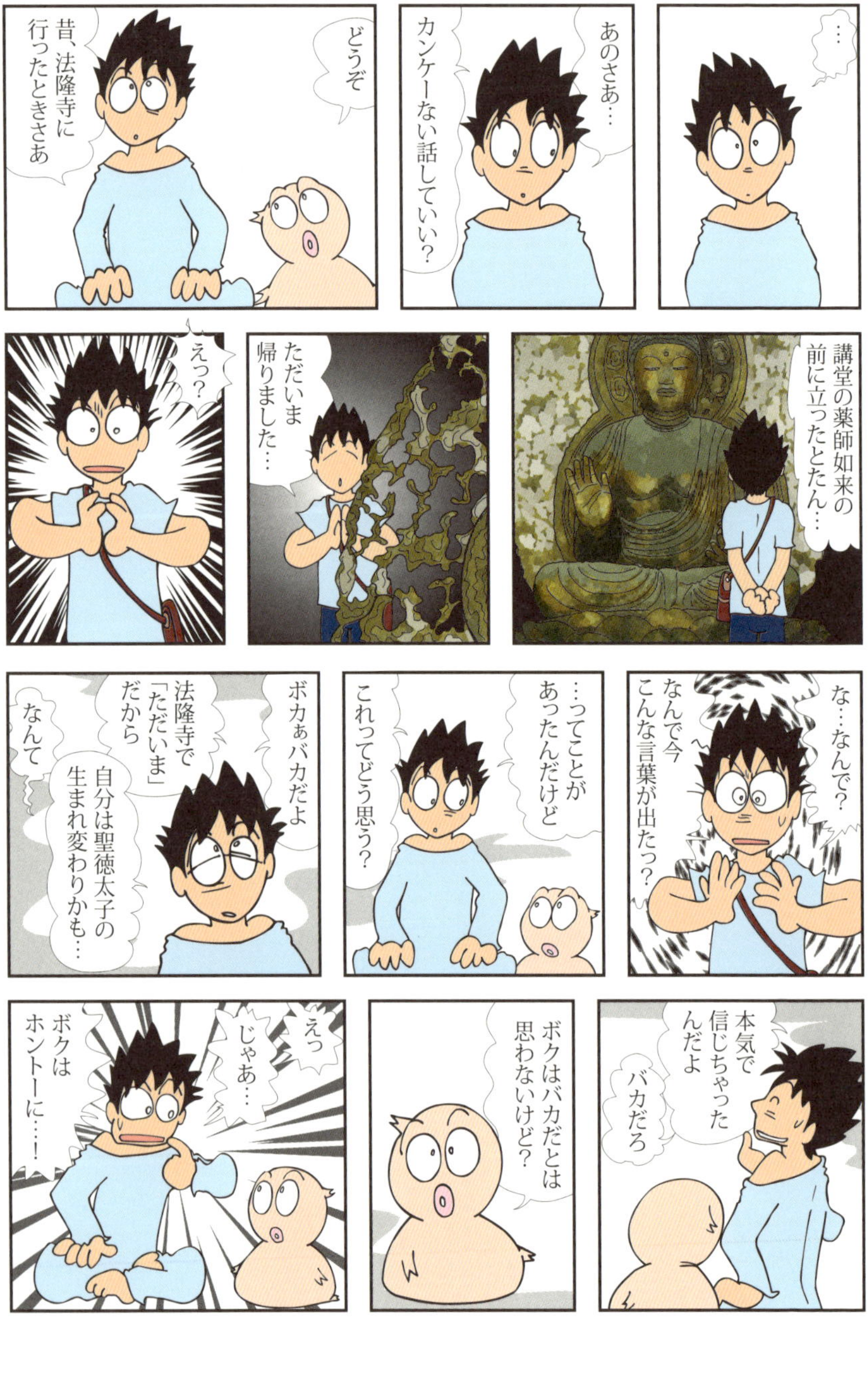
…
あのさあ…
カンケーない話していい?
どうぞ
昔、法隆寺に行ったときさあ
講堂の薬師如来の前に立ったとたん…
ただいま帰りました…
えっ?
な…なんで?
なんで今こんな言葉が出たっ?
…ってことがあったんだけど
これってどう思う?
ボカぁバカだよ
法隆寺で「ただいま」だから
自分は聖徳太子の生まれ変わりかも…
なんて
本気で信じちゃったんだよ
バカだろ
ボクはバカだとは思わないけど?
えっ
じゃあ…
ボクはホントーに…!

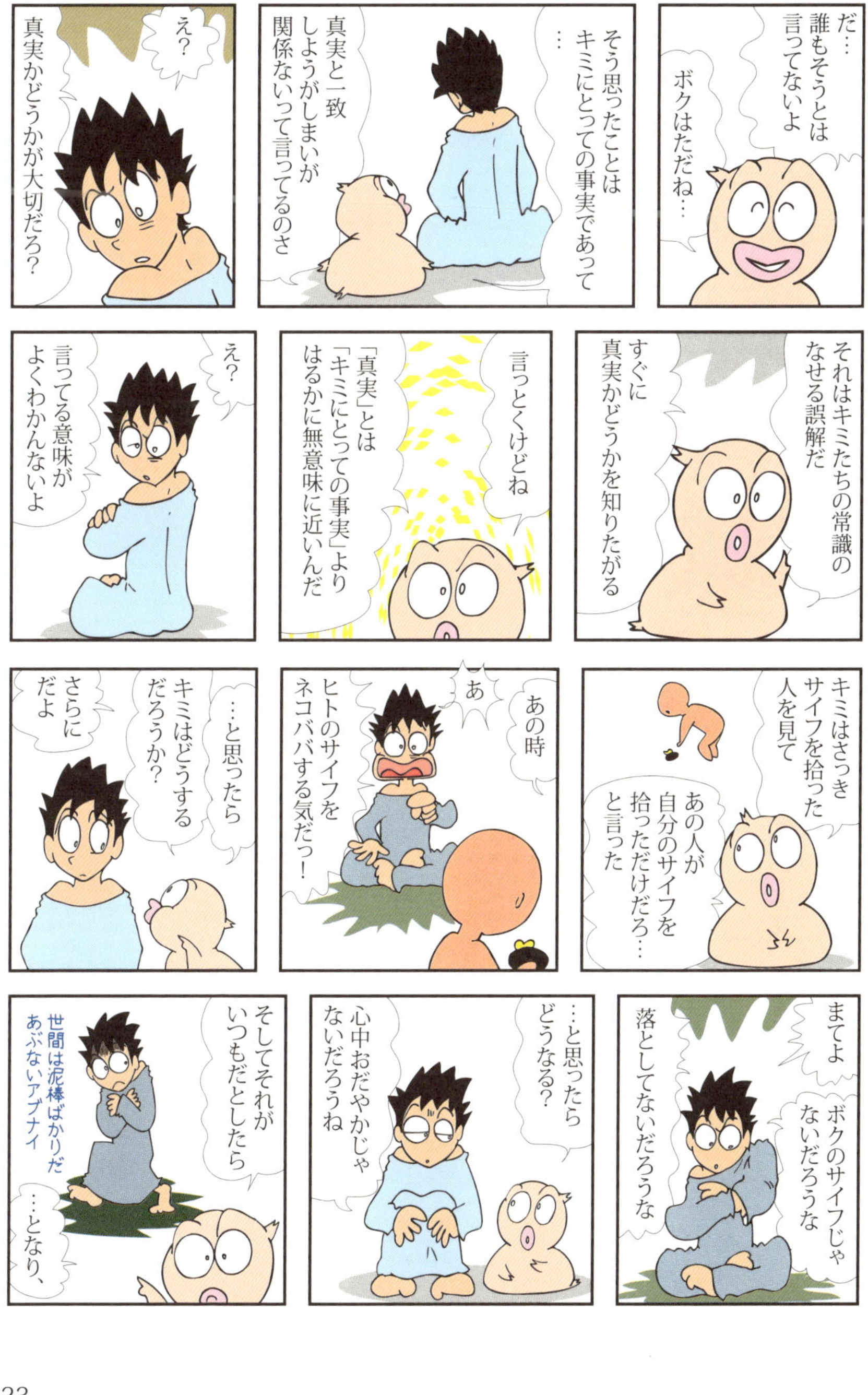
だ…
誰もそうとは言ってないよ
ボクはただね…
そう思ったことはキミにとっての事実であって…
真実と一致しようがしまいが関係ないって言ってるのさ
え？
真実かどうかが大切だろ？
それはキミたちの常識のなせる誤解だ
すぐに真実かどうかを知りたがる
言っとくけどね
「真実」とは「キミにとっての事実」よりはるかに無意味に近いんだ
え？
言ってる意味がよくわかんないよ
キミはさっきサイフを拾った人を見て
あの人が自分のサイフを拾っただけだろ…と言った
あの時
あ
ヒトのサイフをネコババする気だっ！
…と思ったらキミはどうするだろうか？
さらにだよ
まてよ
ボクのサイフじゃないだろうな
落としてないだろうな
…と思ったらどうなる？
心中おだやかじゃないだろうね
そしてそれがいつもだとしたら
世間は泥棒ばかりだあぶないアブナイ
…となり、

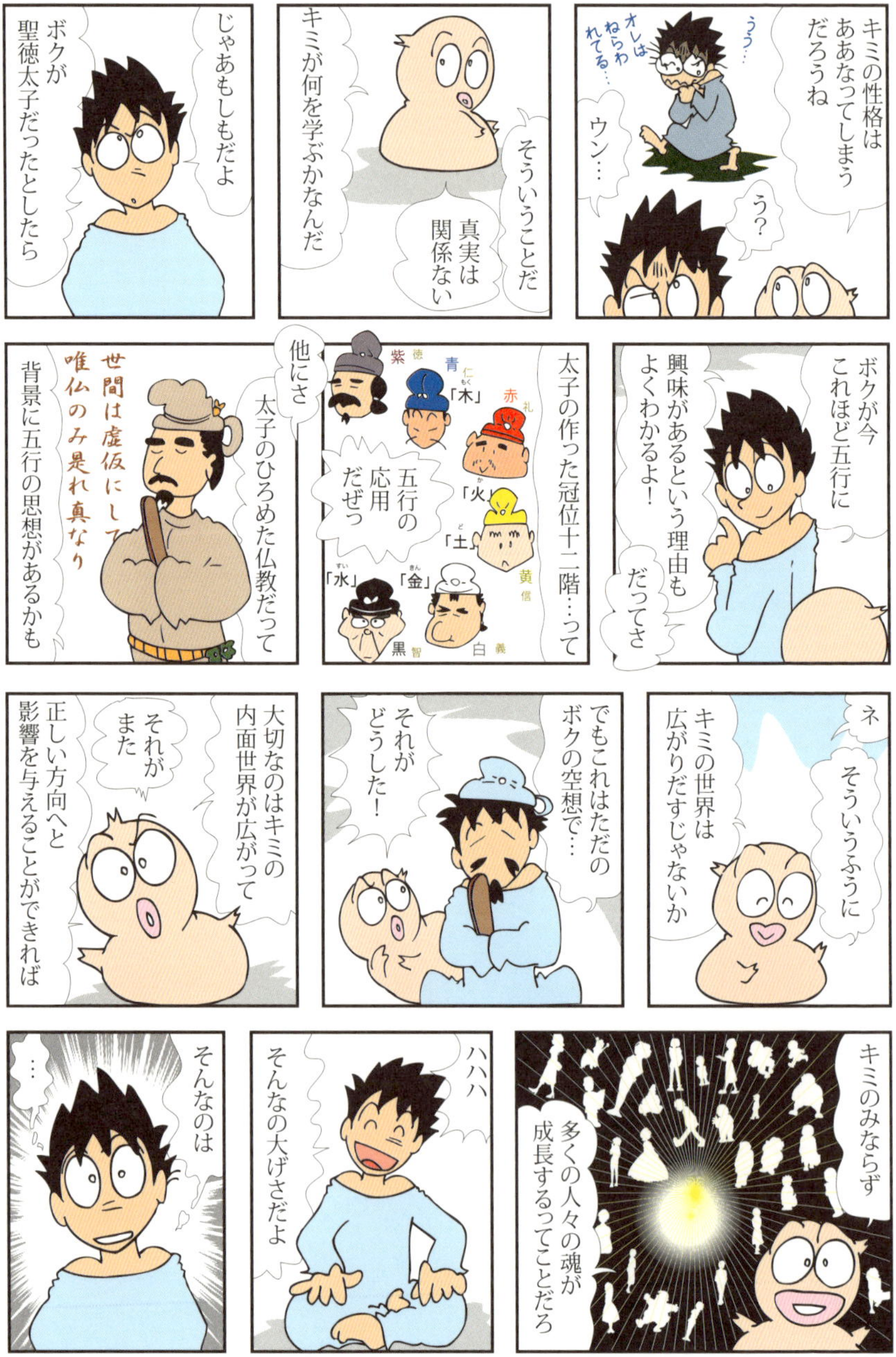

キミの性格は
ああなってしまう
だろうね
うう…
オレは
ねらわれてる…
ウン…
う?
そういうことだ
真実は
関係ない
キミが何を学ぶかなんだ
じゃあもしもだよ
ボクが
聖徳太子だったとしたら
ボクが今
これほど五行に
興味があるという理由も
よくわかるよ!
だってさ
太子の作った冠位十二階…って
紫 徳
青 仁
「木」
赤 礼
「火」
「土」
黄 信
「水」
「金」
黒 智
白 義
五行の
応用
だぜっ
他にさ
太子のひろめた仏教だって
世間は虚仮にして
唯仏のみ是れ真なり
背景に五行の思想があるかも
ネ
そういうふうに
キミの世界は
広がりだすじゃないか
でもこれはただの
ボクの空想で…
それが
どうした!
大切なのは
内面世界が広がって
キミの
それが
また
正しい方向へと
影響を与えることができれば
キミのみならず
多くの人々の魂が
成長するってことだろ
ハハハ
そんなの大げさだよ
そんなのは
…

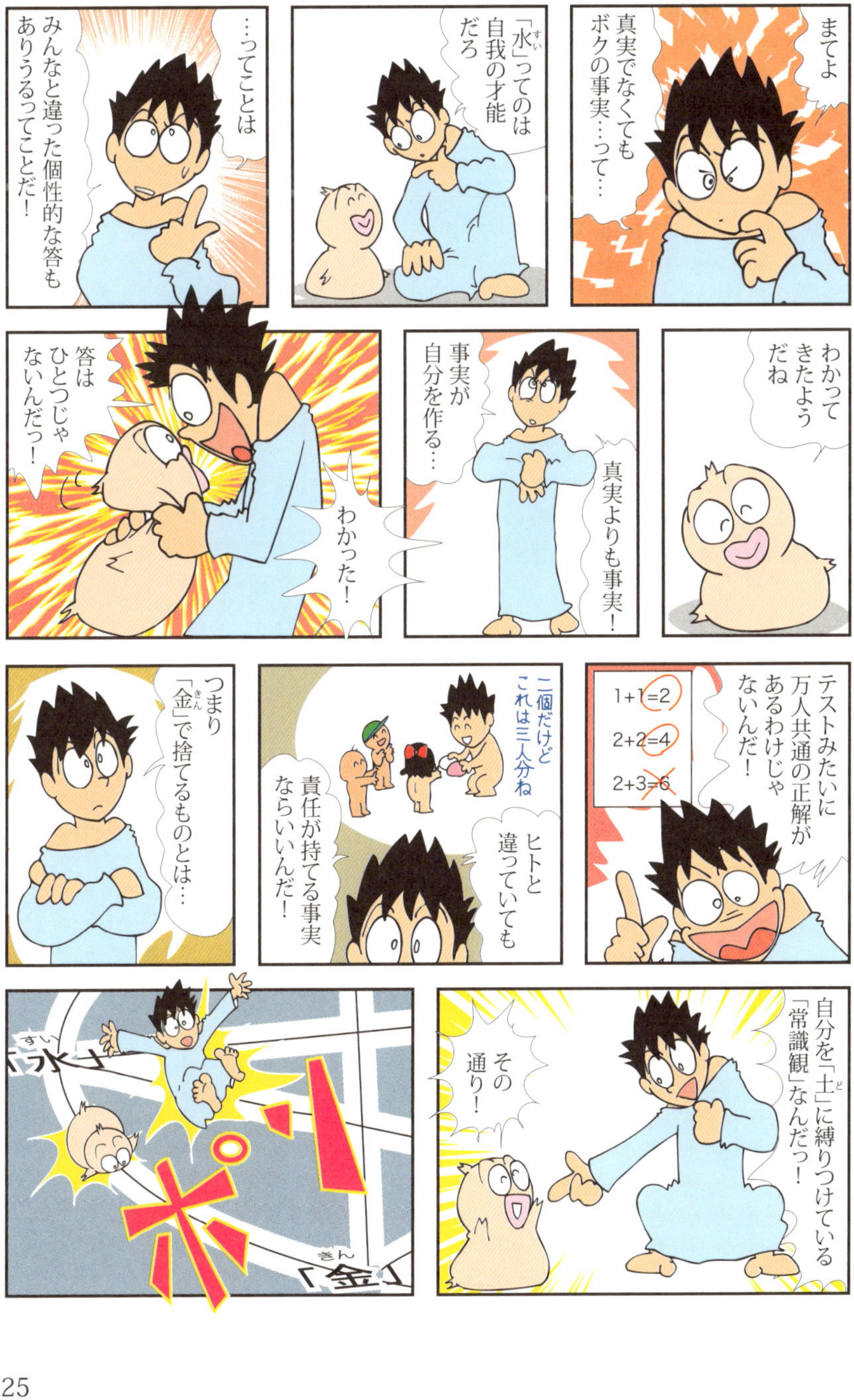

まてよ
真実でなくてもボクの事実…って…
「水」ってのは自我の才能だろ
…ってことは
みんなと違った個性的な答もありうるってことだ！
わかってきたようだね
事実が自分を作る…
真実よりも事実！
わかった！
答はひとつじゃないんだっ！
テストみたいに万人共通の正解があるわけじゃないんだ！
1+1=2
2+2=4
2+3=6
二個だけどこれは三人分ね
ヒトと違っていても
責任が持てる事実ならいいんだ！
つまり「金」で捨てるものとは…
自分を「土」に縛りつけている「常識観」なんだっ！
その通り！
「水」
「金」
ポ！

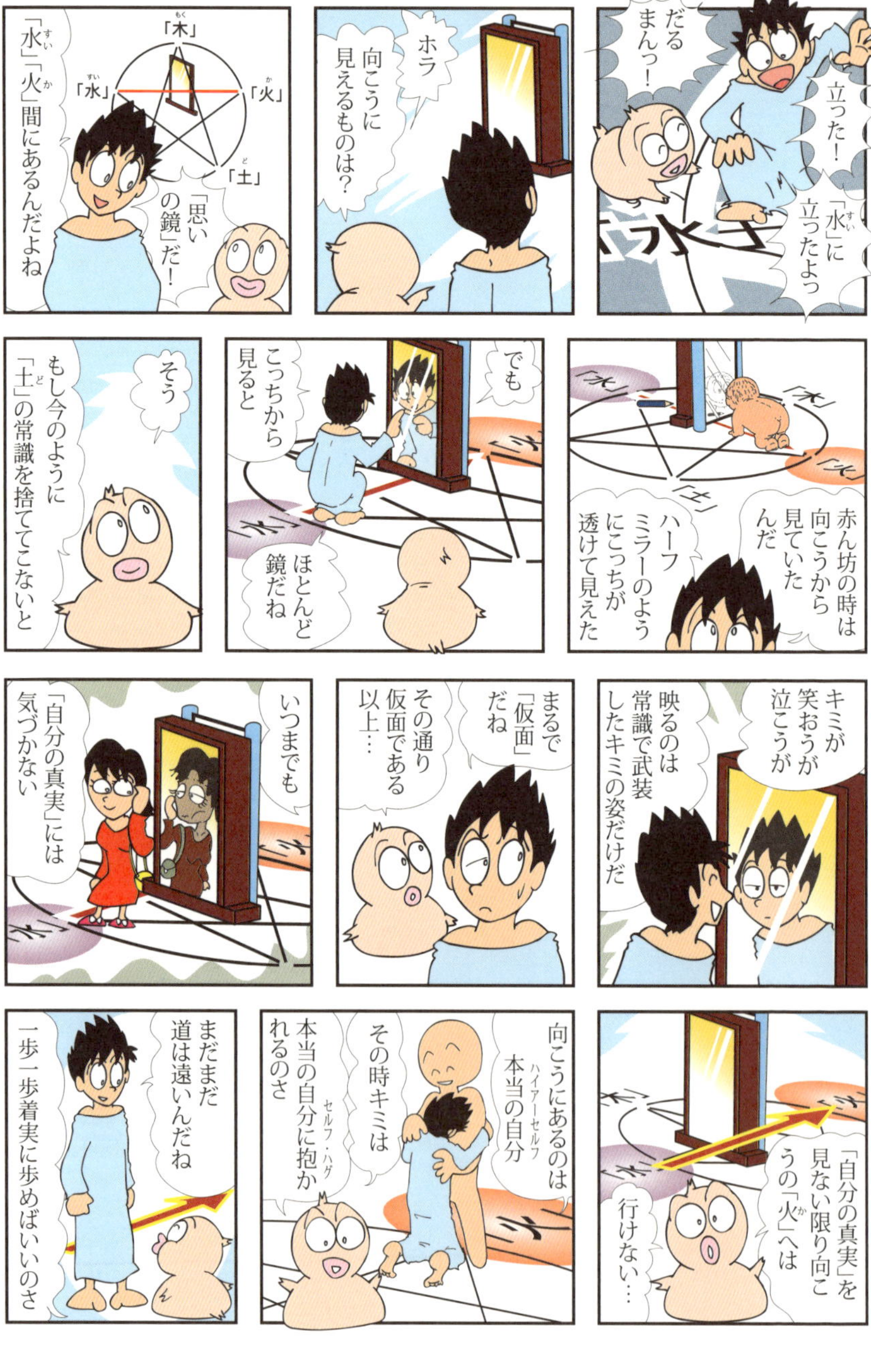
立った!
「水」に立ったよっ
だるまんっ!
ホラ
向こうに見えるものは?
「木」
「水」
「火」
「土」
「思いの鏡」だ!
「水」「火」間にあるんだよね
赤ん坊の時は向こうから見ていたんだ
ハーフミラーのようにこっちが透けて見えた
でも
こっちから見ると
ほとんど鏡だね
そう
もし今のように「土」の常識を捨ててこないと
キミが笑おうが泣こうが
映るのは常識で武装したキミの姿だけだ
まるで「仮面」だね
その通り仮面である以上…
いつまでも
「自分の真実」には気づかない
「自分の真実」を見ない限り向こうの「火」へは
行けない…
向こうにあるのは本当の自分（ハイアーセルフ）
その時キミは
本当の自分に抱か（セルフ・ハグ）れるのさ
まだまだ道は遠いんだね
一歩一歩着実に歩めばいいのさ

あとがき

お待たせしました。『だるまんの陰陽五行』「土」の章をお届けします。今回は4冊目発行でシリーズの第二巻ということになる。刊行順とシリーズのナンバリングが異なっている理由については3冊目発行の「東洋医学」の章のあとがきで述べた通りである。

さて今回は「土」の章ということで、もっとも我々の日常に身近な世界を中心に扱っている。我々が生きていくには社会という枠を離れることはなかなか難しい。そしてその社会という枠にだんだんと染まっていき、しらずしらずのうちに決まり切ったものの考え方しかできなくなってしまう。これが五行的に表現するならば、「土」の魔力というものである。「土」とは囲い込むことによってそれを育むが、その反面自立していく力を削いでしまうものだからである。これはあたかも土が花壇などのように囲い込むことで植物を育てるが同時に根腐れを起こす可能性も持っていることに似ている。

さらに五行は我々の歩むべき方向性も示している。それは相剋ルートから次の「水」へと進む道だ。水は器次第でその姿も、場合によっては味まで変える。つまり「土」のように「皆と同じ、常識的である」ことより「皆と違う、個性的である」ことが大切になる世界なのだ。
「土」から「水」への道とは個人にとっても社会全体にとっても大切なタイミングとなる。ちょうど、一人ひとりが学校という枠を経て社会に出て行くのが「土」から「水」であるように、人類という大きなくくりを見ても現代はその移行期に相当する。だからまさに今、我々にとっても「土」という要素をしっかり理解しておくことがとても役に立つ。

以上のことをさまざまな視点から述べているのが本書である。ここまで来ると周囲には変革すべき「変な常識」が多いことに気づく。たとえば「歳を取ったから病気になりやすい」のはどうだろうか？　老人は必ず病気になって病院で死ぬことが常識であると思っていないだろうか？　おまけに自宅で亡くなった場合には警察が事件性を確認しにやって来るらしい。これは変な社会だとは思わないだろうか？　歳を取ったからといって必ず病気にならなきゃいけないわけでもないし、ましてや病院で死ぬことのほうがむしろ異常なのだと気づかねばならない。他にもいろいろとある。やたら苦情を言うクレーマーや犯罪者の視点から異常な防御をすることで住みにくい社会にもなってきていることを当たり前と受け取っていないだろうか？　学校では個人情報がもれないように名簿を配ることもしなくなり、銀行窓口では顔見知りでも身分証明書が必要となっている。

こういうことをしっかりとみつめ、改めていくのは政治の役目でもあろうが、まず個人の考え方なのだということを五行は語っている。社会という全体の二割の人々の考え方が変われば、いっきに全体を変えるパワーとなる…という学説もある。今、まさにその岐路にあるのだと思う。

最後に本書では、社会だけではなく我々の魂の行く末についても触れてみた。これはすでに神の領域であるが、五行というモノサシでここまで見ることができることを知っていただければと思う。それではまた次回、「金（きん）」の章でお目にかかりましょう。

平成22年12月　　横浜にて　　堀内信隆

参考文献

図説　金枝篇　ジェームズ・フレイザー（著）東京書籍　1994
ファウスト（上）（下）　ゲーテ（著）　相良守峯（訳）　岩波書店　1991
マグダラとヨハネのミステリー　―二つの顔を持ったイエス―
　リン・ピクネット　クライブ・プリンス（著）　林和彦（訳）　三交社　1999
性崇拝　太田三郎（著）　黎明書房　1956
ホツマ古代日本人の知恵　―自然に則して生きる―　松本善之助（著）　渓声社　1993
転生の秘密　ジナ・サーミナラ（著）　多賀瑛（訳）　たま出版　1994
本居宣長　小林秀雄（著）　新潮社　1992
不思議議のアールデコ（見たこともない綺麗な本・2）　荒俣宏（著）　工作舎　1994
おとぎの遊園地（見たこともない綺麗な本・3）　荒俣宏（著）　工作舎　1995
旅芸人のいた風景　沖浦和光（著）　文藝春秋　2007
マグダラのマリア　―エロスとアガペーの聖女―　岡田温司（著）　中央公論新社　2005
図説　世界女神大全Ⅰ　―原初の女神からギリシア神話まで―
　アン・ベアリング　ジュールズ・キャシュフォード（著）　森雅子（訳）　原書房　2007
図説　世界女神大全Ⅱ　―ギリシアの女神から神秘主義まで―
　アン・ベアリング　ジュールズ・キャシュフォード（著）　森雅子（訳）　原書房　2007
グリーンマン　ウィリアム・アンダーソン（著）　板倉克子（訳）　河出書房新社　1998
西洋中世の男と女　―聖性の呪縛の下で―　阿部謹也（著）　筑摩書房　2007

シュメル神話の世界　岡田明子　小林登志子（著）　中央公論新社　２００８
時を越える神話　キャンベル選集Ⅰ　ジョーゼフ・キャンベル（著）　飛田茂雄（訳）　角川書店　１９９６
レンヌ＝ル＝シャトーの謎　―イエスの血脈と聖杯伝説―
　マイケル・ベイジェント　リチャード・リー　ヘンリー・リンカーン（著）　林和彦（訳）　柏書房　１９９７
ヨハネの黙示録　小河陽（訳）　岩波書店　１９９６
占星学　リズ・グリーン（著）　岡本翔子　鏡リュウジ（訳）　青土社　１９９４
ミトラ神学　東條真人　国書刊行会　１９９６
ナルシシズムという病い　―文化・心理・身体の病理―　A・ローウェン（著）　森下伸也（訳）　新曜社　１９９０
土壌の神秘　―ガイアを癒す人々―　ピーター・トムプキンズ　クリストファー・バード（著）　新井昭廣（訳）　春秋社　１９９８
トリックスター　P・ラディン　K・ケレーニイ　C・G・ユング（著）　皆川宗一　高橋英夫　河合隼雄（訳）　昭文社　１９７４
元型論　C・G・ユング（著）　林道義（訳）　紀伊國屋書店　１９９９
国家の品格　藤原正彦（著）　新潮社　２００５
世界の名著50 ウェーバー　尾高邦雄（編）　中央公論社　１９７５
闇の摩多羅神　―変幻する異神の謎を追う―　川村湊　河出書房新社　２００８
異神（上）（下）　山本ひろ子（著）　筑摩書房　２００３
邪教・立川流　真鍋俊照（著）　筑摩書房　１９９９
陰陽五行と日本の文化　―宇宙の法則で秘められた謎を解く―　吉野裕子（著）　大和書房　２００３
カルマの形成　カルマ論集成3　ルドルフ・シュタイナー（著）　西川隆範（訳）　文昇堂　１９９４
イエスを語る　シュタイナー・コレクション5　ルドルフ・シュタイナー（著）　高橋巖（訳）　筑摩書房　２００４
平気でうそをつく人たち　M・スコット・ペック（著）　森英明（訳）　草思社　１９９６

黒い聖母と悪魔の謎　馬杉宗夫（著）　講談社　２００７
サルタヒコ考　―猿田彦信仰の展開―　飯田道夫（著）　三星社　１９９８
巫女の歴史　―日本宗教の母胎―　山上伊豆母（著）　雄山閣出版　１９７１
インド神話入門　長谷川朗（著）　新潮社　１９８７
マンダラ図鑑　西上青曜（著）　国書刊行会　１９９１
神智学大要４　コーザル体　アーサー・Ｅ・パウエル（著）　仲里誠桔（訳）　１９８３
光の天使ルシファーの秘密　リン・ピクネット（著）　関口篤（訳）　青土社　２００６
ユングとタロット　―元型の旅―　サニー・ニコルズ（著）　秋山さと子（訳）　新思索社　２００１
イメージ・シンボル事典　山下圭一郎（編）　大修館書店　１９８４
シュタイナー用語辞典（新装版）　西川隆範（著）　風濤社　２００８
悪について　エーリッヒ・フロム（著）　鈴木重吉（訳）　紀伊國屋書店　１９６５
個性化とマンダラ　Ｃ・Ｇ・ユング（著）　林道義（訳）　みすず書房　１９９１
図説・天使百科事典　ローズマリ・エレン・グィリー（著）　大出健（訳）　明光社　２００６
宿神思想と被差別部落　被差別民がなぜ祭礼・門付にかかわるのか　明石書店　水元正人（著）　１９９６
薬師如来謎の古代史　―仏の素顔とインドの魔族―　清川理一郎（著）　彩流社　１９９７
十一面観音巡礼　白洲正子（著）　新潮社　２００２
洲千島レポート　岩田幹夫（著）　横浜中央図書館（蔵）　２０１０

だるまんの陰陽五行シリーズ

好評発売中

「木」の章
「ココロの不思議を測るの巻」

「土」の章
「社会の不思議を測るの巻」

「水」の章（前編）
「命の不思議を測るの巻」

「火」の章
「神サマの不思議を測るの巻」

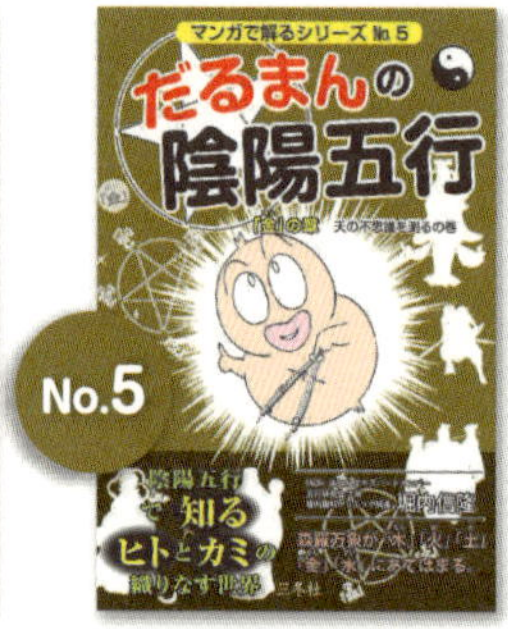

「金」の章
「天の不思議を測るの巻」

「東洋医学」の章
「カラダの不思議を測るの巻」

最新のだるまん情報は
http://www.daruman.info から

ブログや講演会もあるよ！
だるまん通信も配信しているよ！登録してネ！